子どもの理解と援助

子ども理解の理論及び方法

ドキュメンテーション（記録）を活用した保育

編著
入江礼子・小原敏郎

萌文書林
HOUBUNSHORIN

はじめに

　本書は、幼稚園教諭養成課程で必修科目に定められている「幼児理解の理論及び方法」と、同じく保育士養成の教育課程で必修科目に定められている「子どもの理解と援助」において学ぶべき内容を踏まえて編集されています。つまり、本書を通した学びによって、幼稚園教諭や保育士、保育教諭に求められる子ども理解と援助に関する知識や技能を身につけることができます。

　本書の具体的な内容については、一人一人の子どもを理解するための基本的な考え方、生活や遊び、保育環境、個と集団の育ちなど多様な視点から子どもを理解する方法、子ども理解に基づく保育者としての援助や支援の在り方などを学べるものとなっています。また、実際の幼稚園、保育所、認定こども園で行われている保育実践の豊富なエピソードや、保育者養成校におけるICTやアクティブラーニングの実践例などを多く紙面に取り入れ、子ども理解とともに、保護者や地域との連携、子育て支援についても理解を深められる内容となっています。

　さらに、本書の大きな特徴といえるのが、副題に示したように「ドキュメンテーション（記録）」を活用して子どもの理解を深めることを重視している点です。とくに記録に着目したのは、記録が子ども理解の方法として最も身近であり、そして最も大切といってもよいものだからです。しかし、保育を学ぶ学生の中には、実習などで義務的に書くものといったマイナスイメージをもっている人も少なくないのではないでしょうか。誰もが書く記録だからこそ、保育者には記録を生かした保育の質を高める方法や内容をじっくり考えることが大切になります。

　新しい視点から記録を問い直すという目的もあり、本書ではわざわざ記録を意味する「ドキュメンテーション」という用語を用いています。最近、「ドキュメンテーション」という言葉を目にすることが多くなりましたが、写真や映像を用いて視覚的に示すといったことだけが注目されているようにも感じられます。本書では保育における「ドキュメンテーション」の意義や、保育にそれをどのように生かせるのかといった内容を体系的に示すことができたと考えています。つまり、子ども理解を深め、保護者や地域社会とのつながりをつくるための方法や内容を体系的にわかりやすく示せたつもりです。本書による学びが、読者の皆さんの保育に対する可能性をひろげ、記録を通した子ども理解を見直すきっかけになればうれしいかぎりです。

　さて、本書は、初めて保育の専門知識を学ぶ者にも理解しやすいように解説している「理論編」、さらに、子ども理解を深めるために記録をもとにした視点とその方法を解説した「保育の記録編」と、幼稚園、認定こども園、さらには保育者養成校が実際に行っている「ドキュメンテーション」をもとにした子ども理解や保育実践を示した「実践事例編」から構成されています。いずれもわかりやすい記述に努め、図や表、写真といった視覚的な素材を多く提示しています。本書に示していますが、「ドキュメンテーション」を活用することは決して難しいことではありません。子どもをより深く理解するために、まずはこれまでの記録やその取り方を見直し、新しく「ドキュメンテーション」に取り組む第一歩を踏み出すことを期待しています。

2019年3月　編者　小原敏郎

もくじ

はじめに ─── 3
もくじ ─── 4

第1部 理論編 ─── 9

1章 子どもを理解するということ ─── 10

1 子どもを理解するとは ─── 10
❶ 子どもの心を知りたくなるとき─10／ ❷ 理解の在り様─13／ ❸ 子どもの内面を理解する─15

2 子ども理解から始まる幼児教育・保育 ─── 16
❶ 共感的理解と関わり─16／ ❷「養護と教育」の一体的展開─17

3 保育者に求められる子ども理解の視点とは ─── 18
❶ 子どもの発達の特性をふまえた子ども理解─18／ ❷ 環境としての保育者と子どもの発達─19／ ❸ 子ども相互の関わりと関係づくり─21

4 子どもの学びの連続性をふまえた教育・保育 ─── 23
❶ 子ども理解を基底に置いた幼保小連携─23／ ❷ 子どもの学びの連続性を支える保育者─24

2章 子どもを理解する方法 ─── 26

1 指針や要領にみる子どもの理解の基本 ─── 26
❶ 保育所・幼稚園等における保育及び教育の目標─26／ ❷ 育みたい資質・能力及び幼児期の終わりまでに育ってほしい姿─27／ ❸ 子どもと保育者がともに育つための子ども理解の考え方─29

2 子ども理解のための保育の評価 ─── 30
❶ 保育の評価とPDCAサイクル─30／ ❷ 評価の観点─31／ ❸ 子どもを理解する保育記録─32

3章 子どもの育ちの様子 ─── 34

1 子どもの生活と遊び ─── 34
❶ 生活の場である幼稚園・保育所・認定こども園─34／ ❷ 家庭生活と園生活のつながり─34／ ❸ 子どもの生活の変化─35／ ❹ 生活や遊びの主体は子ども─36／ ❺ 生活や遊びにおける子どもの育ち─38

2 保育者と子どもの発達 〜保育における人との関わり —— 41
❶ 保育者と子ども、同年代の子ども同士の関わり—41／ ❷ 異年齢の友達との関わり—46／ ❸ 家庭や地域など様々な人との関わり—47

3 子ども同士の関わり方と関係づくり —— 49
❶ はじめに—49／ ❷「仲間関係」の形成過程—49／ ❸ 子ども同士の関係づくりを捉える視点—53／ ❹ 異年齢児との関係づくり—54／ ❺ おわりに—55

4 子どもが集団生活で得ること 〜個と集団の関わり —— 56
❶ 個と集団の育ちの過程—56／ ❷ 個と集団との関わりを捉える視点—58

5 子どもの葛藤とつまずき —— 64
❶ 葛藤が現れるとき—64／ ❷ つまずきが現れるとき—67／ ❸ 子どもの葛藤やつまずきを捉える視点—69

6 保育の環境の理解と構成 —— 71
❶ 保育における「環境」とは何か—71／ ❷ 保育の環境を構成する保育者の視点—72／ ❸ 各年齢における保育の環境—73

7 子どもを取り巻く環境の変化や移行 —— 79
❶ 子どもを取り巻く環境—79／ ❷ 家族構成が変わるとき—79／ ❸ 入園したときの子ども—80／ ❹ 転園したときの子ども—82／ ❺ 進級児と新入園児—83／ ❻ 進級したときの子ども—84／ ❼ 環境が変化したときの子どもの様子を捉える視点—84

4章 ● 子どもの理解に基づく発達援助　86

1 子ども理解と発達援助 —— 86
❶ 子ども理解の重要性—86／ ❷ 理解に基づく援助—86／ ❸ 子どもの発達援助と保育者の役割—88／ ❹ 適切な子ども理解のための評価—89

2 特別な配慮を必要とする子どもの理解と援助 —— 90
❶ インクルーシブという考え—90／ ❷ 子どもの困り感への気づき—91／ ❸ 個別の指導計画の作成・活用—92

3 発達の連続性と就学への支援 —— 93
❶ 発達や学びの連続性と子どもを観る目—93／ ❷ 発達や学びの連続性に向かう子どもの力—94

第2部 保育の記録編 —— 95

5章 ● 保育においてドキュメンテーションを用いることの意義　96

1 子どもを理解するための方法としてのドキュメンテーション —— 96
❶ 保育への多様なまなざしとしてのドキュメンテーション—96／ ❷ なぜドキュメンテーションが注目されるのか—99

2 **保育者にとってのドキュメンテーション** ―― 101
❶ わかる：保育者の成長への寄与―101／ ❷ 深める・深まる：子ども理解の進化と深化―102／ ❸ 振り返る：ドキュメンテーションから保育実践への還元―103／ ❹ 話し合う：職員集団の成長への役割―104

3 **子どもにとってのドキュメンテーション** ―― 105
❶ 昨日までの遊びから今日の遊びへ―105／ ❷ ものの見方が変わる―106

4 **保護者や地域にとってのドキュメンテーション** ―― 107
❶ 園と保護者をつなげる―107／ ❷ 園と地域をつなげる―108

6章 ● 保育においてドキュメンテーションを作成する視点 110

1 **保育を観察し記録する視点とは** ―― 110
❶ 観察・記録の視点―110／ ❷ 何を観察・記録するのか構造的に把握する―111

2 **保育の場面ごとにみる観察・記録のポイント** ―― 113
❶ 登園の場面―113／ ❷ 生活習慣の場面―115／ ❸ 遊びの場面―117／ ❹ 食事の場面―120／ ❺ 午睡の場面―121／ ❻ 降園の場面―122

7章 ● 保育ドキュメンテーションの作成・活用 124

1 **ドキュメンテーションの作成・活用を支援するツール** ―― 124
❶ ドキュメンテーションの作成・活用の三つの過程―124／ ❷ ドキュメンテーションの作成・活用を支援するツールに求められる機能―127／ ❸ 作成・活用を支援するツールの実際―129

2 **ツールの視点から見たドキュメンテーションの作成・活用の実践例** ―― 134
❶ 研究の概要―134／ ❷ ツール活用の視点からの解説―135

8章 ● 記録を生かした保育の展開 137

1 **指導計画の作成・展開・評価・改善 〜保育ドキュメンテーションの活用** ―― 137
❶「保育の質」に関わる取り組みとは―137／ ❷ 指導計画の作成・展開とドキュメンテーションの関わり―137／ ❸ 開かれた指導計画を支える「評価・改善」の在り方―140

2 **開かれた指導計画を支える「評価・改善」の実践例** ―― 141
❶ 子どもとともに行う「評価・改善」の実践例とポイント―141／ ❷ 保護者とともに行う「評価・改善」の実践例とポイント―148／ ❸ 地域とともに行う「評価・改善」の実践例とポイント―154

第3部 実践事例編 ——————— 157

9章 ● ドキュメンテーションを生かす保育 〜武蔵野短期大学附属幼稚園 158

1 ドキュメンテーションを保育に生かす取り組み ——— 158
❶ 園の幼児教育・保育について—158／ ❷ 子どもたちの生活の様子—158／ ❸ ドキュメンテーションを生かした保育—159

2 ドキュメンテーションの実践を振り返って ——— 165
❶ 保育者の意識の変化—165／ ❷ 保護者の意識の変化—166／ ❸ 短期大学との連携—166／ ❹ これからの課題—167

10章 ● エピソード記述を活用した実践 〜ひきえ子ども園 168

1 エピソード記述を通した子ども理解と援助の実践 ——— 168
❶ ひきえ子ども園の保育方針：「彩色採光」—168／ ❷ 子どもの生活の様子—168

2 子どもを捉える保育の記録 ——— 171
❶「私の記録」を書く—171／ ❷「エピソード記述」を描く—171／ ❸「エピソード」を読み解く—172／ ❹ 保護者とのつながり—176

3 つながりを深め豊かな生活を紡ぐ ——— 178

11章 ● こども園の実践 〜文京区立お茶の水女子大学こども園 180

1 文京区立お茶の水女子大学こども園について ——— 180
❶ つながる保育を求めて—180／ ❷ 園の概要（2018年時）—181

2 ポートフォリオ・ドキュメンテーションの取り組み ——— 182
❶ 0〜2歳児の生活—182／ ❷ 3〜5歳児の生活—184

3 ポートフォリオ・ドキュメンテーションの実践を振り返って ——— 188
❶ 伝えたい相手への思いをもって発信することが大切—188／ ❷ ポートフォリオ等の作成はゴールではなく、対話のきっかけ—188／ ❸ 情報量は多すぎず少なすぎず—189／ ❹ 作成したものを素材として活用する可能性は無限—189

12章 ● 乳幼児親子グループ「さくらんぼ」～共立女子大学　190

1 「さくらんぼ」の活動からみる子ども理解と支援 ── 190
❶ 活動の概要―190／❷「さくらんぼ」の活動を展開する授業―191／❸ 学生の取り組みについて―193／❹ 親子の理解を深める取り組み―193

2 活動内容のプレゼンテーション ── 200
❶ プレゼンテーションのねらい―200／❷ プレゼンテーションの手順―200／❸ 実際に作成したプレゼンテーション資料の紹介―201／❹ プレゼンテーションを行う効果と課題―202

13章 ●「よつばのクローバー」活動と子ども理解　～相愛大学　204

1 子どもや親をより理解する学び ── 204
❶ 活動の概要―204／❷「よつばのクローバー」の活動を展開する授業―205／❸ 実践活動での取り組み―206

2 実践活動から振り返る親子の理解を深める取り組み ── 208
❶「振り返り学習シート」のエピソード記録の共有―208／❷ 写真を用いたフォトレターの作成―210／❸ ICTを活用したデジタルストーリーの制作と発表―214

14章 ● 子育て支援ルーム「かとうGENKi」　～兵庫教育大学　216

1 子育て支援ルーム「GENKi」の活動 ── 216
❶ 子育て支援ルーム「GENKi」から「かとうGENKi」へ―216／❷ 子育て支援ルームでの記録「げんきプレイストーリー」―218／❸ 子育て支援ルームで記録することの意味―223

2 プレイストーリーから見えてくる子どもと保護者の変化 ── 225
❶ 子どもの遊びの変化―225／❷ 年齢による保護者の関わりの変化―226／❸ 子育て支援ルーム「かとうGENKi」の記録からの展望―228

おわりに ── 230
著者紹介 ── 231

第 1 部

理論編

　理論編では、子どもを理解するということはどういうことか、また、保育者に求められる子ども理解の視点や、その方法・評価、子ども理解に基づく発達援助などについて見ていきます。ここでは、子どもを取り巻く関係性や学びの連続性をふまえた子ども理解の視点をとくに大切にしてまとめています。

　また、実際の幼稚園、保育所、認定こども園での生活や遊びの場面を取り上げ、多くのエピソードによって子どもの育ちを紹介しています。実際の場面を思い浮かべることで、理論を覚えるだけではなく、実践と結びつけて子ども理解の視点を深めることが大切です。

1章 子どもを理解するということ

1 子どもを理解するとは

　ここでは日常の生活の中で人が人を理解するということの中から、とくに子どもと大人の関係に焦点を当てて子どもを理解するということを考えていきたいと思います。

❶ 子どもの心を知りたくなるとき

　私たちは普段の生活の中で、「子どもを理解する」つまり「子どもの心を知る」ということをあまり意識することはありません。そんなことを意識しなくても、特別に困ることなく生活は流れていくことが多いものだからかもしれません。ところが子どもとの関係の中でハッとしたこと、困ったこと、理解できないことなどに出会ったときに、私たちは初めて「私はこの子のことを本当に理解していたのだろうか？」と疑問をもち、単に「理解しているつもり」だけだったのではないかということに気づきます。そんな場面を拾って子どもの心を知りたくなるときについて少し考えていきましょう。

（1）ハッとしたことに出会うとき

　Aくんは保育園の年長組に通っています。ある日、お母さんにハガキをポストに出してくるように頼まれました。今まで、一度も一人で外出するお手伝いはしたことはありません。ハガキを握りしめたAくんはものすごい勢いでダッシュしていきました。子どもって本当に走るのが好きだなと思いながら母親は見送りました。それから数分後、家に戻ったAくんは居間にあった紙を取り出し、何やら一生懸命に描き始めました。描き終わると紙はそのままに、弟と遊び始めました。帰ってきてすぐに絵を描くなんてどうしてかなと不思議に思った母親はその絵を見てびっくりしました。そこにはAくんと思わしき男の子が汗を吹き出しながら、はがきを握りしめて走っている様子が描かれていたのです。あのダッシュは走るのが好きだったからという単純な理由のものではなかったのかもしれない。むしろそれは母親から頼まれた大切なハガキを握りしめ、汗が吹き出るほど全身に力

写真① ハガキを握りしめ、ダッシュ!!

を込めてのお使いだったからだと母親は気づきました。走る姿だけからはわからなかったＡくんのそのときの内面の気持ちがこの絵に表れていると理解したといいます。子どものことを少し表面的に見過ぎていたかもしれないとも思ったそうです。

　これは、母親が子どもの絵を見てハッとした場面です。自分の頼んだお使いが、子どもにとってこれほどの緊張感と責任感を生むものだったということを目の前にして、子どもは私たち大人が思っているよりずっと一生懸命生きていることを理解した場面といえるでしょう。

(2) 理解できないことをやっているとき

　あるお休みの日、小学校１年生を頭としたきょうだい三人がお相撲ごっこをしたいといってきました。筆者はお休みの日だからこそ、食事のつくり置きをしたいと思っていたところでした。でも、遊びたいというのなら少し付き合おうかという軽い気持ちでそれを受けました。子どもたちはほぼ順番に、もう何回も何回も私を相手に取り組みを続けています。体力的にもきつくなったので、そろそろおしまいにしてもいいかなと思った筆者は、「今日は、ここまでにしない？」と言ってみました。「えーっ、なんで、もっともっとやろうよ！」といって、今度は三人が束になってかかってきました。もうだめ、動けない！とひっくり返ったままでいると「ほんとにおもしろいのにー、なんでやめるの？」と非難の声。しばらく三人は私に馬乗りになってきましたが、「あーあ、しょうがないなあ。あっちで遊ぼう」といって一番上の子が下の二人を引き連れて、その場を去っていきました。

　筆者は、子どもたちがどうして飽きることなく同じ遊びをこんなに長く遊べるのか不思議でたまりませんでした。大人の体力にも限界があるし…、などと思いながら。それと子どもが遊びたいといってくるときは、大人のこちらも何かしようと思っているときと重なることが不思議に多いものです。それからも同じような経験をし、いつも最後が尻切れとんぼになることが気になっていました。

　そんなとき、ある絵本に出会いました。マーティン・ワッデル作、バーバラ・ファース絵、角野栄子訳による『ねむれないの？　ちいくまくん』（評論社、1991年）です。あらすじを簡単に言うと…。

　「森のなかのほら穴に住むおおくまさんとちいくまくん。夜になりおやすみの時間になっても暗やみが怖くてねむれないちいくまくん。おおくまさんはランプをつけてあげたのにそれでもねむれない。そこでおおくまさんは…」というお話です。

　筆者はこのお話に出会って、おおくまさんの努力にもかかわらず眠ることができないちいくまくんの姿がスッと我が子の姿に重なりました。と同時におおくまさんの姿が自分にピタッと重なったのです。はじめのうち、おおくまさんはちいくまくんが暗いから眠れないということに直接反応して「明るくさえすれば眠れるだろう」と考えランプをつけました。でもそれだけでは、夜という自然界の闇までは明るくすることはできません。そのため、読みたかった本をあきらめ、覚悟を決めてちいくまくんと向かい合うことにしました。そして彼を抱いて外に出ると、ほとんどそれだけであんなに眠れなかったちいくまくんは眠りにつきま

す。つまり、大人が自分のやりたいことを手放したときに初めて子どものちいくまくんは眠ったわけです。

　筆者はハッとしました。子どもたちとの相撲の場面が尻切れとんぼになったのは、子どもの遊びの中の「繰り返し」ということに含まれる意味を見落としていたのです。もちろんお相撲を繰り返すおもしろさもありますが、そこには子どものもっとこっち向いて本気で遊んで！という気持ちが含まれていたことを。筆者にはお休みの日にやりたいこと、やらなくてはならないことがあったのですが、そこに気を取られている間は、子どもは心の満足感を得ることができないことがあるということをこの絵本から学びました。子どもは私たち大人が思っている以上に大人を求めるときがあるという、小さいときの自分を思い起こせばすぐに納得のいくことが、大人になったことでその思いが忘却の彼方にいってしまうということをひしひしと感じました。子どもが何かを求めてきたときに、その何かが彼らが口にした言葉そのものなのか、それともそういう言葉で表された別の思いがあるのか、そこをちょっと立ち止まって見極める必要があるのだなと思い知らされました。子どもを理解するって難しいですね。

(3) 困ったことをやっているとき

　子どもを理解することが難しいといえば、やはりそのことの筆頭は「子どもが困ったことをやっているとき」といえるのではないでしょうか。ここでいう、困っているのは大人であって、子どもは困っていません。以下では、子どもたちが自分の手を使って自分で食べようと思えば食べられることについて、次の筆者の例から考えてみたいと思います。

　第一子のＹ子は１歳。食事を拒否することはなく、何でも口に入れてくれました。ただ、ものによっては飲み込むまでに時間がかかることがありましたが、食事でテーブル周辺がべちょべちょになって困るというようなことはほとんどありませんでした。

　ところが、第二子、第三子の場合はその様相がまったく違いました。とくに自分で食べたい気持ちの強かった第三子のＫ子の場合を見てみましょう。健康で食いしん坊のＫ子は私が匙を口に持っていくのを待つことができず、おのずと自分の手を使うことになります。ただし手や指を優雅に使うことはできず、粗削りな動きは周囲に食べ物をまき散らすことになります。困った筆者は、床に新聞紙を敷き、テーブルには大きめのランチョン

写真②　クマさん、ぼく自分で食べられるよ

マットを敷きました。これで自由に食べられるわけです。筆者の方も汚れる、汚れるという心配をしなくて済みます。ただ、しつけの面から考えたらどうなのだろうという気持ちも頭をもたげてきます。やはり食事はお行儀よくすべきではないのかとも考えたのも事実でした。でもうれしそうに食べているＫ子を見ると、これでいこうという気持ちにもなります。長女

のY子はこんなに楽しそうではなかったし、きれいには食べられたけれど、それは自分で食べた結果ではないし。筆者はそんな経験を経て、大人にとっては困ったことも子どもにとっては大きくなっていく上で必要であることや、大人が困らないことが子どもにとってよいかというとそうとは言い切れないということを学んでいきました。

これらのことを通して、子どもを理解することは思っているよりも難しいし、それでも理解の手がかりを得る方法も少なからずあるということ、また大人の側が子どもと関わりながら子ども理解の経験を積むことで、少しずつその理解の度合いが深まっていくことが見えてきます。

❷ 理解の在り様

前項で見てきたように、子どもを瞬時に理解できることはあまり多くありません。いえ、ほとんどないといった方がいいかもしれません。前項の（1）のように、わかったと思っても、それが実際の子どもの内面の気持ちとは、ずれていることも多いのも事実です。では、子ども理解を深めるために、私たちにはどんなことができるでしょうか。ここでは三つ挙げておきます。第一に「見て理解する」ということ、第二に「関わりながら理解する」ということ、そして第三に「そばにいて考え続けながら理解する」ということです。順を追って考えていきましょう。

(1) 見て理解する

これは前項（1）の、初めてのお使いを子どもに頼んだ母親の例で考えていくことにします。ここでの母親は、子どもを見送っています。見送りながらいつもの子どもの様子を思い起こし、本当に走るのが好きなのだという理解に至ります。ところが、理解というのは一度理解したらそれで終わるものではありません。お使いの後にすぐに絵を描き始めるという普段のAくんにしては珍しい様子を見て、思わずその絵をのぞき込みます。そこでこの母親はAくんのお使いのときの気持ちが、自分が思っていた以上に真剣であったこと、一生懸命であったことを理解します。Aくんに直接聞かずとも見ることを重ねることで理解を深めていったといえます。見ることを通していつもの様子と違うことが理解を深めるきっかけになっています。

(2) 関わりながら理解する

これは前項（2）の『ねむれないの？ちいくまくん』の例で見ていきましょう。おおくまさんは、ちいくまくんに眠れない理由を聞いている間はちいくまくんの本当の気持ちに行き

あたることはできませんでした。ちいくまくんを抱いて一緒に夜の暗闇の中に出て初めて、ちいくまくんが暗闇を怖がっていることに共感できたのです。夜がこんなに暗かったことは、大人のおおくまさんにとっては当たり前すぎることで、ちいくまくんと一緒に外に出ることがなければ意識にすら上らないことです。子どもと行動をともにする、つまり関わることで、子どものそのときの気持ちを理解できることがあるわけです。

(3) そばにいて考えながら理解する

　保育を専攻しているFさんは毎週1回、幼稚園で子どもと一緒に遊ぶボランティアをしていました。週1回定期的に通うことで、彼女は4歳児のHくんと親しくなり、一緒に遊ぶことが多くなりました。Hくんはお天気が良ければ登園後すぐに園庭に出ます。そして、園庭の傾斜のある場所にじょうろで水をくんできては流すのです。はじめのうちは、水を流すのが好きなのだなと思って一緒に流していました。水の流れをじっと見ていると、その動きがおもしろい。Hくんもそんなことを楽しんでいるのかなと思っていました。でも1か月、2か月と経つうちにFさんは心配になってきました。水の動きがおもしろいといっても、いったい何のために流しているのだろう？　ただ流すだけなら水の無駄遣いになってしまうし…。それに園庭には水の通路ができ、土がえぐれている場所も出てきました。これだとほかの子どもたちが遊びにくくなってしまうかもしれない、とFさんは心配になってきました。Kくんは相変わらず水を流すことに一生懸命です。

　そこで、主任の先生に相談することにしました。先生は「それだけ一生懸命にやっているということはKくんにとっては大切なことなのではないかしら。何でかなって考えながらもう少し付き合ってみるのもよいのではないかしら」とおっしゃいました。「そうか、何か意味があるかもしれないのか。今はわからないけれどもう少し腰を据えて付き合ってみよう」と、Fさんは覚悟を決めました。相変わらず流し続けるので、土のえぐれもひどくなってきました。そんなある日、「あったー！」とHくんの声がしました。慌てて側に駆け寄ると、Hくんの掌には真っ白な陶器のかけらが大事そうに置かれていました。「見つかったんだ！宝物！」そう言ってHくんはそのかけらを保育室にある自分のお道具箱にそーっとしまいました。その日以降、Hくんの水流しはぴったりとなくなりました。

　何かあるとは思いつつも、園庭がえぐれてしまうという事態に直面して、このまま水遊びを続けていいのか迷い続けたとFさんは言います。理解を深めるためにもそれに付き合ったわけですが、くじけそうになったときには主任の先生の助言に助けられました。そしてほどなくHくんのこの遊びは「宝物探し」だったことがわかりました。その目的が達成されると、彼はこの遊びに自分から終止符を打ちます。そしてまた次の遊びに入っていきました。

　子どものしている遊びの意味を理解することは容易ではありません。一緒に遊びながら考え続けてもわからないことの方が多いものです。それでも子どもが真剣に取り組んでいることは、その子にとっては意味のあることだということだけは事実なわけですから、そばにいながら考え続けることを繰り返すうちに、この場合のように、あるとき突然その答えが与え

られることもあるわけです。

3 子どもの内面を理解する

　子どもと大人が出会うところでは、大人による「子ども理解」があるだけではなく、子どもの側からの「大人理解」という側面もあります。人と人が出会い、何らかの関わりをもつところには、このように必ず双方に何らかの理解が始まります。その理解は関わりが深まるにつれて、変化し深まっていきます。この深まっていく過程で、大人は自分自身が子どもに対する意識を変化させる、つまり自分自身が変わっていくことに気づきます。子どもと関わりながら子どもが変わることだけを求めるのではなく、大人である自分の子どもを見る目を変化、深化させていくということになります。

　ところで、子どもを理解するというとき、今まで見てきたように子どもがしていることのうち、目に見える部分だけで捉えるのでは深い子ども理解には至らないことがおわかりになったと思います。津守真はこの点に関して「子どものしていることを直接に見たところだけでしかとらえないのではなくて、大人の目には見えず、気付かれていない世界がその底にあることを前提にせねばならないと思う。子どもという神秘的な存在、未知な

写真③　一人で集中、何を感じているのかな？

るものを多く持つ存在に対するおそれを感ぜずにいられない。今気が付いていない世界のあることに気付き、そこからの声に耳を傾け、そのあらわれである表現に目を開くことが大切なのだと思う」[1]と述べています。子ども理解というとき、この内面理解ということを忘れてはならないといえましょう。その内面理解に至る道に辿りつくためには、津守が以前指摘したように「子どもの行動はその子どもの心の表現であること」という視点をもつ必要があります。見えていることがすべてではなく、もしかしたらそれはその子どもの心の中の一部が表現されているかもしれないと見ることは、これから述べる専門職としての保育者には欠かせないことといえるのではないでしょうか。

引用文献
1）津守真「発達の見かた」日本幼稚園協会『幼児の教育、第71巻、第11号』フレーベル館、1972年、p.72

1章 子どもを理解するということ

2 子ども理解から始まる幼児教育・保育

　第1節では、主に日常の家庭生活の中での子ども理解を中心に考えてきました。ここでは幼稚園・保育所・認定こども園等の幼児教育・保育施設における子ども理解ということに焦点を絞って考えていくことにしましょう。

1 共感的理解と関わり

　ここではまず、子どもの気持ちを深く捉えていた倉橋惣三の「育ての心」の中の一篇「こころもち」から考えていくことにします。
　「子どもは心もちに生きている。この心もちを汲んでくれる人、その心もちに触れてくれる人だけが、子どもにとって、有り難い人、嬉しい人である。
　子どもの心もちは、極めてかすかに、極めて短い。濃い心もち、久しい心もちは、誰でも見落とさない。かすかにして短き心もちを見落とさない人だけが、子どもと俱にいる人である。
　心もちは心もちである。その原因、理由とは別のことである。ましてや、その結果とは切り離されることである。多くの人が、原因や理由をたずねて、子どもの今の心もちに共感してくれない。結果がどうなるかを問うて、今の、此の、心もちを諒察してくれない。殊に先生という人がそうだ。
　この子の今の心もちにのみ、今のその子がある。」[1]
　倉橋のこの文章には自分の気持ちをわかってくれる人が子どもにとってどんなにありがたい人であるかが述べられています。そして残念ながら「先生」と言われる人はこういう今の気持ちをわかってくれないことも多いと書かれています。倉橋はその直感で子どもにとってどんな人がありがたいかを述べているのです。倉橋は大正、昭和と、保育者に大きな影響を与えた人でもあります。また、その著作は今でも保育者に読み継がれています。なぜでしょうか。それはきっと、保育者の中に倉橋惣三の考え方や感性に共感する人が今なおいるということです。そしてこれを今の言葉でいうとカウンセリングマインドという言葉が近いのかもしれません。

引用文献
1）倉橋惣三『倉橋惣三文庫③「育ての心（上）」「こころもち」』フレーベル館、2008年、p.34

子ども理解の基本となることは、子どもの話をよく聞き、子どもに寄り添い、受け入れ、共感することといえましょう。いわゆるカウンセリングマインドという言葉と共通するものがあります。保育者はカウンセラーのような心理学の専門家ではありませんが、このような姿勢は子どもと真剣に向き合う保育者としても大切にしてきたものでもあります。この基本姿勢は子ども理解ということを考えるときに外すことはできません。家庭ではこのことを意識的に行うことは難しいかもしれませんが、保育の専門家である保育者はこのことが保育を行っていく上の基盤といっても過言ではありません。

2　「養護と教育」の一体的展開

　乳幼児期の保育にとって養護と教育は切り離すことができないものです。養護の理念について保育所保育指針は第１章２養護に関する基本事項(1)で「保育における養護とは、子どもの生命の保持及び情緒の安定を図るために保育士等が行う援助や関わりであり、保育所における保育は、養護及び教育を一体的に行うことをその特性とするものである。保育所における保育全体を通じて、養護に関するねらい及び内容を踏まえた保育が展開されなければならない。」と記されています。低年齢の乳幼児を長時間預かる保育所や認定こども園等ではとくに大切な概念です。

　しかしこれは、満３歳児以上の子どもたちを対象とする幼稚園でも同じく大切な概念といえましょう。というのは我が国における保育という言葉にはもともと養護と教育という意味が含まれているからです。幼稚園教育では「環境を通した教育」というようにどちらかというと教育が強調されています。しかし、幼稚園であっても教育の基盤としての養護の概念は外すことができません。

　あらためて「養護と教育」を一体的に展開するということを考えてみましょう。保育所保育指針解説には次のように書かれています。「養護と教育を一体的に展開するということは、保育士等が子どもを一人の人間として尊重し、その命を守り、その情緒の安定を図りつつ、乳幼児期にふさわしい経験が積み重ねられていくよう丁寧に援助することを指す。子どもが自分の存在を受け止めてもらえる保育士等や友達との安定した環境の中で、自ら環境に関わり、興味や関心を広げ、様々な活動や遊びにおいて心を動かされる豊かな体験を重ねることを通して、資質・能力は育まれていく。」[2]　これをみると、養護を基盤とした教育が行われていることがおわかりになるのではないでしょうか。

　養護は保育所等の専売特許、教育は幼稚園の専売特許ではないのです。どの幼児教育・保育施設においても養護と教育双方の視点をしっかりもつことが重要であるといえるでしょう。

引用文献
２）厚生労働省『保育所保育指針解説』フレーベル館、2018年、p.15

1章 子どもを理解するということ

3 保育者に求められる子ども理解の視点とは

❶ 子どもの発達の特性をふまえた子ども理解

(1) 年齢による発達差が大きい

　乳幼児期は90年近い人生のうちのおよそ6年、人生の1割にも満たない時期ですが、この時期程著しく右肩上がりの心身の発達を遂げる時期はありません。とくに生まれてから一年の発達の著しさは群を抜いています。それだけこの時期は「一歳違えばこんなに違う」と言われるくらい発達差の大きい時期といえます。自分の関わっている子どもが乳幼児期のどの時期を生きているかによって、関わり方も大きく変わってきます。また、この時期は言葉の発達にも大きな差のある時期でもあり、言葉に頼った子ども理解をすることは難しいことが多いものです。ですから第1節でも述べたように言葉だけに頼らず、子どもが興味や関心をもって遊んでいる姿から内面理解を進めていく必要があるといえます。これらのことに留意しながら保育者としては、子どもが保育者との温かな関係を基礎として情緒的に安定して、興味や関心をもったものや人に能動的に関われるように援助していくことになります。

(2) 個人差や発達過程に応じた保育

　乳幼児期は年齢による発達差が大きいと同時に、個人差の大きい時期でもあります。4歳児を例にとって考えてみましょう。
　2学期になって、急に鬼ごっこがブームとなりました。保育者も一緒に入っています。この鬼ごっこの様子をよく見てみると、いろいろな関わりをしている子どもたちがいることがわかりました。ひたすら鬼になって追いかけている子ども、ひたすら逃げている子ども、そしてそれを近くで見ている子どももいました。しばらく一緒に遊んだ保育者は子どもたちでやってごらんと鬼ごっこを抜けました。ところがまだ子どもたちだけでは鬼ごっこが成立しません。捕まった子どもが「鬼をやるのは嫌」と言って泣き始めました。そ

写真① 鬼ごっこ

んなマイナスムードになって子どもたちは結局三々五々散っていって鬼ごっこは消滅してしまいました。それに気づいた保育者は慌てて戻ってきましたが、この日は鬼ごっこが復活することはありませんでした。

　保育者がある程度仲立ちをする形で一緒に楽しめば盛り上がる鬼ごっこ。けれども子どもたちは同じ４歳でも、その発達の過程や様相は一人一人様々なのです。保育者は一人一人に対する子ども理解がまだ足りていないということに向き合わねばなりませんでした。一見同じことをやっているように見えることも、よく見てみると子どもたちはそれぞれ違うことに興味やおもしろみを見つけていることに気がつくことがあります。ああ、みんな一緒に遊んでいるなと簡単に安心しないで、一人一人をよく理解しようと努力することが保育者には求められているのです。

❷ 環境としての保育者と子どもの発達

　我が国の幼児教育・保育はその時期の特性をふまえて「環境を通して行うものである」ことが共通理解されていることはご存知のことでしょう。その環境の中でも人的環境としての保育者の存在はとくに大きいといえます。

(1) 子どもにとっての保育者の存在

　幼稚園や保育所・認定こども園など、子どもたちが保護者から離れて生活する場では、担任の保育者などが、まずは子どもたちの「安心・安全の基地」になることが求められます。保育者がそのような存在になって初めて、子どもたちは自己を発揮して園生活を送れるようになります。ではどうしたら保育者は「安心・安全の基地」になれるのか、というと、それにはいうまでもなく子どもとの信頼関係を築くことが欠かせません。

　さて、保育者を信頼し安心して園生活を送れるようになった子どもたちにとっては、保育者は自分たちの行動モデルとなります。保育者の言動を私たちが思う以上に敏感に察知しているのです。「そんなことをしたら先生に叱られるよ」という言葉は、幼稚園・保育所などでよく聞かれる言葉です。これは子どもたちが、先生が何を大切にしているかがよくわかっているからといえます。こうして子どもたちは保育者の価値観や規範を疑いもなく自分のものにしていきます。保育者は、よきにつけ悪しきにつけ、子どもたちの行動モデルになっていることを意識しておくことが必要です。例えば子どもたちの声が甲高いので、もう少し落ち着きをもった静かな声で話せるようになるにはどうしたらよいかというような相談を保育者から受けることがあります。園に行かせていただくと、保育者が子どもたちよりも大きな声を張り上げる場面が多いことに気づくことがあります。子どもたちは保育者と同じようにしていただけだったのです。このように子どもたちは本当に保育者のことをよく見ています。

　また、子どもたちが障害のあるＣくんのことをなんとなく避けることが多くなったのでど

うしたらよいかと保育者から相談を持ち掛けられたときのことです。よくお話を聞いていると、保育者自身が、Cくんをどう受け入れてクラス運営をしていけばよいか迷っていること、さらにCくんとの信頼関係が築けなくて悩んでいることを話されました。「もしかしたら、私のもつCくんを心から受け入れられないという微妙な悩みをも子どもたちは敏感に察知して、Cくんのことを避けるというような行動が出てきているのかもしれませんね」と保育者自身が話された後、ふっと上を向いて「明日から、私の方からCくんに関わってみようかしら」とおっしゃいました。

今、保育者がクラスの子どもたちに対して困っている事例を二つ挙げました。その二つとも、その原因となっていることが保育者の園での在り方を子どもたちがモデルとしていたことでした。このようなマイナス面ばかりでなく、いうまでもなくプラス面でも子どもたちは保育者から影響を受けます。クラスの子どもたちの雰囲気というのは、私たちが考える以上にそこに関わる保育者の在り方が影響を与えているといえます。

(2) 多様な子どもの経験を支える保育者の環境構成

保育者は人的環境として子どもたちに大きな影響を与えますが、もう一つ物的な環境の構成者であるという面をもっています。ですから幼児期の発達の特性をよく考えて環境を構成していくのも保育者の大きな仕事の一つです。幼稚園教育要領解説ではこの幼児期の発達の特性を6つ挙げていますが[1]、ここではとくに物的環境の構成に関係が深い二つについて考えてみましょう。

第一に、この時期は身体が著しく発達し運動機能が急速に発達します。「著しく」「急速に」という言葉でも表されているように、常に子どもたちの心身の状態を把握して、物的環境を子どもたちに合うように変えていくことが大切になってきます。例えば、保育室の環境については年齢が幼いほど、その発達が急激であることを勘案して1回構成した環境を子どもたちの身体的・精神的な発達に合わせて、小まめに変えていくことが重要といえましょう。身体的な発達は精神的な発達とも切り離せないことを考えると、この小まめさが大切になってきます。

第二に、この時期は自立と依存が共存する時期といえます。これは自分でやりたいという意識が強くなると同時に信頼できる保護者や保育者などの大人にも依存していたいという気持ちがあるということです。自分から進んで何かをやっていても、思い通りにいかないときや困ったときには保育者のもとに戻って安心感を得ることが、次への自立の基礎となるのです。

ですから保育者は人的環境として「心の安心・安全基地」になると同時に、子どもたちが外に向かって出ていって、「自分でやりたい」ことに没頭できる環境を構成することが、そ

引用文献

1）文部科学省『幼稚園教育要領解説』フレーベル館、2018年、pp.15-17（一部筆者抜粋、要約）

の大きな役割となってきます。子どもたちが遊ぶ意欲をかき立てられる環境を、子どもたちの様子を見ながら仲間の保育者と一緒に考え、構成することは保育者の専門性ともいえます。そのためには前にも述べたように、子どもたちが何に挑戦したいと思っているかを理解するために、じっくり子どもと関わることが欠かせません。これがそれぞれ個性をもつ子どもたちが何かをやりたいという意欲をかき立てる環境を構成することで、子どもたちが多様な経験を積んでいくことを支えていきたいものです。

③ 子ども相互の関わりと関係づくり

（1）保育施設での子どもの育ちの特徴

幼稚園・保育所・認定こども園等の保育施設は家庭での生活とどのように異なるのでしょうか。

保育施設での生活は、主に同年齢の子どもたちとの生活が中心になります。ですから家庭を中心とした生活と比べると、圧倒的に子ども相互の関わりが多い生活であることが想像できるでしょう。しかし、年齢による発達差や個人差が大きいこの時期ですから、これを発達上の一つの時期としてまとめて考えていくには無理があります。そのた

写真②　砂場は大にぎわい

め、ここでは大きく低年齢と3歳児以上の高年齢に分けて見ていきましょう。

保育所保育指針解説によれば、低年齢のうちは保育士等の仲立ちを得ながら少人数で遊びを楽しみ、そういう生活を共に過ごす中で、だんだんと互いを仲間として認識し合う関係が育まれていくとあります[2]。大切なことはここでの保育士等の在り方といえます。保育者の子どもたちに対する内面理解があって初めて子どもたちの仲立ちもできるわけです。

それでは年齢が高くなってくるとどうでしょうか。年齢が上がるにつれて、一緒に遊ぶ子どもたちの人数も増えていきます。そんな中で、ときに保育者の仲立ちも必要になっていきます。その仲立ちする保育者の姿から子どもたちは集団の中で期待される行動や役割、守るべきルールや規範を理解するようになります。また、子どもたち自身も自分たちのぶつかり合いやいざこざなどの直接経験を通して、自分たちにはそれぞれ個性や考え方があること、自分の思いや気持ちは伝えようと思わなければ相手に伝わらないことなどを学んでいきます。これを支えるのは保育者の役割です。子どもが自分の思いを安心して出せるような雰囲気の土台をつくるのはあくまでも保育者でしょう。このような雰囲気の中で、子どもたちは自分

引用文献

2）厚生労働省『保育所保育指針解説』フレーベル館、2018年、p.22

の思いを出す自己主張をしていきますが、同時に自己主張だけでも遊びや生活が楽しくならないこともまた知っていきます。ときには納得して自分の気持ちを引っ込めることで、もっと楽しい経験を得られることもわかっていくのです。このような行きつ戻りつを経験しながら、次第にみんなで協働して行う活動にも子どもたち一人一人が納得して取り組むことが可能になります。

(2) 集団の中での育ち合い

　幼稚園・保育所・認定こども園等は子どもたちの集団の場です。集団の場であれば、物の取り合いや、仲間関係、イメージのずれや遊び・生活のルール、相手に不快な言葉や行為などを行ったということが原因となって、子どもたち同士の葛藤やトラブルに発展することが多くなります。けれども、子どもたちの発達にとっては葛藤やトラブルを経験することは、大切な学びの時であるともいえます。

　ただし、これらの時が子どもたちの学びの時になるためには、保育者がどのような気持ちで子どもと向き合うかが大切になってきます。保育者が子ども一人一人を尊重して、その内面理解を深めながら子どもたちのよさや特徴に気づくことが、子どもたちが自信をもって行動することができる源となります。そういう保育者とともに生活する子ども集団は温かい集団として育っていきます。温かい集団とは、保育者が子どもを理解しようと真摯に子どもと向き合うことで、子どもが安心して自分を発揮することができる場であるといえます。集団の中での育ち合いもこれらのことが基盤にあってこそ可能になります。

　こういう集団の中では先ほど述べた葛藤やトラブルも子どもたちの学びの時となり、集団としても子ども一人一人としても育ち合っていくことが可能になります。ここでは集団と個は対立するものではなく、互いに高め合っていくことが可能になります。これは決してやさしいことではありません。なぜなら、どうしても集団と個は「あちらを立てればこちらが立たず、こちらを立てればあちらが立たず」という要素を根本的にもっているからです。ですから保育者としてどのような集団をイメージして保育を行っていくか、常に子どもを丁寧に見ながら考え続けていくという保育者の粘り強い意思が必要となるのです。

1章 子どもを理解するということ

4 子どもの学びの連続性をふまえた教育・保育

❶ 子ども理解を基底に置いた幼保小連携

　幼稚園・保育所・認定こども園等では、子どもたちが安心感、つまり、心の安心・安全基地をもち、かつ充実した園生活を送れるように保育者が心を砕いて保育に当たっていきます。この年齢差や個人差の大きい時期、一人一人の発達過程を勘案した保育を行っていくわけです。そのためには一人一人の子どもの気持ちに配慮し、彼らに寄り添って保育をしていきます。保育者は前述したカウンセリングマインドをもって、子どもの内面理解をしていく必要があるといえましょう。そしてこれらを基盤として、子どもたちが遊びを中心とした生活を営んでいく中で、自分たちの生活を充実させ、発展できるように保育者は援助していくこととなります。これらが幼児期にふさわしい教育の姿といえるのですが、続く小学校段階とではその教育の内容、指導方法に違いがあるという現実があります。子どもたちが小学校入学時にこの違いにとまどうことが少しでも少なく、安心して次の小学校生活を送ることができるようにするには、大人の側の配慮が重要です。

写真①　遊びの中で育まれる幼児期の学び

写真②　チューリップの球根植えを見守る小学生

　それには、乳幼児期と学童期に共通な視点をもつことが必要です。2017年（平成29年）の小学校学習指導要領の改訂においては、知・徳・体にわたる「生きる力」を子どもたちに育むため、育成すべき資質・能力を、「知識及び技能」「思考力、判断力、表現力等」「学びに向かう力、人間性等」の三つの柱に整理して示されました。そこで幼稚園教育要領、保育所保育指針、幼保連携型認定こども園教育・保育要領においても共通して就学前教育に育みたい資質・能力をとして「知識及び技能の基礎」、「思考力・判断力・表現力等の基礎」「学びに向かう力、人間性等」と同じく三つを挙げました（詳しくは5章1-②参照）。さらに小学

校教育との円滑な接続ということを意識して「幼児期の終わりまでに育ってほしい姿」として10の項目を挙げています。（詳しくは２章参照のこと）

　こうすることで、小学校の教師にとっても就学前の教育・保育がより明確になったといえます。このように同じ土俵で考える手がかりがあることで、子どもの姿を共有することも可能となります。

　幼保小の保育者・教師がそれぞれの教育や保育の方法、子どもの捉え方等を話し合い交換して理解を深めることが、小学校に入学する子どもたちがそれまで培った能力や意欲・態度といったものを損なうことなく、次のステップに進める可能性を広げるのです。

2　子どもの学びの連続性を支える保育者

　乳幼児期、そして児童期を通じて子どもが保育者・教師をはじめとする身近な大人の心の支えを得ることができれば、子どもは自らもって生まれた力を発揮して生きていくことができます。子どもの心の支えの基本になるのが保育者・教師の子どもの内面理解ということになります。

　ではそのための一歩はどのように踏み出されるのでしょうか。ある保育実習生の実習のエピソード事例から考えてみましょう。２歳児のカルタ遊びの場面です。

エピソード1　実習を行ってみて　カルタ遊び（２歳児）

　　これまでのカルタ遊びでは読み手は先生の役目でした。しかし、今日は一人の子が「読みたい」と言ったので一緒に読むことにしました。すると途中から全員が読み手をやりたくなってしまい、読み手カードの取り合いになってしまいました。

　　子どもたち一人一人の要求は少しずつ違って、「読みたいのにカードが少ない」「読みたいのにほかに読む子がいるから嫌」「読みたいけど字が読めなくて、カードはあるが読むことができない」「カードを取られると思って、カードをおなかの中に隠してしまい、読めない」「読むことには興味はなく、カルタを取りたいのに始まらないからイライラ」等……なんとか遊びが始まっても、今度は自分が取ったカードを戻せず、隠してしまい、次のゲームができないという状況にもなりました。

　　この状況に、私は一人一人の要求にすべて応じようとしてしまい、なかなかうまくいかず、とても大変でした。「じゃあ、このカードだけ持っていいよ」「カード３人で分けようか」など声かけをしたり、読むのに困っている子の代わりに読んであげたり、自分なりにできることをしてみました。なんとか３、４回くらい遊べたところで園庭に出ることになったので、この場は終わりました。

　　（午睡時の担任の先生との話し合いから）

　　なかなかモヤモヤした気持ちでいましたが、午睡のときに、その状況をずっと見ていた先生が、「よく頑張っていたと思う。一人一人に応じていて、実習生ならではのよい関わりでしたよ」とほめていただいたので、うれしくて涙が出てしまいました。

> 遊びの場面では、一人一人の気持ちに寄り添って対応しなくてはという気持ちがいっぱいで必死になっていて、これが正しい関わり方なのかと、とても不安でした。でもこの状況に立ち会って対応できたことは、私にとってはよい経験になりました。このような場面に出会えたことをうれしく思い、もっと場数を踏んで、たくさんのことを学び吸収していきたいと思いました。

　発達段階ということを考えると2歳児が、カルタの読み手になることはちょっぴり難しいことです。けれども先生が読むのを聞くうちに読み手カードが欲しくなってしまったのでしょう、取り合いになります。子どもたちの要求もそれぞれなのでゲームとしてなかなか成立しません。一人一人の要求に応えたいと願っている実習生にとっては危機状況です。そこを何とか持ちこたえました。しかし、気持ちはすっきりしません。そんなとき、その状況をずっと見ていた先生が、その頑張りを実習生らしいと肯定的に認めてくれたのです。子ども一人一人の気持ちに寄り添ってやっていきたいと頑張っていた実習生には、この一言でまたがんばろうという気持ちが芽生えます。実習生もまた子どもと同様、認めてくれる人に支えられ、安心して自分のもつ力を発揮して進んでいくことができるのです。

　子どもの内面を理解して対応するということは、経験を積んだ保育者にとっても簡単なことではありません。ましてや、保育者への一歩を踏み出した実習生にとっては本当に難しいことです。それでもこの実習生は自分の理想ともいえる保育をめざして精一杯子どもと関わりました。さらにこの場には、そのことをよく見ていて、それを認めて応答してくれる先生がいました。このことがくじけそうにもなっていた実習生の心を支え、たとえ難しくても現場での経験を積んで学びを深めたいという気持ちを実習生にもたらしたわけです。

　保育・教育の場は子どもたちだけが育つ場だけではありません。その場の保育者・教師も子どもを支える人として育っていく場です。そのために心して大切にしなくてはならないこと、それは保育者・教師がお互いを、中でも年長者が年少者を肯定的に認めることを意識することです。それがなければ年少の保育者・教師が安心して子どもたちに向かうことができないからです。

　こういう保育の場の裏打ちがあってはじめて、保育者・教師も実習生の時代から子どもの内面を理解するという難しい課題にも取り組めるのではないでしょうか。そして、それが子どもの連続的な学びを支える保育・教育の場の在り方の一翼を担うものといえるのではないでしょうか。

（入江礼子）

2章 子どもを理解する方法

1 指針や要領にみる子どもの理解の基本

❶ 保育所・幼稚園等における保育及び教育の目標

　子どもの教育に関わる目標は、表①に示したように三つの施設で共通化が図られており、健康、人間関係、環境、言葉、表現の各領域で目標が定められています。また、養護に関わる目標は、保育所や幼保連携型認定こども園において明文化されています。ここでいう養護とは、子ども一人一人の心身の状態に応じた援助や関わりの全体を指し示すものです。幼稚園においても、明文化はされていませんが、養護を基盤としながら教育を展開することが求められることはいうまでもありません。

		保育所	幼稚園	幼保連携型認定こども園
出典		保育所保育指針 第1章総則　1　保育所保育に関する基本原則　(2)保育の目標	学校教育法第23条 幼稚園における教育の目標	就学前の子どもに関する教育、保育等の総合的な提供の推進に関する法律 （通称：認定こども園法） 教育及び保育の目標
養護に関わる目標		十分に養護の行き届いた環境の下で、くつろいだ雰囲気の中で子どもの様々な欲求を満たし、生命の保持及び情緒の安定を図ること。		快適な生活環境の実現及び子どもと保育教諭その他の職員との信頼関係の構築を通じて、心身の健康の確保及び増進を図ること。
教育に関わる目標	健康	健康、安全など生活に必要な基本的な習慣や態度を養い、心身の健康の基礎を培うこと。	健康、安全で幸福な生活のために必要な基本的な習慣を養い、身体諸機能の調和的発達を図ること。	
	人間関係	人との関わりの中で、人に対する愛情と信頼感、そして人権を大切にする心を育てるとともに、自主、自立及び協調の態度を養い、道徳性の芽生えを培うこと。	集団生活を通じて、喜んでこれに参加する態度を養うとともに家族や身近な人への信頼感を深め、自主、自律及び協同の精神並びに規範意識の芽生えを養うこと。	
	環境	生命、自然及び社会の事象についての興味や関心を育て、それらに対する豊かな心情や思考力の芽生えを培うこと。	身近な社会生活、生命及び自然に対する興味を養い、それらに対する正しい理解と態度及び思考力の芽生えを養うこと。	
	言葉	生活の中で、言葉への興味や関心を育て、話したり、聞いたり、相手の話を理解しようとするなど、言葉の豊かさを養うこと。	日常の会話や、絵本、童話等に親しむことを通じて、言葉の使い方を正しく導くとともに、相手の話を理解しようとする態度を養うこと。	
	表現	様々な体験を通して、豊かな感性や表現力を育み、創造性の芽生えを培うこと。	音楽、身体による表現、造形等に親しむことを通じて、豊かな感性と表現力の芽生えを養うこと。	

表① 保育所・幼稚園・幼保連携型認定こども園における保育及び教育の目標（各出典からの抜粋から著者作成）

さて、ここでいう目標とは"だれのため"の目標でしょうか。

強調したいのは、子どものための目標が示されているということです。つまり、一方的に保育者が○○を教えたい、○○を指導したいといった目標ではないのです。目標とは、乳幼児期の"子ども"が身につけることが望まれる心情や意欲や態度について記されたものといえます。保育者は、目標に示されている育ってほしい子どもの姿を基本としつつ、一人一人の子どもに対する理解を深めることが求められているのです。

写真①　子どもの育ちを見つめる

❷ 育みたい資質・能力及び幼児期の終わりまでに育ってほしい姿

　2017年（平成29年）に改訂（改定）された幼稚園教育要領、保育所保育指針、幼保連携型認定こども園教育・保育要領では、新たに「幼児期において育みたい資質・能力」[1]「幼児期の終わりまでに育ってほしい姿」が定められました。次頁の図①に示した「幼児期の終わりまでに育ってほしい姿」は、養護や教育に関わる「ねらい」や「内容」に基づいた保育活動によって育まれた、卒園を迎える年度に見られるようになる子どもの具体的な姿を示したものです。また、「幼児期において育みたい資質・能力」によって幼児教育が、小学校以降の学校教育と同じ枠組みで整理され、幼児教育と学校教育とのつながりが明確になりました。ただし、乳幼児期の資質・能力に対する基本的な考え方として、小学校以降のようないわゆる教科における指導ではなく、子どもの自発的な活動である遊びや生活の中で、自分で試したり、いろいろな方法を工夫したりするなどして育まれることが強調されています。

　では、これら新たに定められた枠組みは、子どもの理解に対してどのような意味をもつのでしょうか。第一に、乳幼児期を通して卒園までに育ってほしい姿が明確化されたことで、今まで以上に発達や生活の連続性を意識した子どもの理解がなされることが期待されます。育ってほしい姿とは卒園を迎える年度に突然見られるようになるわけではなく、それまでの保育の積み重ねによる結果といえます。そのため、それぞれの時期にどのような保育者の関わりや環境が必要であるかといった、いわゆる保育のつながりを考慮した視点がより求められるのです。また、卒園時の子どもの姿や育みたい資質・能力が明確化されることは、小学校教員との間で子どもの理解を共有する際に役立つはずです。共通の枠組みがあることで、乳幼児期の子どもの姿をイメージできたり、話し合いを行ったりするきっかけになると考え

注釈

1）幼稚園教育要領では、「幼稚園教育において育みたい資質・能力」、保育所保育指針では、「育みたい資質・能力」、幼保連携型認定こども園教育・保育要領では、「幼保連携型認定こども園の教育・保育において育みたい資質・能力」と記されています。ここに示されている「資質・能力」の内容は、三つの施設で共通化されています。

られます。

　ただし、注意しなければならないことは、「幼児期の終わりまでに育ってほしい姿」はあくまでも育ってほしい姿であって、到達すべき目標ではないということです。子どもは一人一人の特性に応じて発達していくため、すべての子どもが同じ時期に同じ状態になるといったことはありえません。保育者が"いま・ここ"で展開する子ども達の生活や遊びの積み重ねを大切にすることで、おのずと子ども達に育ってほしい姿が身についていくと考えられます。

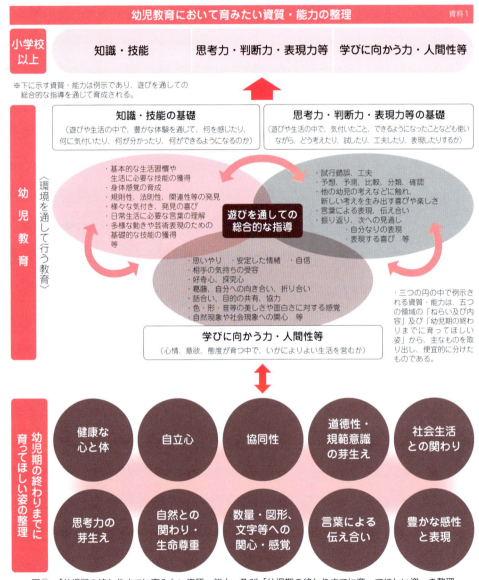

図① 「幼児期の終わりまでに育みたい資質・能力」及び「幼児期の終わりまでに育ってほしい姿」の整理
（文部科学省　中央教育審議会　教育課程部会　幼児教育部会『幼児教育部会における審議の取りまとめについて（報告）平成28年8月』を一部改変）

3 子どもと保育者がともに育つための子ども理解の考え方

　実際の保育の場では、子どもの実際の姿と保育者の思い描いている子どもの育ってほしい姿との間に違いが見られることが多くあります。そのような場合、保育者の思いを優先させるのではなく、まずは子ども一人一人の状態を丁寧に観察し、子どもの思いや気持ちを受け止めることが重要になります。

エピソード1　1番になりたいAくんとの関わり（4歳児）

　保育所で4歳児クラスのAくんは、いつも1番になりたいと、順番を抜かしたり、遊具の貸し借りが苦手で手が出たりすることもあります。担任の先生は、園の集団生活を送るにあたって遊びや生活のルールを守ってほしいと思い、その都度言葉かけをしていますが、Aくんはなかなか応じることができません。そんなとき、1歳児クラスとの交流保育でAくんはお兄さんとしてしっかり1歳児の面倒をみる姿が見られました。先生はAくんの優しい一面に触れ、お迎えにきたお母さんにもお話しました。お母さんからは、普段からお家で妹を可愛がっている様子を聞くことができました。

　エピソード1を見ると、担任の先生は最初、Aくんを課題の多い子と一面的に見ていたように感じられます。しかし、年下の子どもを世話する様子や家庭での様子に触れ、Aくんの優しい面に気づくことができました。このように保育者は、一面的に子どもの特性を捉えるのではなく、多様な側面から子どもを捉えること、さらには、子どもは常に成長するという肯定的な見方をすることが

写真②　年下の子どもと遊ぶ

重要です。なぜなら、子どもは自分の考えや思いが受け止められているとわかると、自ら他者や集団の中で期待される行動を理解していくようになります。このように保育者と子どもとの関係は相互関係をなしています。そのため注意しなければならないのは、保育者がマイナスの考え方をもって子ども達に関わると、負の連鎖が生じる場合もあるということです。

2章 子どもを理解する方法

2 子ども理解のための保育の評価

❶ 保育の評価とPDCAサイクル

　保育者の専門性や保育の質を向上させるためには、保育者は常に自らの保育実践を振り返り、自己評価することを通して次の計画・環境・方法を改善していくことが求められます。図①に示したように、P（Plan＝計画）－D（Do＝実践）－C（Check＝評価）－A（Action＝改善）という流れを継続的に繰り返していくことで自らの保育をよりよくする取り組みが求められています。しかし、実際はエピソード1に示したように勤務条件の問題や忙しさのため、なかなか保育者同士の連携が取れない場合もあります。そのような場合、ICT（情報通信技術）を活用して保育者間で記録を共有する取り組みも行われています。保育記録を共有化することは、自分達の保育のよさや課題に気づくきっかけになると考えられます。なお、ICTの活用に関しては、7章の「保育ドキュメンテーションの作成・活用」に詳しく紹介しています。

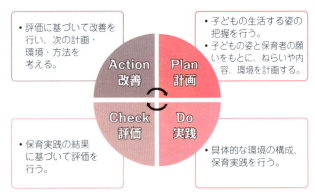

図①　保育のPDCAサイクル（著者作成）

> **エピソード1　チーム保育における課題（3歳児）**
>
> 　B先生が担任をしている幼稚園の3歳児クラスでは、B先生と非常勤職員のC先生の二人がチームになって保育を行っています。しかし、C先生は短時間勤務のため子ども達の降園後、1時間程度しか園にいることができません。そのため、1日の保育の中で子どもたち達がどのような経験をしたか、その経験がどのような育ちにつながるかを二人で話し合う時間もなかなか取れませんでした。そこでこの園では、年度当初からICTシステム（情報通信技術）が導入され、保育記録の共有化が図られました。このことがきっかけとなり、以前より話し合う時間が増え、自分達の保育のよさや課題に気づくことができました。

2 評価の観点

保育者が自分の保育を振り返る際、どのような視点で子どもの育ちを捉えればよいでしょうか。ポイントとなる視点は、「過去・現在・未来といった子どもの育ちの連続性を捉えた視点」と「子ども同士の関係や子どもと保育者との関係といった関係性を捉えた視点」といえます。

エピソード 2　子どもができるようになったことは？（巡回相談員）

園を訪問して子どもの発達に関する相談などを受ける巡回相談員のDさんは、保育者によく「園生活を通してできるようになったことは何ですか？」と子どものことを聞くようにしています。そうすると、「入園当初は自分で朝のお支度ができなかったけど、夏休みの前にはカバンを置いて、着替えるといったお支度の手順を覚えられるようになっていました」や「以前は遊びの中で友達を叩いたりすることが多かったけれど、言葉で『（遊んでいる遊具を）とられた』と伝えることができるようになりました」など、これまでの保育を振り返って園で育ったことを詳しく話してくれます。続けてDさんが、「どうしてできるようになったと思いますか？」と聞くと、多くの保育者はできるようになったきっかけを生き生きと話してくれます。Dさんは、生活をともにしている保育者だからこそ、その時々の様子がすぐに思い浮かぶのだと感心しています。

「子どもの育ちの連続性を捉えた視点」とは、子どもがしていたことやしたことの結果のみを捉えるのではなく、どのようにして取り組んでいたのか、そのときどのような気持ちだったのか、といった子どもの行動の過程（プロセス）を捉える視点といえます。どうしてこの視点が大切かというと、乳幼児期の子どもは、個人差が大きく発達の実情も違っていて、一人一人の育ちの過程を丁

写真①　保育を観察する

寧に見ていくことが求められるためです。上のエピソード2に示したように、保育者の多くは、いつ、何が子どもに育ったのか、なぜ育ったのかなど、育ちの過程を把握しているものです。他児との比較や一定の基準を当てはめた評価ではなく、過去から続くいま・ここでの育ちを捉え、一人一人に応じた関わりを行うことが求められるのです。

エピソード 3　子ども同士の関係の広がり（3・4歳児）

段ボールの囲いで作ったスペースでお店やさんごっこをして遊んでいた4歳児のEくんに3歳児のFくんが「いーれーて！」と大きな声で言います。Eくんは「いいよ！」と少し微笑んで返します。Fくんが「ここ何の遊び？」と聞くと、Eくんは「お店やさんだよ」と答えます。それを聞いたFくんが「お家ごっこにしたかった」とつぶやくと、Eくんは「じゃあ、こ

っちをお店にして、こっちでお家ごっこする？」と段ボールのスペースを半分にすることを提案します。Ｆくんはうれしそうにうなずき、「Ｆちゃんパパになる！」と言って花はじきとフライパンを使い料理を始めました。その後、Ｆくんが作った料理をＥくんがお客さんにふるまうという遊びが展開していきました。

次に「子どもの関係性を捉えた視点」とは、関係の広がりや関係の深まりを捉える視点です。人は他者やものとの関係を結びながら生活しています。集団で生活する中で子ども達は、子ども同士の関係や保育者との関係など様々な関係を経験していきます。また、ここでいう関係とは人間関係だけでなく、子どもと"もの"との関係も含んでいます。エピソード３で示したように、子ども達

写真②　段ボールでお店やさんごっこ

は関わりの中で相手の思いに気づき、お互いに協力したり、役割を分担することなどを経験します。保育者はこのような子どもの関係や役割を理解することで、子どものよいところを他児に伝えたり、関係を育む仲立ちをするといった状況に応じた関わりができていくと考えられます。

３　子どもを理解する保育記録

　保育者は、日々の保育の中で記録という行為を通して自身の保育を見直したり、計画や実践を改善することにつなげています。記録することは、保育者の仕事の一部であり、保育の質を向上させる大切な手立ての一つといえます。本書では、記録の意義や具体的な記録を作成する視点、記録方法などについて、第２部「保育の記録編」で詳しく説明しています。そのためここではまず、本書における「保育記録」に関する考え方を明らかにしておきたいと思います。

　本書では、保育における様々な「記録」を総称する言葉として「保育ドキュメンテーション」という言葉を用いています。この「保育ドキュメンテーション」には、エピソード記録、ポートフォリオ、環境図といった文章や図、写真などを使った様々な記録の形態を含めています。どうして「ドキュメンテーション」という言葉を用いるかというと、それには理由があります。キーワードとして、"共有"という考えを強調したいためです。図②に示したように記録は、保育者個人だけの記録ではなく、他の保育者、子ども、保護者、さらには社会と共有することで、保育をより良くする手立てとして活用できると考えています。この考えは、第５章で紹介しているイタリアのレッジョ・エミリアにおける保育実践の考えをもとにしています。つまり、記録をほかの保育者と共有することはもちろんのこと、子どもや保護者と共有して保育実践に活かしたり、地域社会にひらいていくことが保育の質を向上させること

につながると考えています。

　子どもを理解する上で記録が重要ということは疑いの余地はありません。本書では「保育ドキュメンテーション」という言葉を用いることでこれまでの考えを一歩進め、保育の実践や評価や改善といった保育の流れ（保育のPDCA）の中で記録をさらに活用できるようにしたいとも考えています。そのために本書の第二部と第三部において「保育ドキュメンテーション」に焦点を当て、その意義や作成方法、保育現場や養成校における活用の内容などについて詳しく説明していきます。

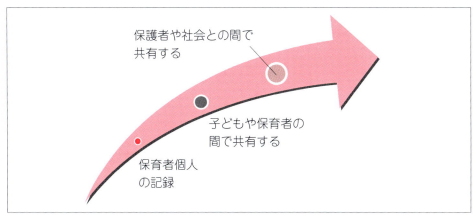

図②　保育ドキュメンテーションの広がり（著者作成）

（小原敏郎）

3章 子どもの育ちの様子

1 子どもの生活と遊び

❶ 生活の場である幼稚園・保育所・認定こども園

　2章で示されているように、三つの資質・能力の中に、「よりよい生活を営もうとする」という言葉が明記されています。幼稚園教育要領や保育所保育指針、幼保連携型認定こども園教育・保育要領の第1章にある教育や保育の基本の部分では、「生活」という言葉がたびたび使われています。幼稚園教育要領では、「幼児期にふさわしい生活が展開されるようにすること」と示され、同様に幼保連携型認定こども園教育・保育要領では、「乳幼児期にふさわしい生活が展開されるようにすること」「家庭や地域での生活を含めた園児の生活全体が豊かなものとなるように努めなくてはならない」と示されています。保育所保育指針では、保育所の役割として「入所する子どもの最善の利益を考慮し、その福祉を積極的に増進することに最もふさわしい生活の場でなければならない」とも示されています。しかし小学校学習指導要領の総則には、就学前のような「生活」という言葉は出てきません。倉橋惣三が言うように、子どものさながらの生活を通して子どもの教育・保育を行うという「生活」に乳幼児期の保育の特性が現れています。

❷ 家庭生活と園生活のつながり

　現在では、どの保育の場も保育時間が長くなる傾向があります。保育所や認定こども園だけでなく、幼稚園においても預かり保育が行われ、子どもが園で過ごす時間が長くなっています。生活というと、大人は多くの場合家庭での私生活を思い浮かべ、家庭での生活と園での生活は場所も変わるため、それぞれの生活であると捉えがちです。しかし、子どもを理解しようとするときには、一日の生活は家庭と園で連続し関与し合っていることを理解していなければなりません。生活という場を通して子どもが育つという意味では、家庭と保育の場を行き来し、子どもは育つと捉える必要があります。
　次のエピソード1のように、園で楽しいことがあれば、家へ帰る途中からうれしくて体が動きはずみます。園で嫌なことがあれば家庭に帰っても気持ちは晴れず、動かず沈んだ表情をしています。家族の中で苦しいことがあれば、抱えきれない思いを園で爆発させることもあります。

> **エピソード1** あしたも自動車つくるの！（5歳児）
>
> 　5歳のJくんが、たくさんの空き箱を抱えて登園してきました。保護者に話を聞くと、前の日に幼稚園から帰ってきたら、幼稚園で友達と空き箱で自動車をつくったことをとても楽しそうに話してくれたそうです。明日も友達とこんな自動車をつくりたいと言って、いろいろな空き箱を集め始め、次の日に幼稚園へ持って行くと張り切っていました。とても楽しそうだったので、家にあったいろいろな空き箱を運んできたとのことです。

　大人は、家庭と職場と気持ちを切り替えて過ごすこともおおかたできますが、子どもの気持ちと生活はつながっているのです。園で過ごす時間が長くなる傾向にある現在ですが、園での生活が長くなったからといって、家庭での生活が薄れるわけではなく、家庭での生活は子どもにとって自分だけでいられる重要な生活の場です。そして園での生活は、家族以外の大人と関わり、同年齢、異年齢の子どもと関わることのできる貴重な場です。

写真①　せんせい、おはよう あのね

3 子どもの生活の変化

　子どもの生活の変化は、園で過ごす時間の長時間化だけではありません。ベネッセの2015年の調査では、下記のような傾向が見られます[1]。

- 屋外の、近所の空き地や公園で遊ぶ率（41.9％）や学校、幼稚園・保育園の運動場で遊ぶ率（30.1％）より自宅内で遊ぶ率（85.4％）が多い。
- 平日、友達と遊ぶ率（27.3％）より、母親（86.0％）やきょうだい（49.3％）と遊ぶ率が高い（幼稚園・保育園以外）。
- 子育てで力を入れていることは、屋外で遊ぶこと（76.5％）や友達と一緒に遊ぶこと（70.6％）より、親子でたくさんふれあうこと（91.7％）が多い。

　このように現代の家庭生活では、友達と遊んだり、外で遊んだりすることが減少している傾向があるとわかります。バリアフリーが進みエレベーターやエスカレーターの使用の増加、歩けるようになってもベビーカーを使用するなどが見られ、大人も子どもも歩かない生活が増えています。当然、体力や自分の身体を使った直接的な経験の変化もあるでしょう。押せば泡が出てくる液体石鹸、リモコンで動く家電製品や温められた便座など電化され便利にな

引用文献
1）「第5回幼児の生活アンケート資料編　集計表」ベネッセホールディングス、2015年

った生活環境で子どもは生活しています。自分自身の身体を使い、働きかけ何かをする機会や経験内容が変わってきていることが推察されます。

　子どもの興味や関心に基づいた直接的で具体的な体験が得られる生活から、乳幼児期の子どもは多くのことを学びます。ほかの子どもとの遊びや葛藤、身近な大人以外の人との関わりから、知識や言葉、人への信頼感や親密さ、社会性などを獲得します。そのため保育者は、子どもたちがそのような園生活を過ごせるよう環境を考え、育つ姿を捉えます。

❹ 生活や遊びの主体は子ども

(1) 生活と遊びの混在

　子どもの生活と遊びは、ここからが生活でここからが遊びと明確に分けられないほど、一体となっています。とくに3歳未満児の場合には、何かおもしろいことを発見するとそれが遊びでもあり学びの機会にもなります。写真②は手を洗いに行った子どもの姿ですが、子どもはしばらく水の流れの中に手を入れ、水を感じています。また、食事場面でも遊びになってしまいます。

写真②　手洗い、水遊び、水の感触

> **エピソード 2**　**音がする！　みんな一緒におもしろいな（1歳児）**
>
> 　1歳児クラスの昼食時、みんなよく食べ少しお腹が落ちついたときの出来事です。1歳8か月のKちゃんが、スプーンでスープのボウルをカーンと叩きました。するときれいな音がしました。続けてカーン、カーンと叩いていると、同じテーブルで食事をしていた子どもたちもニコニコ笑いながら真似して、カーン、カーンと叩き始めました。みんなニコニコ笑顔です。しばらくすると、保育者が「みんなご飯食べていますか」と聞くと、ご飯を食べていたんだっけと気づいたように、再びご飯を食べ始めました。

　エピソード2のような場面は、1歳児クラスではよく見られる光景です。叩くと音がするという発見はみんなに共有され、ご飯時ですが一緒に楽しむ仲間です。一緒に「おもしろい！」と思えることは、他者への親密感の芽生えであり、これからの人間関係形成の基礎となるものです。

　3歳以上でも食事や昼寝、片づけ、身支度などなかなか子どもが進んでやる気持ちにならずに、子どもだけで進めることが難しい場面も多々あります。このような場合、大人が見通しを伝えたり援助したりしつつ、子どもの思いと折り合いをつけて進めています。それでも、競って片づけたり、ブルドーザーになったつもりで片づけたりするなど、子どもの遊び心で生活も楽しいものに変わることがあります。

（2）生活の主体は子ども

　大人が生活の見通しをもって進めていても、子どもの生活の主人公は子ども自身です。子どもがやらされている、動かされていると感じて生活するのではなく、子ども自らが自分の生活をよりよくしていこうという気持ちをもって生活できるように心がけます。

　2歳前後の子どもは、着替えや靴を履くことなど生活の中で「じぶんで！」と強く主張することがあり、少し大人が脇から手伝うと怒って泣くくらいです。時間がかかっても自分でやりたいのです。そのような気持ちが育っていると、一つできると次もやってみよう、きっとできると自分の力を信じて前向きに取り組みます。

> **エピソード3　ぼくたちがやる（4歳児）**
>
> 　4歳児クラスの1月。これまで4歳児クラスでは、給食の机の用意をしている間、子どもたちは遊んでいました。ところが給食の支度をしようと保育者が用意を始めると、子どもたちが寄ってきて「ぼくたちが机をふく」と言います。「え？　自分たちでやるの？」「うん、僕たちもうすぐ年長さんだもんねー」と子どもたち。それぞれが台布巾を持って、はつらつとした顔で張り切って机をふいています。

　3歳以上の幼児クラスでは、年長児は憧れです。エピソードのように、もうすぐ年長になることはとても誇らしく、年長がやっていた自分たちの生活の働きを進んで取り組み始めています。子どもたちの思いは、先生のお手伝いをすることではないでしょう。自分たちの生活の支度を、自分たちでしたい気持ちです。いつでも誰もがこのような気持ちをもてるわけではありません。気が進まないこともありますが、みんなで助け合って気持ちよく暮らせるように子どもたちも力を発揮します。一緒に過ごす中で、ともに生活するクラスの友達の存在を認め支え合う関係ができていてこその思いです。自分さえよければという考えでは、このような気持ちは育ちません。

（3）夢中になって遊ぶ

　子どもが自ら自発的に取り組む遊びは、生活の中心をなすものです。よく満足して遊びこんでこそ、体も心も満たされ、お腹が空いてよく食べ、疲れてお昼寝をします。3歳未満の子どもたちでは、生活の中に遊びが多く混じりますが、3歳以上の幼児は、自由に遊べる時空間が保障されたところで子どもが遊び始め、夢中になって遊び込む姿が見られます。

　子どもが集団でいるとき、保育者が用意した遊びを一緒にする場合がありますが、それは子どもが自ら自発的に始めた遊びではないので、子どもにとっては先生に言われたことをやっているように感じることがあります。先生は遊びのつもりで用意し一緒に行っていたのに、「遊びに行っていい？」と聞かれ、遊んでいたと思っていた保育者は、子どもにとってはこれは何であったのかと気づくことがあります。

　夢中になって遊ぶ子どもたちの姿は、わーっとおもしろそうに勢いよく遊んでいる場面だ

けではありません。次のエピソードのように一人で黙々と何か見つけたことに取り組む様子も遊びでしょう。写真③の子どもは、筒の中に砂を入れて砂山にせっせと運んでいました。砂がこぼれたり、筒から出なかったり、その時々で違います。見つけたことをおもしろそうと思いやってみる、その過程ではやってみて気づくこと、いろいろに試行錯誤して工夫してみることもあります。

写真③　筒に入れて運んでみよう

> **エピソード 4**　**せっせせっせと運んでいます（3・5歳児）**
>
> 　年長児がプランターに土を運び、花の苗を植えています。それを見ていた3歳のKくん。
> 　するとKくんは、バケツに土を入れ、空いているプランターにせっせせっせと何度も土を運んでいます。時折、土の中からミミズが姿を現し、棒で恐々つついています。それから時々年長さんの様子を見て、ジョーロに水を入れては土にかけています。運んでは水をかけ、何度も繰り返し、プランターがいっぱいになったときに満足そうに保育者を見ました。

　3章の2節や3節で書かれているように、「遊びを通して総合的に学ぶ」ということは、何かを身につけようとするわけではなく、子どもの心が動きやり始めた遊びを通して、いろいろな経験をし、自然と様々な能力や態度を身につけていくということです。自らの思いから遊ぶ子どもは、感じ、気づき、考え、判断し、表現する過程で、それぞれの発達や個性に応じて、今経験していることがあります。友達と一緒に遊ぶ過程では、一緒に遊ぶおもしろさを体験するだけでなく、意見がぶつかったり、悲しい思いをしたりということもあります。けれども、そのような経験を乗り越えることで、やっぱり友達と一緒がおもしろい、楽しいという感覚を体験しています。

5 生活や遊びにおける子どもの育ち

(1) 子どもの内面の育ちを捉える

　主体的に子どもたちが生活する場で、子どもはどのようなことを学び育っているのでしょうか。子どもの生活には、食事、着替え、排泄、睡眠、片づけ、遊びなど様々な場面があります。それぞれの生活場面をだいたい自分でできるようになるまでには、手や指先が細やかに自分の思うように使える発達、また手順などがわかる認知の力、よりよく生活することの心地よさの体験など、様々な要素が育つ必要があります。

　しかし、何よりも子どもたちのやってみよう、自分でやりたいという主体的な思いが重要です。形だけ身辺自立ができても、叱られるからやっていては、叱る大人がいなくなったらどのような生活になるのでしょうか。障害のある子どもは、やりたくてもできないことがあ

ります。しかし、「やりたいから手伝ってほしい」とまわりの人に伝えられる力があることでできるようになることがあります。それには、「やりたい」という気持ちを子どもがもてること、そしてそれを周囲の人に伝え、手伝ってもらおうとする力が必要なのです。人が生活し生きるためには、できる力とともに、このような子どもの思いがあるからこそ、将来につながる自分にとってよりよい生活を営もうとする力の基礎になるのです。子どもたちの育ちを見つめるときには、表面的にできるようになったことに目を向けるのではなく、子どもたちの内面がどのように育っているのかを捉える目をもつことが大切です。

(2) 大人の価値観や規範で捉えない

　遊びと聞いたときにみなさんが思い浮かべるのは、どのような遊びでしょうか。みなさんは縄跳びで遊ぶといったら、どのようなことを思い浮かべますか。子どもが遊ぶときには、大人が思いもしないような遊び方がおもしろいのです。

エピソード5　わたしはにょろにょろしたいの（2歳児）

　2歳のJちゃん。縄跳びの縄を園庭の隅で見つけました。腕を振ってみたら、にょろにょろと蛇のように動いておもしろい。園庭の真ん中で振って蛇のように動かしてニコニコ顔。そこにKちゃんが縄跳びの端をつかもうと近づいてきました。振り回すJちゃん。つかまえようとするKちゃん。二人とも笑いながら、縄と遊んでいます。しばらくして、Jちゃんが縄跳びを持っているのを見た保育者が、Jちゃんの持っている縄跳びの端を持ちました。Jちゃんと一緒に両端を持って蛇の縄跳び遊びをしようと考えたようです。ところがJちゃんは「だめ」と言って、怒ってしまいました。

　子どもの遊びの姿を捉えるときには、大人の価値観や規範、イメージで捉えず、子どもはどのようなことにおもしろさや楽しさを感じているのか、何をしたいと思っているのか考えてみましょう。エピソードでは、縄の動きがおもしろく、つかもうと思っても取れず、そして笑い合う友達がいます。しかし、保育者の遊びのイメージと子どもが楽しんでいることがずれてしまい、遊びが壊れてしまいました。子どもの思いを理解しようとするには、大人の側に少しの間が必要です。子どもの気持ちに思いめぐらす間をもてるかどうかが、子どもが生活や遊びの中で何を経験しているのか捉え理解する基礎となります。

(3) 広い視野でつながりを捉える

　子どもの育ちを捉えるには、今目の前にいる子どもの様子からだけでは理解できないことが多々あります。子どもは家庭と園での生活や遊びを行き来しながら、そのつながりの中で生きていますので、うれしい様子も辛く悲しい様子も園の生活と家庭や地域でのつながりも視野に入れて考えます。また園の生活の中でも、いつもは穏やかな子どもがなぜか今日はイライラしていると思われるとき、かなり前に友達とけんかをしたことを引きずっている場合

もあります。次のエピソード6のように、その場の子どもの行動だけからは理解しきれないことがあることを保育者は心に留め、子どものすることには何か意味があると理解することです。車を取った場面だけでなく、このようなプロセスで捉えると、悔しい思いを感じ、仕返しすることで自らの気持ちをおさめた2歳児の姿が理解できます。そのようなことまで考えて実行できることに驚かされます。

エピソード6　お返しだ！（2・3歳児）

　2歳のOくん。園庭で三輪車に乗って遊んでいましたが、ちょっとそこを離れたときに、3歳のTくんが乗ってしまいました。Oくんはすぐに気づいて三輪車のところへ戻ってきましたが、Tくんには何も言えません。Oくんは仕方がないので、ほかの遊びを始めました。しばらくたって、三輪車の後ろの荷台に車の玩具を乗せているTくんに近づき、その車を取って一目散に保育者のそばへ走ってきました。Tくんは「だめ」と大声で叫びます。Oくんはその車で遊ぶわけではなく、そこに置いて別の遊びを始めました。

　また、友達との関わりが遊びや生活の中で大きな意味をもつ幼児期には、子どもの様子を理解するときには、クラスの友達集団の中での位置や関係まで広く把握します。自分の主張をできるだけでなく、友達の意見も受け止められるか、友達と一緒に遊ぶにはどうしたらよいと考えられるか、クラス集団の中で気の合う友達はいるかなど視野を広くもち、子どものことを理解する姿勢が、子どもの育ちを理解することにつながるでしょう。

（榎田二三子）

3章 子どもの育ちの様子

2 保育者と子どもの発達
～保育における人との関わり

❶ 保育者と子ども、同年代の子ども同士の関わり

　ある保育者は、幼稚園入園当初の母親より、「門の前まで来ると、急に足取りが重くなって、そして涙になって。楽しく遊び始めている子もいるのに…と困惑する私に、しばらく一緒にいて頂いて構わないですよ、と先生方に笑顔で声をかけて頂いたときには、不安な気持ちがすっと軽くなったのを今でも覚えています」との言葉を頂いたことがあります。そして、1か月が経ったある日、この子は母親に「初めて泣かないでバイバイできたよ！　お姉ちゃんになった、やった!!」と全身で喜びを表現しながら、園でしてきたことを報告してくれたそうです。

　子どもにとって園生活は、家庭を離れて最初に経験する社会生活であり、これまでの家庭環境とはまったく異なり、不安や緊張に満ちた環境です。先述の通り、保育者が「いまこの子はどういう状態か、この子にとって何が大切か」という視点から親子に関わることで、この子は無理に引き離されたという経験ではなく、「自分で泣かずに離れられた！」という経験を得ることができ、大きな自信につながったことでしょう。

　子どもは、様々な人と信頼関係を結ぶことで人への信頼感や愛着関係に気づき、安心と安定の基盤ができ、自ら動こうという気持ちが出てきます。そして、この基盤の上に、友達と一緒に目的に向かうことが可能となります。これは、0歳児から、そして転入してきたばかりの5歳児にとっても同じことがいえると思います。保育者は、子どもの発達に応じた観察や関わり方をしつつ子どもの心のよりどころとなり、子どもは、保育者を心の基地として様々な経験を重ね、興味・関心を広げ、自信をもち、主体性を獲得していきます。

エピソード1　乳児が見せた思いやり心（0歳児）

　入園当初は泣くことが多かったAちゃん（9か月）とBちゃん（10か月）も保育者の温かいまなざしと園のくつろいだ雰囲気の中で徐々に自分の気持ちを伝えられるようになってきました。そんなある日、Aちゃんが畳の上でつかまり立ちをしようとした瞬間、ゴロンと仰向けになって泣いてしまいました。それを近くで見ていたBちゃんがハイハイで近づいてきて、頭や顔を"よしよし"とします。まだまだ顔を触る力加減はうまく調整できていませんが、確かに10か月の子が友達に思いやりの気持ちを表しているようでした。まわりの保育者みんなが優しい気持ちになる瞬間でした。

乳児（0歳児）は、特定の人に対する愛着が強くなり、仕草で要求を伝えようとし、移動行動により手足が自由になり手指の圧力も強くなってきて、また好奇心が高まり、気になるものに関わろうとするようになります。園の中で安心できる大人との愛着関係（二者関係）ができると、「自分と保育者と、その他のおもちゃ」という三者関係へと興味を広げて、自分の欲しいものや、見てほしいものを、指をさして伝えたり、じっと目で追ったり、「あ、あ」「う、う」などの言葉で伝えようとしたりする姿が見られるようになってきます。

写真①　安心できる保育者と一緒

　保育者はこのようなとき、「そうだね、○○だね」「おもしろいね」など、子どもの見ているものや気持ちを言葉にして話しかけてあげましょう。また、子どもは、信頼する大人を模倣します。「ちょうだい」「こんにちは」などの言葉をかけたり動作をしたりして見せることで、子どもはその姿を積極的に模倣し、人との関わり方の基礎を身につけていきます。乳児は、大人との関係が中心ですが、乳児同士であっても互いに関心を示し、表情を模倣したり、這って追うなど接近したりといった姿が見られます。発達に応じて子どもなりに友達にアピールする姿を見落とさず、保育者は、その気持ちがつながるように、支えていきましょう。

　また、1歳児期には、してほしいことなど、自分の要求はわかっているものの、まだ言葉を獲得しつつある段階で、また動作が未熟で思うようにまわりに伝えられず、大声で泣いたり、イライラしたり、怒ったりすることも多くなります。

　そのため保育者は、子どもの思いを考え、共感できるよう関わっていくことが大切です。例えば子どもは、簡単な言葉を真似て言おうとしたり、物の名前に興味をもったりもするようになるため、一緒に遊びながら、たくさん話しかけることで、"こういうときは、こういう風に言うのか""こうすれば、わかってもらえるのか"というコミュニケーションの手段を広げていくことができるように関わります。

　さらに1歳児後半ごろになると、「イヤ！」「ダメ！」といった言葉を盛んに使い、自分の思いを表そうとするようになります。それは、自立への第一歩、自我の芽生えであるといえます。そのようなとき、保育者（大人）が「ダメでしょ！」と一方的に抑え込んではいけません。「イヤ」の言葉に込められた思いを探ろうとするゆとりや、その視点をもつことが大切です。また、「イヤ」に込められた思いを別の言葉で言い換えたり、補ったりして子どもに理解や共感を示すことで、次第に子どもが言葉で思いを表すことができるようになっていくことを支えていきます。そのほかにも、身のまわりのものに触れながら"これは、どうなっているのだろう？"と探索する子どもの姿も多く見られます。一人でじっくりと夢中になる時間と、友達と一緒に過ごし楽しいと感じられる時間のどちらも大切にしていきましょう。

エピソード2　ぼくがずっと水を流したい！（2歳児）

　保育者が、砂場に作ったウォータースライダーに、ホースで滑りやすくするための水を流していると、「その役がやりたい」とＡくんが言い、保育者の代わりにホースを持って水を流し始める。「ぼくもやってみたい」とかたわらにやってきたＢくんに、Ａくんは背を向けて、絶対に譲らないとホースをぎゅっと握る。保育者は、「Ｂくんもやりたいんだって。貸してもらえるかな？　でも、Ａくんもまだ流したばかりなんだよね」とＡくんＢくん二人に声をかけ、しばらくしてＡくんに、「Ｂくん、ずっと待っているんだよね。貸してほしそうな顔してるね。じゃあ、次の〇〇ちゃんが滑ったら、交代してあげてね」と伝える。

　2歳児期は、エピソード2のように自分で決めたい、自分でやりたい思いが強くなっていきます。例えば、黄色いブロックを「卵だよ、はいどうぞ」と相手から食べるように促されると、口を近づけ食べるふりをするといった「見立て行動」ができるようになります。また、身近な人の仕草や言葉づかいを捉え、ごっこ遊びで再現するようになります。

　この時期は、友達と遊べるようになったといっても、まだ、全体の中で自分の役割を意識するというよりも、自分の「やりたい」を優先している時期であるため、「私はこうしたいのに」というイメージのズレによるいざこざも見られるようになります。自分のやりたい思いが優先し、譲ることが難しいという結果になることも多くあります。

写真②　手作りのウォータースライダー

　このようなとき保育者は、「〇〇ちゃんは、こういう風にやりたかったんだよね。でも〇〇ちゃんは、こういう風にやりたかったんだよね」などと、互いの気持ちを代弁したり、代替え案を出したりし、それでも思いがすれ違ったときには、その都度、両者の欲求を受け止めて、仲立ちをしていく、感情の橋渡しをしていきましょう。

　また、簡単なやりとりができるようになってきたこの1、2歳児期に、ごっこ遊びができる環境を整えていくことに加えて、何よりも、そこにいる保育者がごっこの世界をともに楽しんでくれるということ、信頼できる大人がごっこ遊びの世界の住人としてふるまっていくことが重要です。例えば、「あっ、あそこにオバケのお家がある！」「この穴、モグラさんがいるんじゃない？」「これは、なんの音かな？　恐竜の足音？」などといった、保育者の声かけ一つで、子どもの想像力やイメージ、遊びは広がります。また、お医者さんごっこで、ぬいぐるみを患者に見立てて真剣に手当てをするなど、お医者さんになりきったり、お母さんになりきったりする。子どもは、保育者の振る舞いを真似たり、そのなかで友達と関わったりしていくことで、社会性やコミュニケーション能力、言葉の力などを身につけていきます。

エピソード 3　ハンバーガー屋さんに行ってみよう！（3歳児）

　数日間続いているハンバーガー屋さんごっこ。保育者は、保育室で行っていたものを、園庭に続く外廊下へと移動し、もっとみんなに売ろうと提案する。「ハンバーガーはいかがですか？」と、保育者と一緒にハンバーガーを売るAちゃんたち。そこへ、もう一人の保育者と一緒に「お腹が空いたんですけど」と買いにくるBちゃんたち。しばらくすると、子どもたちだけで、売り買いが成立していくようになる。その後、Bちゃんたちも、ハンバーガー屋さんをやりたいとお客さんから、店員さんへと変わっていく。

　3歳児期になると、園生活の流れや生活の仕方がしっかりとわかり、身のまわりのことをだんだん自分で行えるようになります。また、身体を十分に動かしていろいろな動きのある遊びを楽しみ、自分なりのイメージを形にしようとします。保育者や友達に親しみをもって、安心して過ごす中で、人と関わり合う楽しさや心地よさを感じられるようになっていきます。また、自分の要求や、感じたことを自分なりの方法で表現するようになります。

写真③　ハンバーガーいかがですか？

　保育者はこの時期、自分なりの遊びを中心としながらも少しずつ友達の存在を意識できるような声かけをしていくことが大切です。例えば、エピソード3のように、好きな遊びや、やりたい遊びを繰り返し楽しむことができるようにしていく中で、友達のしていることに興味を示したり、友達やみんなと一緒にすることを楽しいと感じたりして、やってみようという気持ちが出てくるよう支えていくことも重要です。その際、基本となることは、大好きな保育者が、子ども達の輪の中心にいることです。担任の保育者が中心にいながら遊びのモデルになりつつも、クラスのみんながつながっているという関係を保っていくことが大切です。

　4歳児期になると、自分たちの生活に見通しをもって、必要なことに気づいたり、身のまわりのことを丁寧に行ったりできるようになります。様々な経験を遊びに生かしながら、自分たちでイメージや動きを伝え合い、遊びを進めていくおもしろさを感じ、いろいろな友達とのやりとりを重ねながら、自分の気持ちや考えを表現し、相手の気持ちにも気づき、受け入れようという気持ちも芽生えます。また、自意識が生まれる時期でもあり、「理想の自分」と「現実の自分」の狭間で揺れ動く時期でもあります。例えば、友達と一緒に絵を描いたり、走ったりしていても、友達と同じようにうまく描けない、速く走れないと、泣いたり、放り出したりといった姿も見られるようになります。

　また4歳児は、一人でいるよりも、友達と一緒にいることを好むようになる時期で、自分の気持ちを友達に伝えていくこと、また、友達の気持ちにも思いを向けること、互いの気持ちの落としどころを見いだしていくことができるようになっていきます。そのために、数人の気の合う友達同士での遊び、取り組みが増えてくるため、気の合う友達同士が考えていること、思っていることを伝え合える場面をもつことも重要になってきます。しかしその際、

うまくいかなかったり、伝えきれずトラブルになったりするようなこともでてきます。そのような場合、この時期の保育者は話す前に聞くと言われるように、保育者は子どもの思いに耳を傾け、葛藤に寄り添うことで、また「やってみよう」「挑戦しよう」という気持ちが出てくるよう支えていくことが大切です。同時に、気の合う友達を見つけられる、一緒にいられるように環境を整え援助していくことが、保育者の役割として重要になるのです。

エピソード 4 　運動会のリレー（5歳児）

運動会のリレーの順番を決めるにあたり、保育者は園児の名前の書いてあるマグネットをそれぞれの子どもに渡す。そして、「ほかのクラスに負けないように、みんなで作戦を立てて順番を決めてね」と伝え、話し合いをリードの取れる子に任せながら見守る。時折「○○ちゃんが、まだ決まってないみたいだけど」などと声をかけながら、調整を図っていく役割を行う。

5歳児・幼保小接続期には、自分の思いや考えを友達と豊かな言葉で伝え合いながら、互いに認め合い、一緒にいろいろな遊びや活動に取り組む姿が見られるようになります。また、生活に必要なことに責任をもって丁寧に取り組む中で、生活に見通しをもち、自分たちで考え、判断して生活を進めることができる力を身につけていきます。

自分たちで園生活を組み立てながら、仲間の中で互いの力を発揮し合う充実感を味わえるようにするためには、保育者の関わりも大きく変化していきます。例えばエピソード4のように、保育者が前に出すぎない、提案し過ぎない、いろいろな

写真④　みんなで相談

案（たくさんのアイデアの引き出し）をもち合わせながらも、子どもの成長・発達、また主体性を引き出すために、その案を少しずつ提供していくことが大切です。遊びの知識や、技術、知恵、言葉など、子どもたちの思いを満たすための引き出しを、子どもの成長の度合やその場の状況に応じ、どのタイミングで開き、どのぐらい出していくかが、大きなポイントとなります。また、少し難しいこと、高度な技術が必要なものもあえて取り入れながら、子どもが、大人のやっていることへ興味を感じたり、憧れをもったりできるような関わりも必要です。

また、生活、遊びや活動の中で、友達のよさに気づいたり、認め合ったりしながら、一緒に過ごすことを楽しんでいけるよう、そして自分たちで生活を進めているという自覚と自信をもっていけるよう援助していくことが重要となります。

❷ 異年齢の友達との関わり

　保育者との関わり、同年代の友達との関わりについて述べてきましたが、乳幼児期には、異年齢の友達からの刺激やほかの年齢の様子をいつでも互いに見合える環境は、子どもの育ちに大きな影響を与えます。例えば、少し月齢の大きな乳児がはいはいをする様子を、寝転び横目で追いかけていた乳児が、そのうち手足をばたつかせ、同じ動きをしようとするなどします。また、保育者が入園したばかりの3歳児の着替えを5歳児が手伝う場面を用意し、子ども達が経験することで、3歳児にとっては、5歳児は優しいお兄さん、お姉さんという親しみを感じ、5歳児にとっては、認められたという自己肯定感が育ちます。また、このような生活場面での関わりとともに遊び場面での関わりも重要な意味をもちます。

> **エピソード 5**　ヒロインショーをやろう（5歳児）
>
> 　5歳児が、3歳児、4歳児に見せたいと、チケットを準備し、イスを並べて始めるショーごっこ。ショーに登場する子どもたちはもちろん、カメラマンや音楽係りに至るまで、自分たちで担って開催する。ショーをしようということになると、チケットを準備して、イスを並べるなどが自然とできる5歳児たち。ショーの後、自分たちの部屋に戻り、真似て行う4歳児。何度も足を運ぶ3歳児。

　ある園では古くからこのようなショーごっこが伝統的に続いています。エピソード5のショーのほかにも、例えば4歳児が5歳児に混ざってリレーをしたり、3歳児が5歳児のダンスを見て自然と身体でリズムをとっていったりするなど、園にとって"伝統の遊び"と呼ばれるものの多くは、互いに見合う、関わり合う遊びの中から生まれていきます。これは、3歳児ごろから、4、5歳児の遊びを見てきた経験や、保育者と一緒に行ってきた経験がつながっているものと思われます。ステージに立って、アイドルショーにヒーローショー、それぞれが"私を、僕を見て！"という3歳児期。「年長さんみたいな劇がしたい！」と、5歳児の刺激をたくさん受けて、友達とやってみようと様々な表現を楽しんでいく4歳児。何度も何度も、見てもらう、見合う経験を積み重ねていくことで、このような5歳児の姿へとつながっていきます。このように、学年を越えた交流を自然な形で行うことができるようにしていくことも、子どもが育っていく上で、欠くことのできない環境といえるでしょう。

写真⑤　みんなでショーごっこ

　このような、異年齢の友達との関わりの中で、保育者は、年長の子どもに負担を強いていないか、年齢の異なる子ども同士で互いに不満が生じるなどといったことはないか、年齢に幅があっても対応できる遊びを準備しているかなどの配慮も必要となります。

3 家庭や地域など様々な人との関わり

エピソード6　おじいちゃん、おばあちゃんたちへのおもてなし（5歳児）

　5歳児クラスの担任が、お弁当の時間に「明日は近くに住んでいるおじいさん、おばあさんがたくさん遊びに来てくれます」と話すと、「じゃあ、お寿司でおもてなしをしようよ！」とAくんたちが提案し、急ぎ、お寿司屋さんの準備が始まる。場を整え、紙粘土や色画用紙を使ってお寿司をつくり、次の日を迎える。「こちらから入ってください」とBくん。「何にしますか？　マグロですか、卵もあります」とCちゃん。お品書きを見せるDくん、Eくん。おじいさん、おばあさんは、お客さんになりきって、笑顔で注文してくださる。Fちゃん、Gちゃんは、イスを数え「（25人のクラスで）イスが三つ残っているから、お客さんは22人来てくれているね」と会話している。

　子どもは、普段、関わりの少ない地域の人など、自分の親以外の大人とも関わっていくことで、人の温かさを感じ、また、支えられているという思いをもつことで、進んで人と関わっていこうという気持ちが育っていきます。保育者は子どもの発達や地域の社会資源や実態を鑑みて、いろいろな場面で、いろいろな人と関わることのできる機会などを意図的に増やし、多くの感情体験ができるような保育内容や環境を用意し、直接体験の充実を図ることが大切です。

写真⑥　おもてなしを通して様々な経験をする

エピソード7　Aくんの父親の描く姿にくぎづけ（5歳児）

　日本画家であるAくんの父親にお願いして、園内にある壁面に絵を描いて頂く機会を設ける。入れ替わり、立ち代わり、いろいろな子が、Aくんの父親に声をかけながら、描く様子を真剣な眼差しで見ている。でき上がった作品『くじら』のまわりに、興味をもった子どもたちが、Aくんの父親がかたわらで見守るなか、時にアドバイスをもらいながら、絵を描く経験をもつ。

　音楽の堪能な人を招いてコンサートをして頂く。また、茶道や華道のたしなみのある人をお招きして教えて頂いたり、わらべ歌の先生をお招きして教えて頂いたりする中で、日本の文化に触れていく。外国の方をお招きして、一緒に遊ぶことを通して多文化と出会う経験をもつなど、子どもたちに対して本物に出会えるようにする。こういった本物に触れる経験こそが、子どもの知的好奇心をくすぐり、その結果として感情を揺り動かし、より豊かな感性を育むことへとつながっていきます。

　そのために保育者は、例えばエピソード7のように、身近な保護者にその機会の提供をお

写真⑦　ぼくも描いてみたい

写真⑧　ぼくたちも描いてみよう

願いすることも考えられます（写真⑦⑧）。このときは、絵画に堪能な保護者に相談、お願いし、子どもたちが遊んでいる空間の中で描く姿を見せながら関わる機会をつくり出し、子どもが本物と出会う経験が得られるようにしていきました。保育者が描く姿を見せることも大切ですが、その道の専門家が描くところを見ること、実際に会話して聞くこと、ものによっては触ってみることなどは、子どもの興味・関心を喚起する「質」が格段に違います。

　子どもたちが豊かな体験をすることを通じて生活をよりよくしていくために、保育者は、このような機会を積極的に用意したいものです。そして、そのような機会を設けるタイミングや内容は、季節の行事などに結びつけたり、子どもが興味や関心を示したことから考えたりするとよいでしょう。さらに、場の用意にとどまらず、保育者は実際のその場面での子どもの実態を把握し、適切な関わりや働きかけを行って、子どもの成長・発達をさらに促すようにすることが大切です。

（上田陽子）

3章 子どもの育ちの様子

3 子ども同士の関わり方と関係づくり

❶ はじめに

　同年齢・異年齢他者がともに生活を送る保育施設において保育者は、一人一人の子どもが主体的かつ選択的に友達との関係を築けるよう支援していくことが求められます。中でも、子ども同士が仲間関係を形成していく過程は常に大切にされてきました。なぜなら、遊びが生活において重要な位置を占める乳幼児期においては、子ども同士が一緒に遊ぶことをきっかけに関係づくりが促進され、そこで生起する子ども同士の関係性が「人間関係」へとつながっていくからです。この意味において「人間関係」とは、子どもたちが生活をともにする中で何らかの影響を及ぼし合うこと、あるいは、相互作用によって親密性を積み重ねていく営みであるといえるでしょう。この点をふまえ、本節では「人間関係」、中でも「仲間関係」の形成過程に焦点を当てながら子ども同士の関係づくりについて考えてみます。

❷ 「仲間関係」の形成過程

(1)「人間関係」の芽生え

　言語発達が未熟な新生児や乳児にとって、喜び、悲しみ、怒り、恐怖といった「情動表現」は自分を守り育ててくれる大人（他者）と関係づけるサインの役割を担い、この意味において「人間関係」の芽生えであるといえるでしょう。これら乳児が示す「情動表現」は、特定の大人に向けられる「愛着行動」へとつながり、1歳半ごろには「表象能力」の発達に伴い「模倣」を通して少しずつ大人の「表情」や「行動」に興味をもち始めます。これら大人に向けられてきた興味や関心が次第と周囲の子どもに向けられるようになると「人間関係」の幅は一層広がり、それはやがて「仲間関係」の形成へとつながっていきます。

(2)「仲間関係」の萌芽期

　仲間関係の萌芽は3歳の前半ごろに見られ、それまでの大人との関係を主とする人間関係から同年齢他者との人間関係の形成へとその性質を変容させていきます。ただ、この時期の

仲間関係の様相は、「仲間に入れて〜」「いいよ〜」というような応答的な関わりが見られるわけではなく、例えば、友達が遊んでいるのを見つけて、同じ道具を使って遊んでみたり（同調行動）、友達の遊びを真似してみたり（模倣）、といった言葉を介さない「関係づくり」が中心となります。つまり、3歳ごろに見られる仲間関係は、子ども同士が場の共有を通して「安心感」を得ることから生起し、この光景こそが子ども同士の仲間関係の萌芽であるといえるでしょう。

(3)「仲間関係」の転換期

子ども一人一人が場を共有しながら思い思いの遊びを楽しんでいると、偶発的に個々の思いが重なり合うことがあります。

エピソード1　スプーンの取り合い（3歳児）

　Aちゃん（3歳）がBちゃん（3歳）の使っているままごと道具のスプーンを使いたそうに見ています。でもAちゃんの視界の中にはスプーンは（Bちゃんが使っている）1個しか見当たらず、かといって、Bちゃんに「貸して」と上手に言葉で伝えることもできません。すると、Aちゃんは、Bちゃんが使っていたスプーンを横取りして、使い始めました。

　それに気づいたBちゃん。すかさず、Aちゃんからスプーンを取り返そうとします。再び横取りしようとするAちゃん。最初はスプーンを取り戻そうと頑張っていたBちゃんですが、いつの間にか泣き出してしまいました。

エピソード1のように子ども同士の思いや願望が重なり合い、互いの気持ちに折り合いがつかなかった場合、互いの思いの衝突は「いざこざ」となって表出します。Bちゃんにとっては、自分が保っていた遊び空間の安心状態をAちゃんに崩されたことで、自分の安心状態を再び回復させるべくスプーンを取り戻そうとしている様子がうかがえます。この場合、双方の思いは衝突するのみで、互いの思いを受け止めようとする姿勢は見られせん。しかし、仲間関係の萌芽期では見られなかった、子ども同士の思いがぶつかり合い「いざこざ」が生起していることこそ、仲間関係を発展させる重要な機会となっていくのです。

写真①　思い思いに遊びを楽しむ

(4)「仲間関係」の発展期

仲間関係を形成する過程で「いざこざ」が重要であることを述べてきました。「いざこざ」

といっても小さな小競り合いから叩き合いのけんかに至るまで、大小様々なものが保育現場では見られます。明確な線引きはできかねますが、「いざこざ」に見られる感情の表出方法を大きく分けてみれば、叩いたり、噛んだり、つねったり、といったいわゆる「手が出る」段階から、言葉を中心にしながらもときに手が出る段階、そして、言葉で感情を伝え合う段階へと変容していきます。言葉で感情を伝え合う段階においては、自分の気持ちを相手に伝える能力に加え、相手の気持ちを受け入れ理解しようとする姿勢が求められるようになります。中でも、言葉を用いて「いざこざ」を解決できるようになれば、それまでの、互いの感情をストレートにぶつけ合うといった単純な構造から、互いの気持ちに折り合いをつけるといった柔軟性が見え始めます。これら変化し合う互いの感情を柔軟に子ども同士が受け止め合うことこそ、仲間関係の発展につながる大きな一歩となるのです。

　以下では、三つのエピソードから子ども同士の関係が発展するきっかけについて考えてみます。

エピソード2　仲間に入れて〜（4歳児）

　ままごとコーナーで4歳児のAちゃん、Bちゃん、Cちゃんの三人が遊んでいるのを見て、Dちゃんが「入れて〜」とやってきました。しかし、AちゃんはDちゃんに向かって「ここは三人だけだからダメ！」とDちゃんの要望を聞き入れません。再度、「入れてよ！」とお願いするDちゃん。それでもAちゃんはDちゃんを遊びに加えようとしません。二人の押し問答は続き、互いの語気も強くなっていきます。何度もDちゃんはお願いしますが、聞き入れてもらえず、ついに泣き出してしまいました。

エピソード3　もう仲間じゃない（3歳児）

　大型積み木を3歳児のAちゃん、Bちゃん、Cちゃんが積み上げています。最初は三人で協力し合いながら、順調に積み上げているように見えました。しかし、Aちゃんが積み上げようとしたとき、タイミングが合わず、Cちゃんも同時に積み上げようとしました。すると、互いの積み木がぶつかり合い、その反動でAちゃんは尻もちをついてしまいました。不機嫌な顔でAちゃんはCちゃんに向かって「もうCちゃんはイヤッ！　あっちに行って！」と言って、Cちゃんを積み木遊びから追い出そうとしました。

　エピソード2は、すでにままごと遊びを始めていたグループの中にDちゃんが参加を求めたところ、Aちゃんに参加を「拒否」されてしまったという場面です。一方、エピソード3では、遊びの中で気に食わないことがあったAちゃんがCちゃんを仲間から「排除」しようとしている様子がうかがえます。

　当然のことながら、仲間内での「拒否」や「排除」といった行動は、心地よいものではありませ

写真②　いっしょにのせる

んし、不愉快にさえ思えるでしょう。ただ、乳幼児期の子どもが「いざこざ」の中で見せる拒否行動や排除行動は、仲間関係を発展させる上で、重要な転換点になり得ます。もちろん、子どもが見せる拒否行動や排除行動を積極的に受け入れ、放置せよというわけではありません。重要なことは、当事者が「拒否」や「排除」について考える機会をもつこと、それは「いざこざ」を数回経験すれば獲得されるというものではなく、「いざこざ」を何度となく繰り返す中で、少しずつ互いの気持ちをすり合わせることを覚え、「自分には思いがあり」そして「相手にも自分と同じ思いがある」ということに気づいていくことが大切であるといえるでしょう。

エピソード 4　雪山の穴掘り（5歳児）

園庭にできた雪山に5歳児のAくん、Bくん、Cくん、Dくんがスコップで穴を掘っています。そこにEくんが「ぼくも入れて〜」とやってきます。AくんはBくんに向かって「ねぇ、Eくんは仲間だったっけ？」とたずねると、Bくんは「最初は（穴掘りに）いなかったよね〜」と答えます。Eくんが仲間に入れなさそうな雰囲気が漂う中、Cくんが「でも、Eくんは穴掘りうまいよ〜」と言うとAくんは少し考え「そっか！　Eが入ればパワー10倍だ！」と言い、Eくんを仲間に誘い入れました。

たとえば、エピソード4は、エピソード2や3とは異なり、拒否や排除が起こりそうな場面を子どもたち自身で方向修正しようとする姿がうかがえます。Aくんは、穴掘りの開始時から参加していなかったEくんを仲間と認めようとしませんでしたが、後半部分では仲間に招き入れようとしています。背景には、Cくんの「でも、Eくんは穴掘りうまいよ〜」の一言が契機となったことが挙げられますが、同様に、日ごろのAくんとEくん

写真③　みんなで穴掘り

がつくり上げてきた関係性も少なからず関係しているといえるでしょう。つまり、AくんがEくんに日ごろから抱いている信頼感が、結果として拒否行動や排除行動に至る気持ちに勝り、エピソード4のような展開につながったことが想定されます。

このように互いの気持ちを認め合う関係が形成され始めると、それまで多く見られた子ども同士の拒否行動や排除行動は減少する一方、それに代わって互いを信じ合う感覚、つまり「信頼感」の醸成が見られ始めます。これにより、子ども同士の関係は安定するとともに、連帯感や団結力を背景につながりをいっそう強めていきます。

3 子ども同士の関係づくりを捉える視点

　ここまでは、子ども同士の関係づくりの形成過程について仲間関係に焦点を当てながら述べてきました。では、実際にどのような視点で子ども同士の関係づくりを捉えることができるのでしょうか。

　子どもを理解するための保育者の視点の一つとして、保育記録や保育計画の活用が挙げられます。子ども同士の関係づくりに関する記録を読み進める中で気づくのは、子ども同士の良好な関係形成、いわゆる、「仲良く」するための能力に着目している記録が多数を占めていることであり、記録の流れにおいても多くの共通点が見受けられるのではないでしょうか。例えば、子ども同士の「仲良く」できる能力に焦点を当てた記録の多くは、「気の合う友達」との関係から、「楽しく」「気持ちを尊重しながら」「意見を出し合いながら」といったポジティブな言葉が並びます。もちろん、子ども同士が「仲良く」する能力は関係づくりにおいて重要な視点の一つではありますが、「仲良く」できる能力に特化して関係づくりを捉えてしまうと、「仲の良い関係」が子ども理解の前提になってしまい、「仲良くできている・できていない」といった達成度や「仲良くするための方法」といった能力を見ることに視点が偏ってしまうことが想定されます。

　子ども同士の「人間関係」や「仲間関係」を互いの気持ちを調節させることで立ち現れる関係性と捉えるなら、子ども同士が気持ちを調節させる時間、いわゆる、（自分が）「出て行く場面」と「引く場面」を経験できる環境設定が求められるといえるでしょう。この過程において子ども同士の「出て行く場面」が重なった際には「いざこざ」はもちろんのこと、ときには手が出るような大げんかも起こり得るかもしれません。もちろん、

写真④　ぼくがすべるの！

子どもにケガが起こりそうな場面では保育者が仲介役となって仲裁に入ることが求められますが、そうでなければ、保育者が一呼吸おきながら見守ってあげる余裕をもつことで、「いざこざ」も子ども同士の関係づくりを捉える重要な視点の一つになり得るでしょう。

　以上のように、子ども同士の関係づくりについては「仲良くできる」場面に焦点が当てられがちですが、相反する関係性にも目を向けること、具体的には「仲良くできない」場面にも焦点を当てることで、子ども同士の関係づくりを複層的に捉えることができるでしょう。

4 異年齢児との関係づくり

　保育施設では同年齢児との関係づくりに加え、異年齢児との関係づくりも見られます。異年齢児との交流は、自由遊びの時間や、異年齢保育（縦割り保育）、あるいは、混合保育等を通して進められ、そこでは、多様な人間模様が見られます。

　異年齢児との関係づくりにおいては、年長児が年少児のお世話をしたり、何かを教えたり伝えたりするといった、上下の関係が見えない力として働いている場合が多く見られます。年長児が年少児を先導する機会は、相手を思いやる気持ちやいたわる気持ちの醸成、さらには、自分自身の自信の獲得へとつながっていきます。ただ、異年齢との関係づくりにおいて年長児の負担が大きくなることには配慮が必要となり、そのためにも、年長児から年少児へといった上下の関係からではなく、年長児と年少児が協力し合いながら何かを一緒に取り組むといった、いわば、水平の関係から異年齢児との関係づくりを捉える視点が求められるといえるでしょう。

　では、事例を用いて異年齢児との関係づくりについて考えてみましょう。エピソード5は、クワガタの幼虫を探していた年長児のAくんのところに、年少児のBくんが来たときの様子を綴った記録です。

エピソード5　幼虫を探しに（3歳児・5歳児）

　自由遊びの時間5歳児のAくんが園庭で、クワガタの幼虫を探しています。そこに虫かごを持った3歳児のBくんが寄ってきて「何を探しているの？」とAくんにたずねます。AくんはBくんに「クワガタの幼虫を探しているの」と答えました。Bくんは「幼虫って？」とAくんに聞き返すと、Aくんは「ヌルっとしてて、触ると気持ち悪いんだよ」とBくんに教えてあげました。Bくんは「わかった！」と言って一緒に幼虫探しを始めます。

　しばらくすると、Bくんが「いた！」と大きな声を上げました。Aくんが駆け寄るとBくんの手の中にいたのは大きなミミズでした。Aくんは「ズコッ！」と口で言いながら、再度Bくんにクワガタの幼虫の形状や色などについて丁寧に説明し始めました。

　エピソード5は年少児のBくんが年長児のAくんの活動に興味をもったことから記録が始まっています。前半部分では、AくんがBくんにクワガタの幼虫の説明をしている様子がうかがえ、この場面では先に述べた年長児から年少児への情報の伝達、つまり、上下の関係が成立しているといえるでしょう。ただエピソード5で注目したいのは、後半部分でBくんがとった行動をきっかけに、活動が新たな展開を迎えているということです。ク

写真⑤　この虫なあに？

ワガタの幼虫としてミミズを取ってきたBくんに対して、Aくんは意外性と驚きを感じたこ

とは「ズコッ！」と発したことからも理解できるでしょう。このように、年少児の新たな気づきや発見は、異年齢児との関係づくりにおいてアクセントや変化を、いわば、新たな展開へ誘うきっかけへとつながっていきます。ＡくんとＢくんが異年齢の壁を乗り越え共通の時間を過ごすことができたのは、ＢくんがＡくんに対して憧れや信頼感を抱いていたことに加え、ＡくんがＢくんを受け入れようとする姿勢を示したことが挙げられます。

関係づくりという点においては、同年齢での関係づくりにおいても、異年齢での関係づくりにおいても、個々が安心感を抱きながら他児と向き合うことが前提となる点で共通しています。しいていえば、異年齢児との関係づくりにおいては同年齢との関係づくり以上に、互いが成長や発達の違いといった異質性や多様性を共感し合い、それを受け止めようとする姿勢が求められるといえるでしょう。

5 おわりに

本節では、子どもの関わり方と関係づくりについて、前半部分では、同年齢児との関係づくりを、後半部分では異年齢児との関係づくりについて考えてきました。

すべての関係づくりにおいて共通するのは、関係づくりを形成する場が子ども達にとって安心できる場になっていることが前提条件に位置づいているということです。つまり、子どもたちが安心感を抱きながら生活する中で、ときに他児と衝突しながらも互いを認め合える関係性をつくり上げていく過程こそ、乳幼児期の関係形成の醍醐味ではないでしょうか。

当然のことながら、このような関係性は一足飛びに駆け上がることは叶わず、小さなステップの積み重ねの先に到達し得る領域であるといえるでしょう。なぜなら、子ども同士の関係は「できている」、あるいは「できていない」といった単純な視点のみで捉えられるものではなく、その中間に位置づく「できそうでできない」といった曖昧で不確実性を伴う要素を多分に含んでいるからです。

この「できそうでできない」過程を捉える視点としては、先に述べた子どもの同士の「安定関係」「いざこざ」「排除行動」「拒否行動」「信頼関係」等が挙げられ、これら複数の視点を複合的に組み合わせることで子ども同士の関係づくりの様相は浮かび上がってくるといえるでしょう。

（飯野祐樹）

3章 子どもの育ちの様子

4 子どもが集団生活で得ること ～個と集団の関わり

❶ 個と集団の育ちの過程

　子どもにとって、家庭で生活することと幼稚園や保育所などの保育施設で生活することとの違いはどこにあるのでしょうか。それは、主に「同年代の子どもが集団で共に過ごす生活の場であること」[1]といえます。では、子どもにとって、同年代の子どもたちと一緒に暮らすことにはどのような意味や育ちがあるのでしょうか。また、保育者は、個と集団の関わりに対してどのようなことに配慮して、保育を行っていけばよいのでしょうか。

　保育所保育指針解説には、低年齢児のころについては「集団としての意識を明確にもって遊びや活動を行うというよりは、保育士等による仲立ちの下、身近にいる子ども同士が比較的少人数で同じ遊びを楽しむという場面が多い。保育所において日常生活を共に過ごす中で、次第に互いを仲間として認識し合う関係が育まれていく。」[2]とあります。また、「3歳以上児の保育」に関する「基本的事項」に、「個の成長と集団としての活動の充実」が掲げられています。本項では、クラスやグループでの集団生活が中心となってくる3歳以上児を中心に、大きく三つに分けて考えていきます。

（1）安心して自己発揮する時期

　子どもにとって集団での生活は、まず自分の興味のあることを見つけたり、したいことを存分に楽しんだり、思いや考えを表したりしながら、「自分の世界」を充実させていくことから始まるといえます。秋田（2009）[3]は、集団としてのまとまりで子どもを捉えるより、子ども一人一人の経験や子ども同士が織り成す経験の豊かさを大切にすることが保育という営みの特徴であるとしています。

　この時期は、子どもがこれまで園で楽しんできたこと、家庭でも遊んでいること等を手がかりに、それぞれの子どもが自分の好きなものを見つけられるよう、興味や関心に応じた環境を整えることが大切です。保育者は、様々な遊びを一緒に楽しみながら、それぞれの子ど

引用文献
1）厚生労働省『保育所保育指針解説』フレーベル館、2018年、p.138
2）同上、p.23
3）秋田喜代美（2009）「「保育」研究と「授業」研究―観る・記録する・物語る研究」日本教育方法学会（編）『日本の授業研究　下巻　授業研究の方法と形態』学文社、2009年、pp.177-188

もの好きなものや興味のあるものを把握していきます。また、遊びや生活の場面で、名前を呼んだり、話に耳を傾けたり、スキンシップをとったりして、一人一人との関係を築いていくことが重要です。

写真①　スキンシップ

（2）友達と関わりをもち、一緒にする楽しさを味わう時期

　一人一人の子どもが安心して過ごすようになってくると、次第に、まわりの友達やまわりで起きている出来事へと目が向いていくようになります。友達に出会い、関わりたい気持ちを感じたり表したりしながら過ごすようになります。

　例えば、気になる相手や関わりたい友達を見つけると「一緒に遊ぼう」と言葉でつながろうとするよりも先に、同じ物をもつことや同じ行為をすることでつながろうとする姿が見られます。また、物だけではなく、声を合わせること・一緒に笑うこと（音）や、同じものを追いかけること・動きを真似し合うこと（動き）など、子ども同士をつなぐものは、たくさんあります。このような場面では、個々の子どもが友達に対して抱いている関

写真②　一緒に

わりへの願いや思いを表すことができるよう、またその思いを保育者がきちんと捉え受容していくことが大切だといえます。さらに、保育者が子ども同士をつなぐものの役割を捉え、環境を整えていくことも重要です。

　子ども同士の関わりが深まってくると、必ずといってよいほどぶつかり合いが起こります。ものや場所の取り合いから、イメージや考えの違いによるぶつかり合いへといざこざの内容にも質的な変化が見られます。保育者としては、個々の特性や発達の様子を捉えながら、子どもが自分の思いや考えを出せるよう、相手に伝えられるよう援助していくことが大切です。また、相手の思いや考えにも気づき、受け入れたり交渉したりしながら、新たな展開や解決策を子どもと一緒に考えていくことも必要でしょう。

　子ども同士のぶつかり合いは、それだけ友達との関わりが活発になり、友達の思いや考え、動きを意識するようになってきた育ちの証でもあります。また、自分と相手との違いを感じることのできる大事な経験です。白石（2018）[4]は、いざこざ場面において、子どもは「自

引用文献

4）白石敏行「第9章　いざこざ場面にみる保育者の専門性」中坪史典（編）『保育実践の中にある保育者の専門性へのアプローチ』ミネルヴァ書房、2018年、pp.126-130

己回復」「共生」「解決法を学ぶ」「価値・規範を学ぶ」の4つの体験をしていることを挙げ、人と関わる力の発達における重要性を指摘しています。したがって保育者は、早急に解決を急ぐことや解決策を学ぶことばかりに着目するのではなく、自分と相手の違いがわかり、自分のよさと他者のよさが生かされることの喜び、折り合えないときの悲しさや切なさなど、様々な感情を体験できる機会になるよう援助していきたいものです。

このように、友達と一緒に遊ぶ楽しさを感じられるようになってからも、たまには一人で、自分の思う遊びを楽しみたい思いももっています。また、どちらかといえば、一人で遊ぶことを好む子どももいます。したがって、保育者は、友達とのつながりを深める方向にばかり、目を向けるのではなく、友達とつながる楽しさとともに、離れて遊ぶ心地よさも感じられるよう配慮していく必要があります。そのため、環境構成を考える際も、友達とつながりを深められるような場や空間の設定とともに、一人でじっくりと落ち着ける場や空間の設定の両方を視野に入れていくことが必要です。

(3) 協同して遊びや生活を展開していく時期

友達との関わりが深まっていくと、仲間としての意識も高まり、仲間と話し合いながら、遊びや生活を自分たちの力で進めようとしていきます。

遊びや生活の中で、それぞれの子どもが「こうしたい」という自分の思いを出し合い、相手の気持ちを受け止め合いながら、進めていくプロセスがたくさん見られます。子どもたちが話し合って決めていく内容には、保育者の予想や枠組みを超えていくものも出てきます。そのような姿が出てくることこそ、子どもが自分で考え、選択・決定する主体的な姿といえます。よって、自分たちで決めたことがやり遂げられるように援助をしていくことが大切です。保育者は、仲間同士で話し合いや遊びを進める様子を見守り認める、一方で、困ったときには一緒に相談にのるなど、自らの出番を考慮しながら、子どもたちの自信や次に向かう意欲へとつながるよう援助していくことが必要です。また、子ども同士の話し合いの場においては、どの子どもも安心して意見が出せるような雰囲気・場づくりを心がけるととともに、異なる考えとの出会いや折り合いをつけることの大切さに気づけるよう配慮していくことが重要です。

❷ 個と集団との関わりを捉える視点

集団生活の中で、子どもは「自分」を発揮し、「友達」とつながり、「みんな」と力を合わせて遊びや生活を進めていくようになることを見てきました。保育者の援助においても、個々の子どもへの関わりと同時に、集団への関わりも行う援助の在り方が見えてきました。しかし、具体的な実践場面では、個と集団へ同時に関わる援助の難しさに悩むことも多いと

いえます。個と集団、双方の関わりを保障するためにはどうしたらよいのでしょうか。次に示す視点から考えてみたいと思います。

(1) 自然と「集団になっていく」過程を見守る

　子どもは、集団での生活を始めてすぐに「みんな」の中の一人になるのではないといえます。結城（1998）[5]は、入園したての子どもたちが「（組名）さん」と集団名で呼ばれることにとまどう姿の報告をしていますが、たとえ、自分が「○○組」なのだということがわかっても、本当の意味で「みんな」の中の自分になっていくには、経験の積み重ねが必要です。

　それは、前項で見てきたように、自分の世界を尊重してくれる保育者や友達との出会いから始まり、少しずつ友達との世界へ、みんなとの世界へと広がっていく経験が、子ども自身の楽しさや納得とともに得られることが大切になります。しかし、保育者が個と集団を捉えるとき、往々にして「集団へと適応させる」ための援助を考えがちです。

　しかしながら、子どもは、「自分」の世界を充実させていく「私」と、友達やみんなとつながりをもつ「私たち」の双方の側面を充実させたい欲求をもっています。鯨岡（2010）[6]は、集団生活の中で、子ども自ら「私」と「私たち」のバランスを図れるようになることが、主体として生きる育ちであるとしています。

　したがって、保育者は、子どもの自分の世界と友達やみんなとの世界をしっかり育めるよう援助することで、一人一人の主体としての育ちを支え、自然と「集団になっていく」過程を見守れるよう心がけていくことが重要です。

　また、子どもが「私」と「私たち」双方を育む過程には、「行きつ戻りつ」を含むものです。折々で、自分を信頼してくれる他者に支えられ、紆余曲折を含みながら、少しずつ集団内での自分を確立していく過程[7]があるのです。したがって保育者は、入所・入園時だけではなく、集団としての再構成（進級してのメンバー替え・環境替え等）が起きるたびに、一人一人の子どもにとって「自分」「友達」「みんな」の世界がどのように構築されているのかを捉え、支えていくことが大切であるといえます。

(2) 一人一人が生かされる集団づくりを心がける

　一般的に、集団での時間や活動は、みんなが同じことを同じように行うことを意図したものです。私たちは、集団＝「みんな同じ」という発想を抱いてしまいがちです。しかし、多数決や多くの人に共通することだけが重要という集団の在り方では、個々の輝きを生かすことは難しいといえます。

引用文献
5）結城恵『幼稚園で子どもはどう育つか―集団教育のエスノグラフィ』有信堂、1998年、p.25
6）鯨岡峻（2010）『保育・主体として育てる営み』ミネルヴァ書房、2010年、pp.57-64
7）平野麻衣子「片付け場面における子どもの育ちの過程―両義性に着目して―」日本保育学会『保育学研究　第52巻1号』2014年、」pp.68-79を参照

例えば、みんなと違う行動をする子どものよさを見いだすことは難しいでしょう。しかし、たとえみんなと違うことをしていても、同様の経験として捉えられたら、活動の展開はどれほど豊かになるのでしょうか。さらに、その子どもの行動を「違うから」といって排除するのではなく、まわりの子どもたちにも知らせることで、集団の興味や関心も広がっていくような展開を目指すこと、ここに集団で暮らす意義があるのではないでしょうか。

　平成29年告示幼稚園教育要領の前文にある、「一人一人の幼児が、将来、自分のよさや可能性を認識するとともに、あらゆる他者を価値のある存在として尊重し、多様な人々と協働」することとは、個々の子どものかけがえのないよさが生かされる集団づくり、異質な他者との対話による集団の豊かな育ちを捉えるものだといえます。このことをふまえると、保育者には、常に個と集団の視点を往復しながら子どもの育ちを捉え、理解した上で、個々が輝く内容や展開をデザインしていくことが求められています。

(3) 年齢期に応じた集団の在り方の見直し

　これまで、クラスやグループでの集団生活が中心となってくる3歳以上児の保育を中心に見てきました。グループサイズは異なるものの、乳児保育、1歳以上3歳未満児の保育においても、子どもたちは集団での生活を送っています。この年齢期は、一人一人の子どもの発達過程や状況に合わせた保育が基本となります。

　しかしながら、保育の現状をみていますと、集団生活の中で、どれだけ一人一人に丁寧に対応しているか、子どもにとって温かく居心地がよい・好奇心や探究心が高まる環境になっているか等、課題も感じられます。最近では、みんなで一緒に「いただきます」をするのはなぜか等、実践の場において「あたりまえ」とされてきたことを見直す取り組み[8]も始まっています。これから、ますますその重要性が高まっていくと予想される乳

写真③　集団での生活

児保育、1歳以上3歳未満児の保育についても、個と集団の視点から再考していく必要がありそうです。

引用・参考文献

[8] 伊瀬玲奈（2018）『0.1.2歳児保育「あたりまえ」を見直したら保育はもっとよくなる！』学研プラス、2018年を参照

（4）エピソードから見る個と集団との関わり

エピソード1　まわりの子どもも見ているという状況（5歳児）

　ある日、保育室に戻ると「先生、Ｓくんがピアノの上に乗っている！　先生、Ｓくんを怒って」と私にＲちゃんが言いました。見ると、Ｓくんはピアノのイスに足を乗せ、鍵盤（蓋は閉まっている）の上に腰掛けています。私はＲちゃんに「いけないって思うんだったら、Ｒちゃんが直接Ｓくんに教えてあげればいいんじゃないの」と言うとＲちゃんは首を横に振ります。「どうして？」と聞くと「だって、Ｓくんはいつも悪いことするし、言っても聞いてくれなさそう」と答えるＲちゃん。「でもさ、Ｒちゃんが言ったら違うかもしれないよ。勇気を出して言ってみたら？」と続けると「いやだ、とにかく先生が怒って」と言い放って廊下の方に歩いていってしまいました。

　これは、5歳児の4月の出来事です。進級時にクラス替えがあり、Ｒちゃんは初めてＳくんと同じクラスになっていました。本来であれば、ＳくんもＲちゃんも互いにどのような人なのかを探りながら関係をつくっていくような時期です。しかし、Ｒちゃんの中には、「Ｓくんはいけないことをする子」という思いが強くあることがうかがえます。これまで、ＳくんとＲちゃんとの直接的な関わりはないようでした。

　このＲちゃんの姿からは、子どもが集団での生活において、いかに多くのことを見聞きしているかということを考えさせられます。つまり、これまでＳくんを中心に繰り広げられてきた様々な出来事や解決の行方を見聞きすることで、Ｒちゃんは「Ｓくん像」をつくり上げてきていたのです。

　このように、集団生活の中で起きる様々な出来事は、その当事者である子どもにとっての経験になると同時に、忘れてならないのは、様々な場面をまわりの子どもたちが見ているという状況です。つまり、一つ一つの出来事をまわりの子どもたちはどのように捉え、そこから何を学んでいるのかを考えていく必要があるわけです。

写真④　まわりの子たちのまなざし

エピソード2　自分のことのように（4歳児）

　修了式のこの日、クラスみんなで読む最後の絵本の時間。Ｙくんがまだ座っていなかったので、保育者は読み始めずに一呼吸おいて、Ｙくんに「Ｙくん、みんな待っているから座ろう。始まるよ」と声をかけました。そして、まわりのみんなにも「空いているところを教えてあげて」と声をかけました。するとＫくんが、もともとＡちゃんが座っていたイスをさして「ここ、空いているよ」と教えてくれました。忘れ物の荷物をロッカーに取りに行っていたＡちゃんは、Ｋくんの言葉を聞いて「空いてない。そこ、Ａが座ってた」と言えたのですが、それだ

けでとどまらず、Kくんのことをぶってしまいました。
　すると、まわりの子どもたちが「あー、Aちゃんもったいない。もう4歳になったのに」「年中さんになるのにね」とAちゃんに対して言いました。そこで保育者は「何が惜しかったのか、どうしたらよかったのかを教えてあげないと」とみんなに問います。Mちゃんが「（何回も）お口で言えばよかったね」、Hくんが「お口で言えたんだからぶったらダメだったよね」と答えます。「そうだね。お口で言えたのはすごかったのに、Kくんがわかるまで待てたらもっとよかったね。ぶっちゃうのはだめだよ」と保育者が言うと、Aちゃんもうなずきました。それを見て「惜しかったね」と保育者。まわりの子どもたちも「惜しかったね」とつぶやきました。

　この事例に出てくるAちゃんは、自分の思いをなかなか言葉にすることができずに、友達との間で衝突を繰り返してきたそうです。やりたいことが強くなってきた2学期後半からは、手が出てしまうことも多く、そのたびにAちゃんの気持ちを引き出しつつ、どうやって言葉で言ったらよいのかを根気強く確認してきた保育者の援助がありました。

写真⑤　絵本のひととき

　だから、この事例で、Kくんのことをすぐにぶってしまうのではなく、自分の思いを言葉にして言えたAちゃんを認め、育ちとして捉える保育者の様子が読み取れます。反対に、だからこそ手を出さずにいられたらもっとよかったのに、という気持ちが「惜しかった」という言葉に表れていたのではないかと考えられます。

　この事例でのまわりの子どもたちの反応にも驚かされます。「人をぶつ」といういけないことをしたAちゃんに対して、一方的に非難するのではなく、Aちゃんの気持ちにも寄り添いながら出来事を解釈しようとしています。つまり、ぶつ行為自体はよくないことであるという理解に加え、それでもぶってしまうことには何か理由があるのではないか、ぶつ以外の方法で自分の気持ちを伝えるにはどうしたらいいか、ということをともに考えているのです。

　保育者とともにAちゃんの以前の姿と今の姿をまるごと捉え、その変化をよくなろうとしていること（育ち）として受け止め、喜んでいる様子には子どもの他者理解の懐の深さを感じ取ることができます。そんな風に、自分のよいところもそうでないところも、まるごと受け止めてくれる他者の支えがあるからこそ、Aちゃんもみんなや保育者の言葉を素直に受け入れ、納得のうなずきで返したといえるでしょう。

| エピソード3 | 同じような経験として（3歳児） |

　その日、クラス活動で七夕の飾りを作ることになっていました。水性ペンを水でにじませることを楽しむような製作です。ほとんどの子どもたちが夢中になって、自分の飾り作りを楽しんでいるかたわらで、Ｋくんは席にも着いておらず、一人窓の近くに立っていました。気になった私は、Ｋくんの隣に行き、Ｋくんの目線の先に目をやると小さな虫がいました。「Ｋくんは虫好きなのかな」と思いながらしばらくその場にいると、Ｋくんが体をぐにゃぐにゃと動かしています。視線は変わらず窓の虫です。不思議に思った私も同じように体を動かしてみると先ほどの虫の甲羅が光に当たってまるで七色の虹のように輝いています。思わずその美しさに引き込まれながらＫくんと私はしばらく見続けたのでした。

　これは、筆者がある園を訪問した際に出会ったエピソードです。一見すると、Ｋくんの行動は集団とのつながりが切れてしまっているように見えました。しかし、Ｋくんのかたわらでｋくんの楽しんでいる世界を見てみると、実に豊かで美しい色の世界に魅了されていることが見えてきました。すると、短冊作りで色の世界を楽しんでいるほかの子どもたちとＫくんの色の世界の味わいは、まったく同じではないけれど、同様の経験をしているのではないか、そのつながりが見えてきたのです。

写真⑥　七夕を味わう

　この活動では、みんなと同じように短冊をつくることが意図されています。しかし、このＫくんのようにたとえ違うことをしていても、つながりをもつ同様の経験として捉えられたら、活動の展開はどれほど豊かになるのでしょうか。考えただけでワクワクします。さらに、Ｋくんの世界をまわりの子どもたちにも知らせることで、色への興味や関心が豊かに広がるのではないでしょうか。

　このように保育デザインを考えていくと、例えば、部屋に戻ってくるのに時間がかかる子どものことを待つばかりではなく、ときには、みんなでその子どもの好きなジャングルジムの近くで絵本を読んで帰ろうと企図することだってできるのです。実はそのときに、その子どもからみる「みんな」の見え方を共有したり、集団としての在り方を考え直したりするヒントをもらえることも多いのです。

（平野麻衣子）

3章 子どもの育ちの様子

5 子どもの葛藤とつまずき

　子どもはその育ちの過程で、大好きな友達と遊びたいのにお互いの主張を譲らずぶつかったり、その時期に積み重ねたい経験をしそびれ停滞したりすることがあります。葛藤やつまずきは、生きる過程では特別なことではなく、それを乗り越えることで成長するきっかけとなります。

1 葛藤が現れるとき

　子どもは、自ら周囲の人やものなどの環境と関わり、特定の大人との信頼関係を形成し、自分の意思を表現します。そこでは、ものや他者、そして自分自身との葛藤を伴う出来事が生じます。

(1) 自分の意思ともの、身体との葛藤

　乳幼児期は、身体の動きや指先の操作性を獲得する過程にあり、自分の思いと実際の身体能力との間に葛藤が生じます。

　例えば、はいはいの時期の子どもは目の前のおもちゃが気になると、一生懸命近づこうとします。最初のころは、近づきたくて腕に力を入れると、その思いとは反対に後ろへ下がってしまい、自分の思いが叶わず泣くなどします。手の届きそうなところへ大人がおもちゃを近づけてあげたりしているうちに、床を蹴る足の動きを獲得し、自分で前に動いていき、自分の力でおもちゃを手にすることができるようになります。このような葛藤の時期を抜け出ると、泣いたりぐずったりが減ります。

　2歳を過ぎると自分の思いがさらに強くなり、靴下をはきたくてもうまく手と足の動きを合わせてはくことができないため、怒って癇癪を起こすこともたびたびあります。自分のイメージをもって遊び始めるようになると、次のエピソード1のように、そのイメージ通りにできない自分、身体との間で葛藤も体験しますが、保育者など大人に助けられ自分でできるようになったときには、自分自身が強くなる体験となります。

> **エピソード1** こんなものをつくりたい（5歳児）
>
> 5歳のBくんは、保育者に自動車の絵を描いてほしいと言います。保育者が描くとちがうなど言っていましたが、そのうち自分で描き始めました。しかし、描きかけては「うまくいかない」と言います。その後、何度も描き直して自分の思い通りの自動車ができ上がり、得意そうな表情です。保育者が切り抜いてあげると、次々と自動車を描き、自分で切り抜き始めました。

（2）自分と他者の意思との間での葛藤

乳児のときには、大人は子どもの思いをほとんど受け止めてくれますが、自分で移動でき手を使えるようになるころには、大人が困ることも生じ、子どものやりたい思いと大人の思いとの間で葛藤状況が生まれます。とくに、大人と子どもがともに生活する家庭ではたびたび葛藤場面が生じます。

> **エピソード2** おもしろい！ でも困ったな…（1歳8か月児）
>
> 1歳8か月のBくん。物を投げられるようになりました。布ボールもままごとの魚も、スプーンも何でも、目についたものを手にして投げます。保育者は「お外でボールを投げて遊ぼう」と誘いますが、その気になってくれるときもあれば、そのまま室内で投げ続けるときもあり、危ないので止めようとするとひっくり返って怒ります。保育者はどうにかBくんの気持ちが落ち着き切り替えられるようにと、抱っこで外へ行ったりあれこれ試してみたりします。

この時期の子どもは、自分ができるようになったことを生活のあらゆる場面で使ってみます。やってよいこと悪いことなど社会的なルールはわかっていません。一度伝えてすぐに理解できるわけではありませんので、危ないということを伝えながらさりげなくほかの遊びへ誘うのですが、子どものやりたい気持ちが強い場合には大人の思いを受け入れがたく、子どもは怒りや悔しさ、もって行きどころのない気持ちを抱えています。

3歳前くらいから、自分はこうしたいという思いをもち遊ぶようになりますが、なかなか自分の思いを言葉で的確に伝えることが難しい時期です。右の写真①は、手押し車を運ぼうとした子どもです。ところが「ここはとおっちゃだめ」と一人の子どもが行く手を阻みます。押し合いへし合いしていますが、無理やり押し通そうとするので、小競り合いはしばらく続き、手押し車を使おうと思った子どもはとうとうあきらめました。このよう

写真① とおっちゃだめ

なとき、動きを止めて、それぞれの思いを伝え聞き合えるようになると展開が変わってきます。

幼児期後期には自分の思いを主張するだけでなく、友達と一緒におもしろく遊ぶ楽しさを感じていますが、一緒に遊ぶ場面では次のエピソード3のようにぶつかり合いもたびたび起きます。

> **エピソード3　違う！　こうしたかったのに…（5歳児）**
>
> 　5歳のAちゃんとBちゃんとCちゃんが、段ボールを運んできました。どうやらお家をつくろうとしているらしいです。「これをこうして壁にして…」「でも、もっと広くした方がいい」などと話しながら、段ボールを立てています。だいたいお家の形ができたころ、Bちゃんが、段ボールを切り始めました。「何でそこを切ってるの！」とAちゃん。「ドアつくってるの！」とBちゃん。「そこに窓つくろうと思ったのに…」とAちゃん。しばらく言い合いをしていましたが、Cちゃんの「もう切っちゃったんだから、そこはドアにして、窓はこっちにつくろう」という一言で二人とも納得し、続きを始めました。

　子どもたちは、友達と一緒に遊ぶとおもしろい、楽しいという経験をこれまでにたくさん積んでいます。5歳の子どもたちの多くは、自分の思いを伝えたり、相手の思いを理解したりするやりとりを、大人や友達の助けもありながらできるようになっています。思いがぶつかったときには、「何で！」と思い怒るのですが、思いが異なる他者とどのように協同して行ったらよいか、感じ、考え、判断し、表現することを、経験を通して学んでいます。また、自分の中の気持ちを調整し、友達と折り合いをつける力も身につけていきます。一人の子どもだけではなく、クラスの子どもたちがそれぞれにこのような力を身につけると、あるときは譲り、あるときは譲られ、助け助けられる人間関係が形成されていきます。

(3) 自分自身との葛藤

　3歳未満の子どもたちは、幼く思われ、その思いややることが尊重されず、大人の意のままに動かされてしまうようなことがあります。しかし、2歳の子どもでも次のエピソード4のように、感じ、心の中であれこれ葛藤しているのです。

> **エピソード4　がんばってたべようかな（2歳児）**
>
> 　給食の時、2歳3か月のDくんは、もう食べ終わってデザートの果物を食べ始めたEくんを見つめています。Dくんも「ちょうだい」と指さして保育者に言います。残っているシチューをもう少し食べてほしい保育者は、「もう少し食べてからね。がんばれ」と言います。するとEくんも「がんばれ、がんばれ」とDくんの顔を見て励ましました。Dくんは自分のシチューをしばらくじーっと見つめ、意を決したかのように食べ、食べ終わると満面の笑みで保育者を見ました。

　果物を食べたい自分の思い、励ましてくれているまわりの人たち、どうしようかと思う自分。そのような状況で、保育者や友達の思いを受けてシチューを頑張って食べようと思う子どもの姿が見てとれるエピソードです。他者からの励ましに自分自身が力をもらうかのよう

に、怒ったりあきらめたりせずに、挑戦しようとする意欲を自分自身の中に育てていきます。

> **エピソード 5　負けたくないよ（4歳児）**
>
> 　4歳の子どもたちが、陣地取りの遊びをしています。Fくんは捕まりたくないので、ずっと陣地の中にいます。仲良しのGくんが捕まり「助けて」と叫んでいるのを見て、Fくんは一足踏み出しては、あわてて戻って来ることを繰り返しています。だんだんに捕まっている人が増えてきました。それでもFくんはなかなか思い切れません。通りかかった保育者が、「Fくんがんばれ」と叫びました。その声を聞いたFくんは、意を決して走り、どうにかタッチしてGくんを助け出し、「やったー」と叫びながら一緒に陣地に駆け戻ってきました。

負けたくない、捕まりたくないという気持ちと友達を助けに行かなくてはという気持ちの間で子どもは揺れます。「やったー」という叫びは、助け出せた思いからだけでなく、一歩踏み出せた子どもの思いから生まれる言葉です。勝ち負けのある遊びでは、自分の思い通りにならず捕まってしまったり、負けてしまったりすることもあります。みんな負けたくないと思っているので、そこで遊

写真②　ルールは守ろうよ

びを放り出して「やめた」と抜けてしまう子どももいます。勝っても負けても、友達と一緒に遊ぶおもしろさを体験してほしいと思うのは保育者の思いでしょう。それには、この事例のようにどこかで自分の気持ちと戦う場面が生じてきます。負けてもおもしろかった、次にはこうしようと思い、マイナスな出来事も一つの過程として生かしていく経験となります。

❷ つまずきが現れるとき

　子どもたちが育つときには発達の過程があり、一つずつ主要なことを積み重ねていきます。それぞれの時期に現れがちなつまずきの例を見てみましょう。

（1）乳児期から3歳未満までのつまずき

> **エピソード 6　いざこざばかりでおもしろくない（1歳8か月児）**
>
> 　1歳8か月のHくん。とことこ活発に動き回ります。行った先にいる子どもが持っているものを手に取ります。ぽかんとあっけにとられている子どももいますし、自分が持っていたものを取られて泣いて怒る子どももいます。Hくんは、それで遊ぶわけでもなく、動き回る先々でトラブルが生じます。

エピソード6のような状況が毎日続くと、保育者は「だめ」「取らないの」と言いたくなります。そうは言わなくても、「取られたら悲しいよ」「貸してほしかったの？」と子どもに話します。この時期は自ら自分のまわりの世界に目を向け、心が動き、触ったり振り回したり眺めたりして、そのものを知ります。そのようにして自分のまわりの世界を知り構築していくときですが、人に引かれるように近づくと自分のまわりのものの世界を知る機会がなかなか生まれません。エピソードのような子どもが心動かされて触ったりするものやおもしろいと思う遊びはどのようなものでしょうか。自分のまわりの世界に心動かされる経験ができるように環境を整え援助したいと考えます。

子どもは、乳児期に大人との間に情緒的な絆(きずな)を形成し、その人を核としていろいろなことを吸収していきます。例えば、保護者との間に愛着関係が形成されないと、身近な大人に対して喃語(なんご)や指さしなどで、自分の意思を伝えようとする気持ちがなかなか育ちません。1歳を過ぎて、保護者から食事を少ししか食べないなどの相談があったときに、その子どもの育ちを支えている環境を見直してみると、遊びがつまらなくなったときや友達といざこざが起きたときなどにおやつを欲しがり、そこで保護者はすぐに与えてしまうのでお腹が減っていないという場合があります。表面的には食事の問題として捉えられても、根本的な問題は、おもしろく遊べる環境が整っていないこと、くじけた気持ちをどのように立て直したらよいかという経験が積み重ねられていないという基本的な部分の育ちのつまずきである場合があります。このようにつまずきは、発達過程において必要な経験をし損ねたときや葛藤や危機を抱え乗り越えられないときに現れてきます。

(2) 幼児期後期のつまずき

エピソード7　一人で遊ぶ（4歳児）

4歳のIちゃんは、3歳のころから一人で本を読んだりして過ごすことが多い子どもでした。クラスでの活動に参加はしますが、楽しそうな様子があまり見られません。4歳になっても同じような様子であることを保育者も気にしていました。あるときクラスの友達がジャングルジムで遊んでいるところに、「入れて」と小さな声で話しましたが、「だめ。Iちゃんだけ入れてあげない」と言われ、すごすごと引き下がり、また園庭の隅で一人で遊び始めました。

3歳くらいの子どもたちは、自分のやりたいことを主張します。そして友達とぶつかり、けんかをしたりしてお互いを理解していきます。このような経験の積み重ねがあってこそ、友達と一緒にけんかをしながらも遊ぶようになるのです。その子どもがやりたいと思うことは何でしょう。エピソード7の場合は、3歳のころ、主に一人で本を読んで過ごしているので、自分のやりたいことを

写真③　いっしょにボールを運ぼう

しているように思えます。しかし、幼児期の子どもは、同じようなことをおもしろいと思う友達と一緒に遊びたいのです。そしてそこで経験し、気づき、学ぶことがたくさんあります。保育の現場を振り返るとき、その子どもが自分の気持ちを素直に伝え、意見がぶつかりながらも一緒に遊びたいと思う友達がいるか、園での様子を思い出してみましょう。おとなしく、友達とのトラブルがないからよいのではなく、その子どもの得意なことや素敵なところは何かを見つけましょう。クラスの中で仲の良い友達がいて、ぶつかり合いながらも親しみを感じ、話し合いながら協同できる関係を築いていけるように、その過程を考えます。

　つまずきは、乳児期では、愛着関係の形成、離乳食への移行などの食の問題がよく見られますが、幼児期前期には、食事や排泄などの生活の自立、おもしろそうやりたいという能動性の発揮、言葉の発達、気持ちをおさめたり立て直したりする経験の中で現れてきます。また、幼児期後期には、自分の気持ちの主張から他者の気持ちを聞く、友達との人間関係、試行錯誤しながら考え表現するなどの各時期の子どもの育ちのポイントを獲得できなかったり、積み上げられなかったり、乗り越えられなかったときに現れてきます。

❸ 子どもの葛藤やつまずきを捉える視点

　葛藤やつまずきの場面は、大人が気になることや困ったこととして気づくことが多いでしょう。しかし、気になることや困ったこととして捉えると、子どもに対してマイナス面から理解することになります。悩むときは育つときです。時間がかかっても、葛藤やつまずきを乗り越えることで、子どもたちの世界が開け内面が育ちます。では、葛藤やつまずきをどのような視点で捉えたらよいのでしょうか。

(1) 行動と気持ちを分けて捉える

　子どもが怒り、悔しさ、もっていきどころのない気持ちを抱えているときに現れる様子は、泣いたり投げたり叩いたりというように大人が受け入れがたく思う感情表現の場合もあります。表に現された行動は受け入れがたく思うものでも、そこに込められた子どもの思いを受け止めます。そのためには子どもの行動と気持ちを分けて捉えるようにします。葛藤は人やもの、自分自身と出会い心が揺れ動くときです。それを乗り越えることで、自分や他者への信頼を獲得していきます。

(2) 根本の問題を捉える

　保護者からの相談や子どもの様子から気になることとして感じられることは、表に現れた現象です。一つの出来事の裏側には、時空間、人間関係、環境、成育歴など様々な要因が複雑に絡み合っています。表面的に捉えるだけでなく、広く多視的に分析し、その根本にある

問題を探ります。今は何が原因なのかよくわからなくても、後になって出来事が結びつき、プロセスや気持ちがわかることがあります。

　大事なことは、つまずきを今捉えられている子どもの様子だけで捉えるのではなく、その発達過程や育つ環境、生活のいろいろな場面での様子など全体を把握し、何が根本的な課題であるのかを理解することです。

(3) 乗り越えた子どもの世界の変化を捉える

　葛藤やつまずきを乗り越えた子どもを見ると、友達と仲良く遊んでいたり、靴下がはけるようになったりなど、何かができるようになっている点を見つけがちです。たしかに、子どもの様子に変化があり、できることが増え育っていますが、重要なことは子ども自身や他者、周囲の世界との関係など子どもの生きる世界が変化していることです。

　友達と一緒に遊びたいのになかなか遊べないでいた子どもが、何かのきっかけで友達と関係ができれば、閉じた世界が広がっていきます。自分の思い通りにならないと友達に怒りをぶつけていた子どもが、怒りでなく友達の意見を聞こうとすれば、友達は敵ではなく仲間となっていきます。子どもの世界の広がりや価値観が変わっていることに気づきましょう。

(榎田二三子)

3章 子どもの育ちの様子

6 保育の環境の理解と構成

❶ 保育における「環境」とは何か

　子どもを取り巻く環境には、人や物、自然、社会、時間、空間すなわち、人的環境（保育者や友達など、また、その人の表情や動き方、話し方、思いなども含まれます）、物的環境（園舎や園庭などの設備、遊具など）、自然・社会的環境など、ありとあらゆるものが含まれており、その子どもが生きる世界すべてのことを指します。保育における環境とは、子どもたちが園内外で出会うすべてのもの、子どものまわりすべてが環境といえます。高山（2017）は、保育環境を構成する8つの要素として、人、物、自然、情報（色・形・動きや音など目や耳への刺激の量）、空間（動的、静的、留まる、流れる空間）、時間、動線、温度・湿度・空気の質を挙げています[1]。

　乳幼児期の子どもを保育するための環境には、子どもを守り育てるための環境と、子どもの豊かな学びを導くための環境のふたつの側面があり、それらが互いに重なり合ってひとつの保育環境を形成しているといわれています[2]。

　子どもは、環境に主体的に関わって世界を知っていきます。ですから、環境とは子どもにとって単に周囲に存在するものではなく、関わるものであり、関わることによって初めて意味をもつものであるといえます。また、子どもが周囲の環境に興味をもって、能動的に関わろうとするとき、そこには、それを支える身近な子どもや大人との関わりが存在します。

　例えば、ある3歳の男児が草原にバッタを捕まえに出かけたときのことです。「先生、葉っぱが痛いから抱っこして！」と、ひざ丈ほどの草を乗り越えられずにいました。保育者は、ほかの子どもたちとバッタを捕まえ楽しむ（入り込んで遊ぶ）姿を見せながらもしばらく見守っていると、その子は、一歩また一歩と近づいていき、草原へと入っていく姿がありました。そして、5歳の男児の捕まえる姿をじっと見ていて、しばらくすると、一匹のバッタを親指と人差し指の間にそっとつかみ、「先生、見て!!　ショウリョウバッタ、ぼくが捕まえたんだよ!!」と5歳の男児が教えてくれたばかりのバッタの名前を言い、自慢げに、ニコニコしながら伝えてくれました。この様子を保護者の方に話すと「早速、虫網と虫かごを買って、家でも捕まえに出かけています。私は、ちょっぴり苦手なのですが」と、報告してくれ

引用・参考文献
1) 高山静子『学びを支える保育環境づくり〜幼稚園・保育園・認定こども園の環境構成〜』小学館、2017年
2) 無藤隆監修・福元真奈美編者代表『新訂　事例で学ぶ保育内容　領域　環境』萌文書林、2018年

ました。
　この3歳の男児にとっての新たな世界のモノ（ショウリョウバッタ）との出会いのように、見たり、触れたりなど、感覚（五感）を通して環境とより深く関わることが、環境をより深く知ることを支えていきます。保育の中の子どもの学びの基礎となる在り方を、無藤（2001）は、『学びの三つのモード論』として示しており、この男児のように、その場にあるものに様々な感覚を通して、多様に関わり、関わり方を知ることを「①入り込む学び」と呼んでいます。この学びが、その後、全面的に関わるのではなく、ある感覚に焦点を当てる「②眺める学び」、そして、他者の活動の様子や語りから経験を想像する「③想像力による学び」へという流れをもつと述べています[3]。
　子どもたちの学びや、成長は、このようなまわりの環境に関わるという営みを通してなされます。環境と出会って、それらと関わっていく中で、思考が働き、感情が動いていき、子どもの人格全体が育っていくようになるのです。
　また、この事例に見られるように、活動を保育の一場面で終わらせることなく保護者と共有すること、すなわち家庭との育ちの共有が、さらに、その子の世界、経験の広がりにつながっていきます。

❷ 保育の環境を構成する保育者の視点

　では、子どもたちの心を揺り動かすような、子どもたちが関わりたいと思うような魅力ある環境を構成していくためには、どのような視点をもち、援助していけばよいのでしょうか。
　環境を構成するにあたり、まずは何よりも、子どもが園で自分を出しても大丈夫という安定した情緒が保たれることが大切です。そして、環境を構成する中には、保育者の育ってほしいという願いを入れ込み、子どもの日ごろの園での生活、遊び、子どもの動きや様子をよく見て、「やってみたい！」「あれをやってみよう！」と思うことが発揮されるような環境を常に工夫していくこと、繰り返し環境を構成し直していくことが必要です。
　そのためには、保育者は、子どもが環境と関わる姿を見て、今、どんなことがしたいのか、どんなものが欲しいのか、どんなことに心を動かされているのかを判断したり、気持ちを想像したり、直接たずねたりして知ることが大切です。そしてそこから、子どものやりたいと思うことに合わせて、素材や道具を選べるようにしていくこと、保育者も一緒に関わり遊んでいくこと、ほかの遊びを見ていることが多い子どもに対しては、保育者がその仲間に入ったり、ほかの子どもと一緒に楽しそうな雰囲気をつくったりしていくことなど、具体的な援助につなげていくことも大切です。

引用・参考文献
3）無藤隆『知的好奇心を育てる保育－学びの三つのモード論』フレーベル館、2001年

3 各年齢における保育の環境

(1) 乳児（0歳児）における保育の環境

エピソード1　乳児クラスの音楽会（0歳児）

今、乳児クラスでは、音の出る素材や遊具での遊びが大流行。きっかけは、保育室に民族楽器のハピドラム（インドが起源の金属製スリットドラム）を置き、子どもの多くが興味をもったことです。

直接手で叩いたり、バチで叩いたりといろいろと工夫して音を鳴らしています。大きな音がすることもありますが、みんな不思議とそれを嫌がらないので、保育者も音の魅力に感心しています。子どもがもっと音に関心をもつにはどうしたらよいかと保育者も考え、ペットボトルや紙コップでつくった手作りマラカスを自分達で取れる場所に用意したり、音の出る積み木や車をそろえたりするなどしました。

よい音に包まれた環境の乳児クラスでは今日も、誰からともなく音を鳴らし自然と音楽会が開かれています。

乳児期は、心身の様々な機能が未熟であると同時に、発達の諸側面が互いに密接な関連をもち、未分化な状態です[4]。そのためとくに保育者は、乳児保育においては、安定や安心感を与えて、安定した情緒の中で、人との信頼関係を十分に築いていけるように、ゆったりとした快適な環境づくりをしていくことが求められます。

運動面では、一人座り、這う、つかまり立ちなど、少しずつできることが増えて、短期間に目覚

写真①　ハピドラムの音を楽しむ

ましい成長を遂げる時期でもあります。そのため保育者は、乳児が遊びを通して自分の身体の向きを変えたり方向転換したり、しっかりと自分の足で歩くことができたりするようになり、動くことが楽しいと思いさらに主体的に取り組むような環境を整えることが大切です。

また、このころは、視覚や嗅覚、触覚などの感覚器官がめざましく発達する時期でもあります。そのため保育者は、子どもの五感を刺激し、身近にあるものに興味、関心をもって関わることができるような環境を工夫するとよいでしょう。例えば、動きのあるおもちゃや、音の出るおもちゃ、固さや感触の違うおもちゃなどを、最初は子どもの見えやすい、見つけやすい場所に置く、使いたいおもちゃを手に取りやすい場所に置くことで、子どもは、自ら

引用文献

4) 厚生労働省『保育所保育指針解説』フレーベル館、2018年、p.91

触ってみよう、使ってみようと動き出す姿が見られるようになります。子どもの旺盛な好奇心を満たすためにも、一つの遊び方に限定されず、子ども自身が遊びを発見できるような、想像力をかきたてるおもちゃを選択していくとよいでしょう。またその際に、安全と衛生に留意しながら、十分な探索活動ができるようにしていくことも大切です。

(2) 1歳児以上3歳未満児（1歳児・2歳児）における保育の環境

　この時期は、身のまわりのことを含めて、何事も"自分で"取り組みたいという気持ちが芽生えてくる時期です。また、自分の手で操作したり、動かしたりしながら、物のイメージを膨らませていく時期でもあるので、様々な種類の操作遊びの素材を準備し、模倣遊びを楽しみながら、一人遊びや平行遊びが十分にできるような環境づくりや関わりが大切になります。例えば、食事の場面において、きれいに食べることももちろん大切ですが、保育者は1、2歳児の食べやすい配膳や食器（カトラリー）を工夫しつつ、自発的にやってみる姿を見守り、できることを褒めるのではなく、やろうとしている姿を認めていくことで、その子の意欲を引き出し、達成感につなげていきます。

　また、この時期は、歩く、走る、跳ぶなどの身体的諸機能も発達し、「こんなふうにしたい」という自分のイメージ通りに、身体をコントロールすることもできるようになっていきます。保育者は、くぐったり、滑ったり、転がしたりなど全身を使う遊具や、手指の巧緻性を高める道具など、子どもの成長・発達の様子をふまえて（に合わせたものを）準備し、身体や手足を十分に使って遊ぶことができる時間と空間を整えていけるとよいでしょう。

エピソード2　ままごとコーナーでのお料理（2歳児）

　ままごとコーナーで、お料理をしているAちゃん、Bくん。「はい、トマトですよ、どうぞ♪」と、保育者が布でできた赤い丸いものを渡すと、Aちゃんは、パクパクと食べる真似をしながら、「トマトどうぞ」と、トマトそのもののおもちゃを、保育者に手渡してくれる。それを見ていたBくんが、「きゅうりどうぞ」と、布でできた緑の丸いものを保育者に渡す。

　エピソード2のように、2歳児ごろには、物を操作するところから、「見立て」ができるようになってくる段階になるので、自分のイメージを膨らませ、見立て・つもり遊びを十分に楽しむことができる環境が必要です。1歳児期は、まだ見立てやつもり遊びが難しい子どもも多く、果物や野菜など、具体的な造形のままごとセットのほうが、より遊びやすいといえるでしょう。しかし、見立てや、つもり遊びができるようになってきた2歳児期の子どもに対しては、具体的な造形のおもちゃがあると、逆にその遊びに縛られてしま

写真②　ままごとでつもり遊び

うということもあります。そこで、例えばエピソード2のように、保育者は、イメージを固定化せずに、"何にでも使える""何にでもなる"シンプルなものを十分な数、用意して置くことが大切でしょう。その際、急に変えるのではなく、物を一致させていく段階、わかっていく過程でもあるため、例えば、トマトそのもののおもちゃと、赤い丸い形にした布のように何にでも見立てられる素材の両方を準備しておくこと、そして段階を踏んで徐々に環境を変化させていくことが大切です。

　想像力が伸びるこの時期は、語彙が爆発的に増える時期でもあります。この時期の遊びは、生活と密接につながっており、簡単な言葉のやりとりも交え、道具を使って、見たり、経験したりしたことを再現して遊ぶようになります。保育者は、例えば、ままごとやお医者さんごっこ、買い物ごっこなど、生活体験を遊びに取り入れていくことで、子どもたちは、やりとりの幅をより広げていくことができます。

（3）3歳以上児における保育の環境

　3、4歳児期は、基本的な生活習慣が身につき、自分のことは自分で行うことができるようになります。また、この時期は、思考力が芽生え、珍しい事物や未知なことに興味をもち、「なぜ？　どうして？」「どうなっているのだろう？」と、周囲への関心が強くなっていきます。そのような中で、子どもが人や事物に働きかけたとき、その働きかけに応じた応答があり、子どもは、その応答に手応えを感じて、また関わろうとする意欲が出てきます。そのため保育者は、砂や水、粘土、ボールや積み木、紙など、働きかけによって、多様に変化するような、応答的な環境を準備することが大切です。また、環境を準備するだけにとどまらず、例えば、保育者が砂場に水道からホースをひいて、樋や、カップ、大小のバケツやスコップ、鍋など、いろいろな道具を準備したとき、「何を使おうか？」「高さを変えるとどうなる？」などと働きかけ、子どもが、「もっとやってみたい、もっと知りたい」「こうすると、どうなるかな？」と探究心をもって主体的に事物に関わっていくように環境を整えていくことも必要です。

エピソード3　ダンゴ虫の遊び場を作ろう！（4歳児）

　園庭で繰り返しダンゴ虫を捕まえる子どもたち。保育者は、捕まえるだけではなく、じっくりと観察したり、育てる気持ちをもったりできるようにと、保育室に持ち帰り、子どもたちと飼い方が載っている本を見ながら、ダンゴ虫のお家を作る。

　Aくんが「そうだ、ダンゴ虫の遊び場も作ろうよ！」と言ったことをきっかけに、遊び場作りが始まる。木工用ボンド（乾くまで待つことができる年齢のため）で小さい木材を板につけていく子どもたち。「木材以外も使えるんじゃない？」と保育者が話しかけたところ、子ども達はストローをとりつけた。するとダンゴ虫がその中に入り前進していき、木材にぶつかって身動きができなくなる。その様子をじっと見ていたBくんが、「先生、バックして戻ってきた！ダンゴ虫って後ろ向きに歩けるんだね!!」と叫ぶ。

3、4歳児期は、様々な事物・事象への気づきや発見が著しく増えてくる時期でもあります。とくに、エピソード3でも見られるように、子どもにとって自然は、驚きと発見、そして遊びの材料の宝庫であり、豊かな体験を得ることができます。保育者は、子どもが一体感や季節感を感じられるように、保育者自身が自然の美しさや不思議さに心を動かし、そのことを伝えながら子どもの体験に共感したり、共有する体験を重ねたりすることが大切です。そのためにも、保育者は、園庭や園の周辺などの子どもにとって身近な自然環境について熟知しておく必要があります。そしてエピソード3のように、子どもが身近な環境や動植物にじっくり関わり試行錯誤したり、工夫したりして遊んだりする中で、さらに新たな発見や考えを得て学びを深めることができるような環境づくりを心がけねばなりません。

写真③　ダンゴムシの遊び場づくり

エピソード 4　同じアイテムを身につけて〜水族館ごっこ〜（3歳児）

　前日に、水族館でイルカのショーを見てきたAちゃんが、「私、イルカになりたい！」と登園する。水色のビニール袋を、ハサミで保育者が一緒に切り、着られるようにする。ビニールテープや、スズランテープなどを使って、黙々と装飾をしていくAちゃん。そして、「お姫様のイルカにする！」と冠も作り出す。ほかの女児も、私も作りたいと真似て作り始める。
　すると、「ぼくたちは、飼育員さんになる！」と、Bくんがセロハンテープの芯とセロハン紙で水中眼鏡を作ると、「ぼくも！」とCくん、Dくんも作り、飼育員になる。
　その後、カメになりたいという男児も現れ、段ボールでカメの甲羅を作る。
　そして、音楽をかけながら、保育者が、「最初に登場するのは、イルカさんです」などと、ナレーションをつけ、それぞれが登場するという水族館ショーが始まり、その後は、それぞれの役になりきりながら、遊ぶという姿が見られる。

　3歳児期には、走る、跳ぶ、投げる、蹴るなどの基本的な動きができるようになり、手指を使った細やかな動きも少しずつできるようになっていきます。そこで、保育者は、エピソード4のように、自分の遊びに必要なものを、身近なものを活用して、自分で作ってみるという経験ができるようにしていきます。自分で作ったものを身につけ「なりきる」遊びも活発になり、それ以前は、同じ場所にはいるものの、それぞれ自分の遊びを

写真④　水族館ごっこ

黙々と楽しんでいた子どもたちが、徐々に興味を共有してやりとりを楽しみながら遊びを進めていくようになります。その際、同じアイテムを身につけていると、イメージをより共有しやすくもなります。

4歳児ごろになると、全身や手指の運動機能の発達、観察力の育ち、友達関係の深まりや集団で動く経験などに支えられ、子どもたちの遊びはダイナミックかつ細やかになっていきます。保育者は、例えば、木登りに挑戦したり、砂場で崩れないようにトンネルを掘ったり、乗り越えられそうな困難な体験ができるようにすることも重要です。また、このころは、子どもは、物の使い方や、身のまわりの自然物などの活用の仕方も、より工夫するようになっていきます。例えば、積み木でより複雑に組もうとする、段ボールを家に見立てる、ピカピカの泥団子を作るなど、自分なりのイメージにより近づけようと同じことを繰り返し持続して取り組んでいくことができるようになります。繰り返す中で、手指を十分に使いこなすことができるようになり、自分のイメージしたもの、作りたいと思ったものを作り出すことができる力が備わっていき、このことが、5歳児の遊び、育ちへとつながっていきます。

　このように、保育の環境には、予測がつきにくく遊びや活動に多様性が生まれる場とともに、泥団子作りなどのように、子どもにとって「いつもの場所」、変化せずにそこにいつもある、次の日もそこで同じ遊びができる環境があることも重要だと考えられます。

エピソード5　蕎麦（そば）屋さんが間もなく開店（5歳児）

　普段は、自分から「これをやりたい！」と言わないAくんが、「俺、蕎麦屋さんがやりたいんだ！」と言ったことがきっかけで蕎麦屋さんごっこが始まる。蕎麦屋に行ったことがある人が多いこともあり、また、クラス全体でも楽しめる遊びになることが予想されるため、保育者はその提案にのり、遊びを盛り上げていく手伝いをする。

　保育者は、蕎麦に最適の固さの粘土を注文するところから、子どもたちに任せる。「蕎麦粉はまだ届かない？」と、毎日、事務の先生に確認にいく子どもたち。届くと早速、粉（お餅つきで使用した残りの餅取り粉）を振り、ひたすら棒で伸ばし、細く切ることを繰り返すBちゃん、Cちゃん。試行錯誤すること数日、「本物の蕎麦みたい！」とまわりの友達が驚くほどの蕎麦に仕上がる。看板が必要と、習字の筆で看板を書くDくん。保育者は、この後も、文字や数を意識できるようにとメニュー作りに、また、ネギ（樹皮粘土）や天ぷら（毛糸や紙粘土）などのトッピングの質や量など、より本物らしさを追求していけるようにと働きかけていく。数名で始まった遊びが、クラス全体が楽しめる遊びにまで発展していく。

　5歳児期は、自分たちで園全体の生活を、見通しをもって進めていけるようになっていきます。5歳児・幼保小接続期に大切にしたい保育の環境としては、「自分たちで行う」という意識がもてるようにすることがポイントです。例えば、エピソード5のように、保育者は、子ども達が遊びを自ら考えたり試したり工夫したりして、より遊びをおもしろくしていくことができるような、また、本物らしさを追求していけるような環境を考え整えていくことが必要です。そのため、子どもたちが、自分たちで必要な場や道具・遊具を用意したりつくったりできるような素材や教材を、自由に手に取り、活用していくことができるようにします。また、共通のイメージがもちやすいような遊びを取り上げることや、共通体験をしたことから遊びに発展させていくことなどの、遊びの取り上げ方は、保育者の力量が問われるところです。

またこのころは、巧みに身体を動かして、少し複雑なルールも理解できるようになってくる時期ですので、サッカーやドッジボール、リレーなどをチームに分かれて競い合えるような場を用意したり、少し高度な遊び、一輪車や竹馬、コマ、また木工や縫い物など、仲間とともに挑戦したり、競い合ったり、技を磨いたりできる教材や遊具を取り入れることも大切でしょう。最初は保育者も一緒に参加し、徐々に、子ども同士で行っていく

写真⑤　届いた粘土を使い、みんなで蕎麦を作る

ことができるように、また、少し難しいことにも、自分自身のもっている力を信じて取り組んでいくことができるように、働きかけていきましょう。例えばコマ回しで、回すことができるようになった子には、土俵のようなものをつくり、その中を目掛けて投げられるようにしていくなど、より難しいことに挑戦していくことができる環境をつくったり、みんなが回せるようになった中でもなかなか回すことができず、みんなの見ている前では取り組みたくないという子に対しては、その子がまわりの目を気にせず、しかし挑戦している姿を見守ってくれているということを感じられる環境を準備したりしていくなど、一つの環境を整えて終わりではなく、いろいろな子どもにとって、どういった環境がより育ちにつながるかを考えていくことも重要でしょう。

　そして、仲間と協力して共通の目的に向かって取り組み、最後までやり遂げる達成感を味わえるような場、協同的な学びができる環境も整えていきましょう。自分の思いを表し、また、自分の役割を認識しながら、友達との協同作業を継続的行っていくことができるようにしていくことが大切です。例えば、5歳児後半ごろ、作品展に向けて、来てくれるお客さんみんなが楽しめる場所をつくりたいと始まった遊園地づくりでは、海賊船、お化け屋敷、恐竜ランド、ゲームコーナー、おしゃれに変身コーナーなど、子どもたちが今まで園で楽しんできた遊びを盛り込み、作品展当日に向けて数週間をかけて継続して取り組んでいきました。保育者は、あまり大人数になり過ぎると、話し合いが進まなかったり、行うメンバーと見守るメンバーに分かれてしまったりということもあるため、5、6人ないしはもう少し大人数のグループで取り組めるようにし、また、互いのよさや、頑張っている姿を認め合うという場面をもつことも欠かさないようにしていきたいものです。

　以上、年齢別に保育の環境の理解と構成について述べてきましたが、様々な場面で異年齢の子どもたちと出会うことのできる環境も大切です。例えば、とくに共有して使う園庭や、ホールなど、他学年との動線や、関わり、保育者同士の連携など、いろいろな点に注意していくことも合わせて考えていくことが必要でしょう。

（上田陽子）

3章 子どもの育ちの様子

7 子どもを取り巻く環境の変化や移行

❶ 子どもを取り巻く環境

　子どもは、周囲の環境に対して、見る、触るなど能動的に働きかけ、様々な直接的で具体的な体験を通して自分の周囲の世界を知り、自己を形成していきます。しかし、乳幼児期の子どもは自分一人で行動することは難しく、出会える環境は大人の配慮の下にあります。

　3章1「子どもの生活と遊び」でも述べたように、とくに幼児期の子どもが育つための家庭環境において、友達と関わる機会の減少傾向、自然とのふれあいの減少傾向、身体を使う機会の減少傾向など、様々な経験を得る機会の減少が昨今では認められます。それだけでなく、保護者が親しく相談できる子育て仲間が地域にいないなど、地域や近隣の人々とつながる機会ももちにくい傾向もあります。これは、保護者だけの問題ではなく、ともに生活する子どもも地域の人とつながりにくくなっていることを意味しています。

　このような子どもの育つ環境の変化を受け、子どもの育ちにとって必要にもかかわらず家庭で出会うことの少なくなっている社会・文化・自然的な事象や、地域の様々な人との交流できる環境を幼稚園や保育所などで整えています。

❷ 家族構成が変わるとき

　子どもは周囲の環境の変化から影響を受けて育ちますが、何よりも核になる環境は家庭での生活です。家庭生活において、大人たちに守られわがままを言いつつ、格好つけず頑張りすぎず、自分らしく暮らしています。しかし、乳幼児期の子どもは家庭生活における家族構成が変わることにより、園での様子に変化が感じられる場合があります。

　まず多く見られるのが、下の子どもが生まれることです。はじめ子どもは、下の子どもが生まれることを両親とともに心待ちにし、園でもうれしそうに話すことでしょう。しかし、下の子どもが現実に生まれると、親たちはとても忙しく、自分と遊んだり話したり世話をしてくれる時間が減り、「待っててね」「自分でやってごらん」と言われることが多くなります。もやもやした気持ちを抱えている子どもは、その気持ちを抱えて園へ来ます。いつもは元気に率先して遊んでいる子どもが、所在なさそうにふらふらしていたり、なんだかイライラして友達といざこざが増えたりというように、いつもと様子が違うと保育者は感じます。お兄

さん、お姉さんになることを誇らしく思っているのですが、家族が増えた生活を自分のものとして受け入れるにはしばらくかかります。

　ほかにも祖父母との同居が挙げられます。祖父母との同居は、保護者にとっては気苦労の多いこともありますが、子どもにとっては保護者とは異なる視点で自分を見てくれる人がいることになります。おとなしくてもう少し積極的だったらと保護者に思われている子どもも、祖父母は穏やかでいい子どもと捉えるなど違いがあり、このような人間関係の広がりは、子どもが自分自身を多面的に捉え、それまでとは異なる自分のよさがわかる機会となります。

　また、大好きな両親との死別や離婚による別れ、よく遊んでくれた祖父母との別れなどもあります。それらは、子どもは事情がわからず、大好きな親たちが自分を置いていなくなってしまうなどの自己否定的な感情を伴う体験です。子どもにとってはよりどころを失い、自分の足元がぐらつくような不安を生じます。園では沈み込んでいたり、やりきれなさから叩いたり攻撃的に出たりする場合があります。してよいことと悪いことがわかるようになった4、5歳児が、クラス集団の活動をかき回すようなことをすると、保育者が注意をせざるを得ませんが、その子どもの表に出された行動だけに目を向けやめさせようとしては、保育者との信頼関係が崩れます。また子どもによっては、園では平静を装っている場合もあるでしょう。保育者は、そのような行為や様子を子どもの気持ちの表現として受け止め、気持ちを理解しようと努めることが大切です。保育者の支えも得て、子ども自身も受け入れがたい現実を受け入れようとすることが、ひいては自己肯定感を育てることへつながります。

　このような家族構成の変化が生じてからしばらくは、子どもは理解しきれない現実にとまどい、どうしたらよいか模索しています。保護者自身もとても大変な状況に置かれる場合が多く余裕はないかもしれません。しかし、このような機会は、保育者が子どもや保護者の置かれた状況や気持ちを理解し適切な援助を行うことで、子どもの人間関係や育ちにプラスの体験を生み出す機会とすることもできます。

❸ 入園したときの子ども

　子どもにとって家族構成の変化とは違った意味での大きな環境の変化は、家庭の外に出て生活することでしょう。現在ではほとんどの子どもが、いずれかの時期に幼稚園や保育所、認定こども園、小規模保育施設などへ入園しています。3〜4歳になると、大きくなって幼稚園や保育所、認定こども園等へ通うことを誇らしく思い、園での生活や遊び、友達がいることについて、楽しそうと期待感をもちます。しかし、入園後しばらくは、それまでほとんど家庭のみで暮らしていた子どもは、複数の子どものいる家庭以外の場で日中を過ごすことに、多少なりとも緊張し不安も感じています。次頁のエピソード1でそのような子どもの姿を見てみましょう。

> **エピソード1**　一瞬の出会いがつながりへ（4歳児）
>
> 　4歳児クラスに入園したMくん。1か月経ちましたが、部屋の隅にたたずみ、友達が遊んでいる様子をじっと見ています。自分のしたい遊びが見つかっても動けないでいるようです。そこへ走ってきたOくんが、思いがけずMくんにぶつかり、二人とも一緒に床に転びました。すると二人はにっこりと顔を見合わせました。Oくんはさっと立ち上がり、また走って行きました。するとMくんも、Oくんの後を追いかけて走って行きました。

　エピソード1のMくんは初めての幼稚園で、まわりの子どもたちや遊びに興味はあるようですが、自分からはなかなか動けずにいます。ところが思いがけないこの出来事。そこで二人がにっこりと笑いました。笑いは親和感情の表れといわれています。体がぶつかり笑いが生まれたところで、Mくんの閉じていた世界は開かれました。偶然のきっかけですが、自ら動き出したMくんにとっては大きな一歩を踏み出した瞬間です。きっとここから友達とのつながりが生まれ、自分の遊びを見つけるようになります。

写真①　じっと見る

　このように困った状況を自ら乗り越えた経験は子どもの中に残り、その後同じようなことが生じたときにも自分で切り開き乗り越えていける力と自信になります。

　3歳未満の子どもは、月齢によって、また子どもの個性によって様子が大きく異なります。人見知りの時期に達していない時期の子どもでも、次の事例のように環境の違い、声や抱かれ心地の違いなどよく感じ取っています。しかし、乳児の表現はささやかで小さく、大人が感性を磨いていないと見落としてしまいがちです。しだいに目覚めている時間を充実して過ごせるようになると、その環境を自分の場所として受け入れていきます。

> **エピソード2**　1か月児入園5日目の連絡帳（園から家庭へ）[1]
>
> 　眠りが浅いようですね。おなかもいっぱい、おしりもきれいなときでも、フェンフェン言うことが多いよう。ミルクからミルク、眠りから眠りの間隔など、うまくつかめない状態です。

　乳児期後半の子どもたちは、初めて保育所で生活する日、どのようなことが始まるのかわからずに周囲を見ています。そして保護者が保育所を出ていくときになって、泣く子どもがほとんどです。しばらくは泣いているのですが、安心して落ち着いて遊んでいるほかの子どもの様子をじっと見て、おもしろそうと感じ、少し安心し興味をひかれたおもちゃなどに手を伸ばし遊び始めます。それでも次の日にはまた保護者と別れるときに泣きますが、しばら

引用文献

1）小出まみ『保育園児はどうそだつか』ひとなる書房、1984年、p.25

くすると遊び始めます。このようなことが繰り返され、次第にここは安心できて困ったら助けてくれる大人もいて、楽しいところだと子どもなりにわかると、朝保護者と別れるときにも泣かずに、自分からバイバイと手を振って別れるようになります。けれども、状況を理解しきれないので、連休明けの月曜日の朝には、保護者と別れるときにまた泣くこともあります。

　1歳児になると、ここに来ると保護者と別れることになるとある程度理解し、慣らし保育を長くとっても、泣いて食事もとれないような状況が続くことがあります。しかし、泣くことは悪いことや困ることではなく、言葉で伝えることのできない子どもの精一杯の表現です。0歳児クラスから在園している子どもたちは、比較的落ち着いて遊んでいますので、新しく入園した子どもは、楽しく遊んでいるその子どもたちの様子をじっと見て、楽しいところだとわかってきます。時間はかかることもありますが、必ず保護者が迎えに来ること、ここは楽しく遊べるところとわかると、自分の生活の場として受け入れてくれます。

④ 転園したときの子ども

　子どもによっては引っ越しで住まいが変わり、幼稚園や保育所なども変わらなくてはならなかったり、3歳未満児まで小規模保育施設に通っていたので3歳から別の施設に変わらなくてはならなかったりというように、途中で園を変わる場合があります。引っ越しや転園は、それまで子どもが生活していた世界の地図がいったん白紙になり、また始めから生活し経験しながら生活地図をつくる作業を伴うのです。子どもにとっては転園の理由が理解しきれず、ある日突然違う園へ連れて行かれ、これまでの園とは違うと保護者に「ちがう、ちがう」と訴えます。保護者に説明され、引っ越すことや園が変わることなど一応理解していても、実際にそのときになると、環境や生活の仕方の違い、新しい先生や友達に緊張ととまどいを感じます。

　とくに、小規模保育施設など在園人数が少ないところから、幼稚園、認可保育所、認定こども園などクラスや園全体の人数が多い園へ転園した場合、規模の違いだけで子どもは圧倒されます。さらに3歳以上の幼児クラスでは保育者一人に対する子どもの人数が多くなるので、保護者は「先生はうちの子どものことをみてくれているだろうか」「大人数のクラスで子どもは大丈夫だろうか」と心配します。保育者は、転園してきた子どもは集団保育に慣れているだろうと思いがちですが、その園での生活の仕方はそれぞれ違いますので、子どもはほかの子どもの様子を見ながら、手探りで後をついてきます。一見、身支度などが遅いと感じられるかもしれませんが、遅いのではなく、どうしたらよいか見つけながら生活している様子の表れです。困ることもなく平気な様子で過ごしているように思っても、心の中ではとまどい、模索し、自分なりに考えて行動している場合もあります。

　どの年齢の子どもも、頼りになる大人がいて、安心して過ごせる場であり、友達と楽しく遊べるとわかれば、新しい園を自分の生活の場としていきます。

5 進級児と新入園児

　進級してきた子どもたちの中に、転園や入園で新しく入ってきた子どもがいると、幼児クラスの場合には、最初のうち物珍しくて進級児があれこれ面倒を見てくれます。一緒に遊んでもくれるのですが、そのうち自分たちの遊びに夢中になり見向きもしなくなることもあります。また次のエピソード3のように保育者の援助により、一緒に遊ぶ子どもが見つかり、頼りにして、園の生活や友達関係を自分のものとしていくこともあります。

> **エピソード3　頼りになる友達ができた（4歳児）**
>
> 　新入園の4歳児Sちゃん。4月からしばらく不安そうに先生のそばで過ごしていることが続いていました。そこに先生に話をしにやってきたWちゃん。先生が「新しく幼稚園に来たSちゃんよ。仲良く遊んでね」と言うと「おいでー」とWちゃん。Sちゃんは、走り出したWちゃんについて走っていきます。Sちゃんは、この日から毎日幼稚園の玄関でWちゃんが来るのを待って一緒に遊んでいます。

　保育者は、入園してすぐに子ども同士で遊んでいるから安心ではなく、気の合う友達や自分がおもしろいと思う遊びを見つけられているだろうか、安心感をもって生活できているだろうかという視点をもち、丁寧に見守ります。

写真②　いっしょにいこう

　しかしながらこのような場合、子どもたちのとまどいや葛藤が双方に見られることもあります。例えば、新入園の子どもが入った4月、進級した子どもたちはそれまで意識することのなかった一緒に生活してきた友達と新しい子どもとを区別します。次のエピソードのように、新しい子どもたちとは違う、もとからいる自分たちを意識し、遊ぶときにも進級児同士でまとまっていることがあります。

> **エピソード4　へんなの！（4歳児）**
>
> 　4歳児クラスの4月。3歳から幼稚園に通っている子どもたち（Sくん、Tくん、Uくん）が砂場で遊んでいる。そこに4歳から入園したWくんがやってきてじっと見ている。Sくんが「シャベル取って」とTくんに言いました。シャベルはWくんの足元にあったので、Wくんが取って差し出しましたが、Sくんは受け取りません。Wくんも3人のそばで、砂でケーキをつくり始めました。それを見たSくんは、「へんなの」と言い、ほかの二人を見ます。

　違いを感じることは当然のことでもあります。進級した子どもが意地悪をしているように感じられますが、遊びたくないと思っているわけではなく興味はもっています。「仲良くしましょう」と言うのではなく、違うと感じる境を超えられるような、偶然の出来事や一緒に

なって身体を動かしワーッと遊ぶ体験などがあることで、新たな出会いから子どもたちの関係が開かれ、新しい友達関係が育まれる機会となります。

❻ 進級したときの子ども

　進級児と新入園児とのことを述べましたが、これまで在園していて進級した子どもたちも、次の学年になることを楽しみにしている反面、いろいろなとまどいを感じていることがあります。担任保育者が変わり、保育室も変わり、クラス替えでクラスの友達も変わることがあります。園によっては、できるだけ進級時の子どもが安定して過ごせるように、前の年の2月くらいから少しずつ進級するクラスで遊ぶ時間をつくったり、だんだんに進級時の保育室で食事をとったり、新しい担任保育者が入ったりするなど工夫をしているところがあります。

　また、幼稚園では年齢別クラス編成ですが、保育所では3歳児から異年齢クラスになることもあります。クラス規模が大きくなり、保育者一人に対する子どもの数もぐんと増え、幼児クラスの生活の仕方がわからず、子どもはとまどいも感じます。さらに新入園児や年長児もいるなど、2歳までのクラスとはいろいろな変化があります。このような環境の中、これまで自分から進んで何でもしていた子どもが、4月はおとなしく過ごしていると感じられることもあるでしょう。

　3歳未満児の場合には、前の担任を求めて泣いたり、名前を呼んだりもします。引き継いだ新しい担任としては辛いものがありますが、しばらくすると子どもは、新しい担任も困ったときには頼りになる存在であるとわかり安心して過ごせようになります。そして、毎日の生活が楽しく充実すると子どももものびのびと生活し、遊び、自分の思いを主張するなど変わっていきます。

❼ 環境が変化したときの子どもの様子を捉える視点

(1) 慣れるということ

　新入園や転園のとき、大人は「慣れる」という言葉を使うことがあります。慣れるということは、新しい場に自分を合わせていくのではなく、子どもにとっては安心して過ごせる場であると思えるようになり、自分の思いを表現し主体的に過ごせる生活の場となることを意味します。

　保育者は、新入園児や転園児を迎えたときには、「まだ慣れていない」「いつ慣れるかしら」と見るのではなく、子どもが安心してまわりの大人を頼りにして過ごせている様子、小さな声のつぶやきやじっと見ていたり、少し手を伸ばしたりといった、見逃してしまいそうなささいな行動に表れた子どもの思いを感じ取ることのできる目が求められます。

子どもが安心して過ごせるということは、園のどこに何があり、誰がいて、毎日の生活がどのように進んでいくのかわかってくることであり、見通しがもてる生活の中で安心して、自分の思いから遊び始めてこそ、園が楽しい生活と遊びの場となります。また幼児の場合には、気が合い楽しく遊べる友達が見つかり、仲間集団の中で所属感がもてることも重要なポイントとなります。

(2) 不安やとまどいの表現

　子どもによって不安やとまどいの気持ちの表現は様々です。子どもが不安そうに動かなかったり泣いたりすれば、大人にもよくわかります。しかし、子どもの中には、不安だからあちこち動き回って遊ぶ子どももいます。また家庭にはないおもちゃや興味を引かれるものがあり、あれこれ目移りして落ち着かずに、あちこち動き回っていることもあります。一見遊んでいるように見えますので、保育者は園に慣れたのだと安心してしまいがち

写真③　おんなじね

です。しかしながら、しばらくすると急に不安な様子を見せて、登園時に泣き始めたり、ぐずり始めたりする場合もあります。子どもが心から安心して過ごせているのか、子どもの遊びたい心が動いているのか感じ取りましょう。

　子どもの育ちにふさわしい環境が整えられていないがために、子どもが困っている思い、窮屈な思いを表す場合があります。子どもの育ちの様子は、家庭での環境によるものだけでなく、園での環境が関係している場合もありますので、子どもの様子を読み解くときには、保育者の関わりを含めた園の環境を検証する必要もあります。

(3) 環境の変化は新しい可能性を開く

　子どもは与えられた家庭や地域の環境の下で育ちますが、その環境は第一義的責任を有する保護者により様々なものとなります。家庭における子どもの数が減少傾向にある現在では、子ども同士の関わりがもてる機会も家庭だけでは限られてしまいます。

　このような状況の中、子どもの育ちに必要な豊かな環境が整えられた教育・保育施設で子どもが生活し遊ぶことは、家庭で経験できない多くの経験がもたらされる機会となります。五感を通して自分のまわりの環境に働きかけ、世界を知り、多様な友達や大人と関わり、助けられる経験は、自分と自分を取り巻く生活環境への信頼、人間だけでなく自然や生き物とともに生きる自分など、子どもたちにとっては新しい自分自身の可能性や価値観が開かれるものとなります。そして、幼稚園や保育所、認定こども園で子どもが生活することは、保護者と離れ、保育者に助けられながら、自分自身と向き合う機会となるものです。

（榎田二三子）

4章 子どもの理解に基づく発達援助

1 子ども理解と発達援助

❶ 子ども理解の重要性

　子どもたちの適切な発達援助のために、個々の子どもを理解することはとても大切です。乳幼児期の保育や教育には、一人一人の子どもが自ら興味や関心を寄せた「人・もの・こと」に、能動的に関わる中で、必要な体験を得られるようにすることが求められるからです。そのためには、子ども自身の行動を温かく見守り、必要な援助の手を差し伸べてくれる、子どものよき理解者としての保育者の存在が欠かせません。

　また、乳幼児期の子どもは体も心も著しい成長を見せます。月齢や年齢を重ねるにつれて自分の力でできることも多くなっていきます。その一方で、保護者や園の先生など信頼できる大人に依存する気持ちもまだまだ大きいのがこの時期の特徴です。

写真①　Aちゃんも（やって）〜

　子どもたちは、少なからず家庭や地域社会の影響を受けて育ちます。保護者の育児観や教育観、家族構成、成育歴等の家庭の影響、また、福祉、医療等の子どもへの支援体制や地域コミュニティの在り様等の地域社会の影響です。乳幼児期は、子どもそれぞれが異なった環境の中で育ち、個体差等もあることから、心身ともに発達の個人差が大きい時期でもあります。発達の個人差が大きいだけに、個々の子どもを理解することはそう簡単なことではないでしょう。保育では、簡単ではないことを前提にしつつ、個々の子どもに寄り添いながら適切な理解を図ることが欠かせないのです。

❷ 理解に基づく援助

　個々に異なる背景や個性をもつ子どもたちは、家庭を離れ、幼稚園・保育所・認定こども園などで集団生活を送る中で、家庭とは異なった環境の中で過ごすことになります。友達や保育者などがいるという集団だからこそ味わえる人間関係、大勢が一緒に過ごすための施設という環境、規則に沿った生活パターン等々、家庭とは異なる環境に子ども自身も合わせな

がら生活をしていきます。保育者は、乳幼児期の一般的な発達段階や特性に加え、個人差や子どもが集団の中で見せる姿などに配慮することが大切です。その上で、多角的な視点をもち、それぞれの子どもの適切な理解に基づいて、その成長を促したり、発達を支えたりすることが必要となってきます。保育者のきめ細かな子ども理解が適切な援助につながるのです。

ここでは、家庭や地域で過ごす個々の子どもの姿を背景におきながら、園という集団の中で子どもを理解し、その理解に基づいて援助することについて考えてみたいと思います。

次の写真②を見てみましょう。

年長の男児３人が築山の上で何やら楽しくてたまらないという様子で遊んでいます。実際に楽しくて楽しくて、たまらないのです。楽しさのわけは何なのでしょうか。

実は、子どもたち自身がこの写真に寄せた「のぼらせない！」という一言がそのわけを表しています。ドロドロになった築山に、下から登ろうとする友達に向かっていたずらをしかけているのです。

写真②　のぼらせない！

さて、このいたずらの醍醐味はどこにあったのでしょうか。友達に向かってホースの口を向けている子どもたちが楽しいと感じていることは何だったのか、さらなる子ども理解を試みてみたいと思います。

例えば以下の❶〜❹のように、いくつか考えられるでしょう。

❶勢いよく向けられる水にはばまれる友達の困る様子を楽しんでいるのではないか、

❷山肌をさらにドロドロにし、ドロドロになった山肌を登るのに苦労しながらも挑戦する友達の様子がおかしさを誘い、楽しんでいるのではないか、

❸ホースをもって友達とともにいたずらをしている雰囲気が楽しいのではないか、

❹ホースを持って放水するという普段なかなかできない体験を単純に楽しんでいるのではないか、

もちろんこのほかにも推測できると思いますし、３人が同じ思いではないかもしれません。しかし、子どもたちをどう理解するかで、保育者が何に配慮し、どのように支援するかは変わってきます。一つの解釈を次に挙げてみます。❶❷のように理解したのであれば、下から登ろうとする子どもが困ったり、嫌だったりしていることはないか配慮する必要が生じます。その結果次第では、遊びを中断させ、双方の子ども同士が話し合いをもつよう援助することになるかもしれません。❸❹のように理解したのであれば、日常の環境設定や遊びへの援助などを振り返り、子どもたちが心から楽しめる新たな遊びや環境を生み出す必要が生じてくることも考えられます。紙面上でもあるのでザックリとした子ども理解ですが、日々の指導や援助は、子どもをどのように理解するかによって変わるものであることは確かです。保育では「子ども理解に基づく援助」を基本におきたいものです。

❸ 子どもの発達援助と保育者の役割

「発達」という言葉を私たちはよく口にし、耳にもします。

「発達」とは、一説によれば、○発育して完全な形態に近づくこと　○進歩して完全な段階に向かうこと　○個体がその生命活動において環境に適応していく過程である、といいます。また、他説では、発生、発育などと近い意味をもち、機能や形態がより高度の状態に変化していくこととあります。

では、子どもの発達はどのように捉えられているでしょうか。

幼稚園教育要領解説及び幼保連携型認定こども園教育・保育要領解説には、「発達の捉え方」として次のように記述されています。

「人は生まれながらにして、自然に成長していく力と同時に、周囲の環境に対して自分から能動的に働きかけようとする力をもっている。自然な心身の成長に伴い、人がこのように能動性を発揮して環境と関わり合う中で、生活に必要な能力や態度などを獲得していく過程を発達と考えることができよう。」[1]

保育所保育指針解説には、「発達過程」として次のように記述されています。

「子どもは、それまでの体験を基にして、環境に働きかけ、様々な環境との相互作用により発達していく。保育所保育指針においては、子どもの発達を、環境との相互作用を通して資質・能力が育まれていく過程として捉えている。すなわち、ある時点で何かが『できる、できない』といったことで発達を見ようとする画一的な捉え方ではなく、それぞれの子どもの育ちゆく過程の全体を大切にしようとする考え方である。そのため、「発達過程」という語を用いている。」[2]

こうした一連の記述から、例えば次のように、保育者として子どもの発達を捉える基本的なことが見えてきます。

○子どもは生まれながらにして自然に成長する力があること
○周囲の環境に自分から働きかける力をもっていること
○できる、できないという結果でなく生活に必要な能力、態度などを獲得していく過程が発達と捉えられること

発達をこう捉えてくると、子どもの発達を援助するための保育者の役割もまた明らかになってく

写真③　いつもの壁に紙を貼ったら…

引用文献

1) 文部科学省『幼稚園教育要領解説』フレーベル館、2018年、p.13
　内閣府・文部科学省・厚生労働省「幼保連携型認定こども園教育・保育要領解説」フレーベル館、2018年、p.13
2) 厚生労働省『保育所保育指針解説』フレーベル館、2018年、p.14

るのではないでしょうか。

佐伯[3]は、その著の中で、「発達にはそれを『見る人』と『見られる人』（通常は子ども）がいる。発達は、その両者の相互関係として立ち現れるコトである。」と述べている。

保育者の役割は、子どもが行っている活動のよき理解者、子どもとの共同作業者、子どもと共鳴する者、憧れを形成するモデル、遊びの援助者等といわれます。先に述べた佐伯の言葉等とあわせて考えてみることが大切です。また、こうした様々な役割を果たすために最も重要なことは、保育者は、子どもが精神的に安定するためのよりどころとなることでしょう。

❹ 適切な子ども理解のための評価

日々成長・発達を遂げる子どもたちを適切に理解するために評価は欠かせません。保育では、常に指導の過程を振り返り、評価し、改善しながら、子どもへの理解を進めることが大切です。いわゆるPDCA、計画➡実践➡評価➡改善➡実践というサイクルです（2章p.30、8章p.138参照）。

一人一人のよさや可能性、興味や関心をもっていることなどを把握し、環境構成、保育者の関わり方等を適時評価していき、改めて実践につなげていくのです。その際、ほかの幼児との比較や一定の基準に達することなどを評価として捉えるものではないことにも留意が必要です。また、保育者自身の経験や保育・教育観等の影響も考慮する必要があるでしょう。

経験の少ない保育者は、経験の多い保育者から学ぶことは多いものです。一方で、経験は少なくてもIT技術に優れている保育者から経験者が学ぶことがあるかもしれません。

園での組織的・計画的な評価の取り組みが必要です。昨今は、子ども理解のための日々の記録やエピソード、写真や動画などを用い、評価が深まり、改善の参考となる情報活用を園ぐるみで実践しているところも多くなっています。

右の写真は、年長児が、作品展に向けて芝生をつくることになり、友達と本物のような芝生をめざして、色づくりと塗り方を模索しているところです。A担任がその日撮ったもので、「なぜ、手と指で芝生を表現するに至ったか」、同僚たちと子ども理解について興味ある会話が交わされたといいます。

写真④　本物みたいになった！

今、評価方法の工夫が求められてもいるのです。

引用文献

3）佐伯胖『幼児教育へのいざない　円熟した保育者になるために』東京大学出版会、2001年、p.84

4章 子どもの理解に基づく発達援助

2 特別な配慮を必要とする子どもの理解と援助

❶ インクルーシブという考え

　インクルーシブとは何でしょうか。
　誰もがどこかで一度は聞いたことがある言葉だと思います。名詞形のインクルージョンは「包含」「包括」というみんな一緒に包み込むといったニュアンスの言葉です。対極にある言葉が「排除」です。したがって、インクルーシブ教育・保育をすすめるといった場合、障害のある子どもも、障害のない子どもも、気になる子どもも、そうでない子どもも、特別な配慮の必要性の有無に関わらず、ともに育つ教育・保育をめざすということができます。
　2016年4月に施行された「障害者差別解消法」（障害を理由とする差別の解消の推進に関する法律）により、日本は、より明確に、誰もが相互に人格と個性を尊重しながら共生する社会の実現に向けて動き出しました。
　「合理的配慮」やそのための「基礎的環境整備」もその一環です。
　「合理的配慮」と「基礎的環境整備」を、仮に自分の力では歩くことが困難な人で考えてみましょう。この場合、車いすを用意することで移動が可能になるなら、車いすを用意することが「合理的配慮」だということができるでしょう。また、車いすで移動するために段差を無くしたり、階段をスロープにしたりすることなどが「基礎的環境整備」ということになります。
　しかし、障害等のあることがわかりにくかったり、気づきにくかったりし、合理的配慮をする必要があるかないかさえ考えが及ばないこともあります。
　身近な保育の例で考えてみましょう。
　右の写真①は、やっとつながったトンネルです。互いの手を握り合い、喜んでいる年中児です。多くの子どもは砂遊びを好みます。一方で、頑として砂に触ろうとしない子どもに時折出会います。そんな子どもも、保育者に誘われ友達とともに遊んでみることで、その楽しさを味わい、徐々に、砂の感触に魅入られていきます。そんな中、担任が手を取って砂に触らせたとたんに泣き出した子どもに出会ったことがあります。「お砂触っただけでどうして泣いてるの？」と担任保育者が聞いたところ、「痛いの〜、痛いの〜」を繰り返すば

写真①　つながった〜！

かりでした。その子は不本意に物に触ると手に痛さを感じる子どもでした。後に、担任が、「嫌だったらやめようね」「でも、サラサラしておもしろいね」などと本人に伝えながら、手のひらにほんの少しずつ砂を載せることを繰り返し、砂に触ることの痛みは緩和されていきました。この例からは、保育者が、子どもの多様性（ダイバーシティー）を認識し、尊重した上で、合理的配慮をしていることが伝わります。インクルーシブな保育は、子ども一人一人の多様性を尊重した上で成り立つといえます。

❷ 子どもの困り感への気づき

　昨今は、一般的にもですが、とくに保育者にとって気になると感じる子どもが増えています。気になる子どもとは、明確な障害や遅れはないものの、「生活上の問題が多い」「障害特性に似た傾向がみられる」などの特性をもつ子どもだといわれます。中には、後に、発達障害などの診断を受ける子どももいます。また、気になっているのは保育者側であることが多いものです。一方で、少しずつ専門的な知識や理解がすすみ、保育者側が一方的に気になるとする子どもから、積極的に気にかけ、援助したい子どもへと保育者側の意識の変化が見られるようになってきました。

　しかし現在ではまだ、保育者が保育をすすめる上で、困難を抱え、さらに保育者（担任、担当者）一人で対処せざるを得ない状況も見られます。このような場合、保育者の悩みが解消されないまま、気になる子どもが適切な支援を受けることなく放置されることになります。そのような事態だけは避けたいものです。気になる子どもと悩める保育者が増える中、どの園でも、心理や医療などの専門家の支援に、大きな期待が寄せられてもいます。同時に、地域や行政と連携したり、専門家の支援を活用したりすることが必要であると考えます。

　さて、こうした状況はさておき、特別な配慮を必要とする子どもを理解するために欠かせないこととして、子どもの困り感への気づきがあります。ある子どもに、保育者自身が指導や援助をする上で違和感を覚えたとしましょう。保育者は、その違和感が発達に起因するものか、生活経験の不足からなのか判断に迷うことが多いものです。

　子どもの「困り感」に気づくためには、わたし（保育者）側からあなた（子ども）側へ「視点の転換」を図ることが必要です。「困っているのは子ども」であることへの気づきが求められるからです。

　そのために必要なことは、子どもが何に困っているかを想像する力であったり、子どもへの共感的な関わりであったり、受容する態度であったり、子どもに寄り添う気持ちであったりするでしょう。

　わたし側からあなた側へ視点を転換し、子どもの困っていることは何かに気づくことから、その子どもの発達のために適切な援助が生まれてくる

わたし側からあなた側へ
（保育者の悩み）➡（子どもの困り感）
視点の転換
想像力・共感性・受容・寄り添い…
（必要とされる力）

図① 子どもの困り感に気づく視点の転換の概要

ことでしょう。

❸ 個別の指導計画の作成・活用

　幼稚園教育要領等には、特別な配慮を必要とする子どもへの指導に、個別の教育支援計画や個別の指導計画の作成・活用が挙げられています。「個別の計画」といわれるものには、「個別の支援計画」、「個別の教育支援計画」、「個別の指導計画」があります。よく似た名称で混同する場合がありますが、それぞれの役割等を以下の表①に簡単に挙げます。

名　称	役　割	作　成　者
個別の支援計画	生まれて障害があるとわかったときから、生涯にわたり、各発達段階に応じて、適切な支援を行うための計画	地域と家庭で連携して作成
個別の教育支援計画	小学校入学前から学齢期にわたって作成する支援計画	学校や園が中心となり、保護者や関係専門機関と連携して作成
個別の指導計画	個々の子どもの実態を把握し、園や学校で具体的な支援や指導を行うための計画	園や学校が中心となって主に担任や担当者が作成

表①　それぞれの計画の役割と作成者

　日々の保育の中で、特別な配慮を必要とする子どもの理解や援助には、「個別の指導計画」の活用が役立ちます。個々の子どもの実態に応じて適切な指導を行うために園の当事者が作成するものだからです。

　「個別の指導計画」というとかたいイメージがあり、作成するのをためらう保育者が少なからずいるかもしれません。項目設定などの書式にこだわらず、今ここにいる子どもへの保育者自身の困り感や気づきなどを記録（メモでもよい）することから始めてみましょう。一日を振り返り、記録することそのものが、自分の保育を振り返り、評価し、配慮を要する子どもに改めて向き合う時間を生み出します。下記の表②を参考に、まずは作成・活用してみましょう。

項　目（例）	内　容（例）	書きながら気づいたこと
自分は何に困っているか？	・集団活動からいつもはみ出してしまう。 ・友達に手を出してトラブルになる。	※子どもが何か困っていることがあるのでは？ ※言葉で言えないのでは？
子どもの好きなこと嫌いなことは？	・ブロックや電車遊び。 ・○○先生が大好きなようだ。 ・集団や初めてのことをとても嫌がる。	※なぜだろう？
よいところを探してみよう	・折り紙が上手で集中時間が長い。 ・特定の子どもに好かれている。	※ついマイナス面に目が行きがち。よいところを生かせないか工夫してみよう！
注意点	・滑り台のてっぺんの柵に登りたがり目が離せない。	※ケガや事故、生命に関わる危険性がある。ほかの保育者と対応を統一しよう。
保護者の気持ちは？	・集団の中で孤立しないか不安に思っている。	※わが子の状態を素直に受け入れるのは難しそう。日常の様子をどう伝えよう。

表②　初めて書いてみる　その子どもの"今"を整理することから

4章 子どもの理解に基づく発達援助

3 発達の連続性と就学への支援

❶ 発達や学びの連続性と子どもを観る目

　2017年3月の改訂（定）で、幼稚園、保育所、幼保連携型認定こども園、それぞれの要領・指針及び小学校学習指導要領に、幼児期の終わりまでに育ってほしい10の姿、「健康な心と体」「自立心」「協同性」「道徳性・規範意識の芽生え」「社会生活との関わり」「思考力の芽生え」「自然との関わり・生命尊重」「数量・図形、標識や文字などへの関心・感覚」「言葉による伝え合い」「豊かな感性と表現」が明記され、幼児期の教育と小学校教育との円滑な接続を図るよう、園、小学校ともに努めるものとされました。

　こうした改訂（定）を機に、幼児期から小学校への子どもの発達や学びの連続性を考え、連携から接続へと、保育者にも小学校関係者にも意識の変化が見られるようになりました。

　幼児教育長期研修の研修生として、小学校から幼稚園へ赴き、1年間、5歳児学級の副担任として過ごし、その後、小学校1年生の担任（現時点）として教鞭をとる松浦[1]は事例報告の中で、様々な興味深い報告をしています。以下に記します。

　"子供の読み取り方の違い"について「同じ場面を読み取っているにもかかわらず」違いが出たと述べ、「筆者は、技能面を読み取っているのに対し、幼稚園の教諭は、幼児の内面が分かるつぶやきを読み取っている」。また、"言葉かけの違い"として、廊下を走っている幼児に対して、筆者は「廊下は走りません。あぶないよ」と声かけし、幼稚園教諭は、「あわてなくても大丈夫だよ」と声かけしていると述べています。前者は、「子供の頭の中を覗こう」と指示語が多くなり、後者は、「子供の心を覗こう」と子ども理解から入るとも指摘しています。この違いについて、子ども理解から入ることが、「自然と指示語が減り、子供に考えさせるような言葉かけになっていく」ことを実感したと述べています。小学校へ戻ってからの松浦教諭の興味深い報告はこの後も続きますが、"お

写真① えーい、空まで届け〜！

引用文献

1）松浦智紗『幼児教育長期研修を通して　子供の発達や学びの連続性を考える』初等教育資料、東洋館出版社、2019年、pp.92-95

わりに"として、「幼小の接続において大切なことの一つは、教師の意識改革ではないかと思う」と述べ、そのためには、「幼稚園・小学校の互いの教育のよさをわかり、子供を『観る目』を養っていく」必要性について触れ、「目の前の子供の心を大切に見続けることで、どこを変え、どうつないでいくのかは、自然と見えてくるのではないか。このことこそが、学びの連続性につながる」と結んでいます。

　引用文が少々長くなりましたが、子どもの心を見続け「子どもを観る目」を磨き、子ども理解を深めることが、幼児期から学齢期への学びや発達の連続性を図ることにつながると、示唆しているのではないでしょうか。

❷ 発達や学びの連続性に向かう子どもの力

　就学への支援。本当に大切なことは何でしょうか。
　倉橋[2]は、就学前教育の主目的は、「人間の基本教育ということができる」とし、さらに、「人間の基本教育というからには、次期の教育段階たる小学校教育に対する、目前的準備教育のごときを主目的にするものではない」とも述べています。倉橋の言葉を借りるまでもなく、幼児期の教育・保育が就学を先取りするものでないことは、今や広く浸透していると認識しています。
　乳児期には乳児期に、幼児期には幼児期にふさわしい生活を送ることが、子どもの適切な発達や成長を促します。そのことがすなわち、真の就学支援につながるのではないでしょうか。
　具体的な子どもの姿で考えてみましょう。
　幼児期の園生活から小学校生活へと移行していく中で、子どもは突然違った存在になるわけではありません。子どもにとって、発達や学びは連続しているのです。そのため、その時期毎にふさわしい生活を送る一方で、就学という段差をできるだけ滑らかに乗り越えていく力を備えることも大切です。
　そしてその力は、子どもたちの生きる力の基礎を育成することで培われるのではないでしょうか。好奇心、探究心、問題を見いだす力、解決する力、物事に主体的に取り組む意欲や積極性、協同して遊んだり生活したりする経験の積み重ね等がその基礎であるといえます。

（酒井幸子）

引用文献

2）倉橋惣三『「就学前の教育」、倉橋惣三選集第三巻』フレーベル館、1965年、p.422

第 2 部

保育の記録編

　保育の記録編では、これまでの保育記録の考え方をふまえつつも、「ドキュメンテーション」という用語を用いて新しい視点から保育記録の意義や作成の在り方を示しています。また、具体的に「保育者」「子ども」「保護者や地域」といった多面的な視点からドキュメンテーションがどのように機能するかを詳しくまとめているため、保育者がドキュメンテーションを活用することの意義について考えていくことができます。さらに、保育を観察し記録する視点や作成・活用を支援するツールについてもまとめていますので、これらを身につけ、実際に自分たちがドキュメンテーションを作成する第一歩を踏み出しましょう。

5章 保育においてドキュメンテーションを用いることの意義

1 子どもを理解するための方法としてのドキュメンテーション

❶ 保育への多様なまなざしとしてのドキュメンテーション

　幼児教育・保育実践の場において、様々な活動や子どもの行動、発話などが同時に生起し、保育者はその複雑な状況の中で保育を行います。保育実践とは「生きている」ものであり、その場その場での保育者の臨機応変な対応が求められ、また、子どもにとっても日々が常に新しくダイナミックな営みです。このような生きている保育実践をどのように記録をするべきでしょうか。保育に対する記録への試みは、様々な方法が用いられ、革新され、蓄積されてきています。

　本書では、保育に活用されている様々な記録に対する総称として、"ドキュメンテーション（documentation）"という用語を用いています。

　そこで、まず本項では、保育におけるドキュメンテーションにはどのようなものがあるのか、その多様性を知ることと同時に、それぞれの用語の整理と解説を行います。

（1）レッジョ・エミリアにおけるドキュメンテーション

　本書では、保育記録の総称としてドキュメンテーションという用語を用いています。英語表記におけるdocumentationとは、文書、記録のことであり、まさしくその通りではないでしょうか。しかし、2000年代に入るまでは、多くの場合、保育記録という用語が使用されていましたが、2000年代以後、ドキュメンテーションという言葉が主流となりました。この背景には、イタリアのレッジョ・エミリア（Reggio Emilia：以下、RE）における保育実践と理論の普及によるものが大きいと考えられます。

　REにおけるドキュメンテーションとは、日々行う保育の計画の手続きの代わりであり、子どもの学びを対話に基づいて教えていくために保育者が援助していくためのものです（エドワーズ他 2001）[1]。REでは、ドキュメンテーションとは次の日の保育計画と密接に結びついたものであり、実践の経緯や子どもの活動のプロセスをまとめる「記録」としてではなく、プロジェッタツィオーネ（Progettazione）と呼ばれる創発的な計画の一部として、子どもの学びを可視化し、子どもと対話するための資料でもあります。つまり、REにおいて、

引用・参考文献
1）C.エドワーズ、L.ガンディーニ、G.フォアマン『子どもたちの100の言葉』世織書房、2013年

ドキュメンテーションとは、計画と表裏一体のものであり、不可分のものといえます。

このREの保育実践は、日本のみならず世界中の幼児教育に影響を与え、紹介され、普及されてきました。日本においても、多くの書籍や文献がこのドキュメンテーションを紹介しており（例えば、ミラーニ 2017[2]など多数）、またその概念を用い、日本の保育の文脈に合わせた具体的な活用方法なども紹介されるようになってきました（請川他 2016など）[3]。そのため、現在では、保育ドキュメンテーションや単にドキュメンテーションと呼ばれるものが、保育記録と同一のものとして捉えられるようになってきたといえます。

（2）ポートフォリオ

ドキュメンテーションとあわせて紹介されるものに、ポートフォリオ（portfolio）と呼ばれるものがあります。ポートフォリオとは、元来、書類を入れるケースのことを指します。それがポートフォリオ評価として、学校教育における児童・生徒の作文や絵画といった制作物を個別のファイルにまとめて、一人一人の学びを捉えようとする評価法として開発されてきました。これは美術などのような学校教育の教科だけではなく、保育の文脈においても、取り組まれています。

資料①　ある子どものポートフォリオ

ドキュメンテーションは保育における集団の活動やプロセスを捉えている側面が強調され、他方で、ポートフォリオは一人一人の活動や学びのプロセスを捉えるという点から、この両者を集団―個別という枠組みで捉えられることもあります。

しかしながら重要なことは、ポートフォリオもドキュメンテーションも、単に記録をするだけ、収集するだけではなく、その記録を行う過程において、幼児や児童と対話し、学びのプロセスを確認することが求められていることに注意しておかねばなりません。

また、ポートフォリオと同じく、子ども一人一人の学びのプロセスを記録するものとしてラーニングストーリー（Learning Story）と呼ばれるものがあります。これは、ニュージーランドの実践で用いられるものであり、一人一人の学びのプロセスを記録していくものですが、本書では別に述べているためここでは割愛します（14章p.218参照）。

引用・参考文献
2）アレッサンドラ・ミラーニ『レッジョ・アプローチ』文藝春秋、2017年
3）請川滋大・高橋健介・相馬靖明・利根川彰博・中村章啓・小林明代『保育におけるドキュメンテーションの活用』ななみ書房、2016年

(3) エピソード（記述）

　記録としてのドキュメンテーションには、エピソードと呼ばれるものがあります。エピソードとは、保育の一場面を切り取り、文字化したものであり、具体的な子どものやりとりや活動などが描かれています。エピソードは古くから用いられている保育の場面を取り上げる方法ですが、近年ではエピソード記述として、鯨岡が紹介しています（鯨岡2005[4]）、鯨岡・鯨岡 2007[5]）。詳細はそれらの文献にあたっていただきたいのですが、大きな特徴として、エピソードの書き手である当事者の立ち位置が求められ、その場面で観察者である自分はどのように感じ、その場面をどのように読み取るのかという深い考察に基づくことが挙げられます。

(4) 指導要録・保育要録

　指導要録・保育要録とは、幼稚園園児指導要録・保育所児童保育要録・幼保連携型認定こども園園児指導要録のことであり、幼稚園・保育所・認定こども園から小学校へ幼児が就学する際に、小学校へと渡す一人一人の育ちの記録です。これも広い意味ではドキュメンテーションと捉えることができるでしょう。

　幼稚園では、学校教育法施行規則第24条に「その学校に在籍する児童等の指導要録を作成しなければならない」とあり、また「これを進学先の校長に送付しなければならない」と記載されています。また、保育所では、保育要録として、平成20年の保育所保育指針の改定から作成されるよう示されています。認定こども園においても同様であり、これらは就学前（教育・保育）施設から小学校へと幼児の育ちを伝えるための公的文書です。要録の記入に当たっては、これまでのドキュメンテーションに基づき、限られた言葉でその子の育ちを伝えていく力量が求められています。

(5) 実習日誌

　保育者になろうとする学生が必ず書くものであり、後述する学びを経験する最初のドキュメンテーションといえます。幼稚園教育実習、保育実習などは、保育者養成校の教育課程において、重要な位置付けとして示されており、実習日誌は、その中での学生の学びを裏付ける重要なドキュメンテーションです。

引用・参考文献
4）鯨岡俊『エピソード記述入門』東京大学出版会、2005年
5）鯨岡俊・鯨岡和子『保育のためのエピソード記述入門』ミネルヴァ書房、2007年

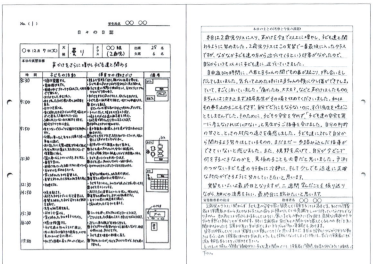

資料②
実習日誌（ある日の感想）

(6) その他

　ドキュメンテーションとして、近年では多くの園で、ホームページやブログをはじめとする、各種SNS（ソーシャル・ネットワーキング・サービス）の活用が行われています。園の行事や公的な連絡事項だけではなく、その行事の中での子どもの活動や遊びの姿、それらを通して園長や保育者の読み取りなどが記載されることで、園と保護者との情報共有となり得ます。

　以上、近年よく使用されている保育記録関連の用語を整理してみましたが、ここでは厳密に元の意味通りに使わなければならない、ということを主張しているのではありません。出自を知ることは大事ですが、それら記録としてのドキュメンテーションがどのように実践の中で活用されているのかを理解し、自身の保育や学びにおいて、ドキュメンテーションがどう意義あるものとなっているのかが肝要です。

❷ なぜドキュメンテーションが注目されるのか

　では、ドキュメンテーションにはどのような意義があるのでしょうか。もちろん、保育実践の質を高めていく上で、ドキュメンテーションの役割は大きく、その意義はこれまでも幾度となく強調されてきました。

　幼稚園教育要領には、第1章第4幼児理解に基づいた評価の実施(2)「指導の過程を振り返りながら幼児の理解を進め、幼児一人一人のよさや可能性などを把握し、指導の改善に生かすようにする」とあり、同様に保育所保育指針にも、保育内容等の評価として「保育士等は、

保育の計画や保育の記録を通して、自らの保育実践を振り返り、自己評価することを通して、その専門性の向上や保育実践の改善に努めなければならない」と記されています。これらは、いわゆる保育実践へのPDCAサイクルであり、保育計画（Plan）から実践（Do）、記録（Check）、振り返り（Action）の一連の流れで保育実践を行うことの意義が述べられています。このような記録からの振り返りは、幼児理解を深め、促すものとして、いくつかのテキストで紹介されています（小田・中坪　2010[6]、吉田・水田・生田、2018[7]）など）。

　とくに2017年（平成29年）の幼稚園教育要領、保育所保育指針、認定こども園教育・保育要領の改訂（改定）では、いわゆる幼児期の教育の部分が共有化され、小学校への接続として、「幼児期の終わりまでに育ってほしい10の姿」が盛り込まれました。同時に、幼児期から小・中・高等学校までを一貫した「資質・能力」という言葉で共通化したことで、就学前と小学校との教育カリキュラムのギャップの解消が図られています。

　要領・指針等に示される資質・能力という言葉には、①知識及び技能の基礎、②思考力、判断力、表現力等の基礎、③学びに向かう力、人間性等、という３つが内包されています。なお、小学校学習指導要領では①知識及び技能、②思考力、判断力、表現力等、③学びに向かう力、人間性等、と示されています。これらを簡単にまとめるのであれば、資質・能力では、子どもの「やりたい」という思いを土台とし（学びに向かう力、人間性等）、何かを「わかる」「知っている」ことを踏まえて（知識及び技能）、日常の生活の中で「使える」ということまでを育てていく（思考力・判断力・表現力等）という意味に捉えることができます。

　この2017年の要領・指針の改訂（改定）を踏まえると、子どもの「やりたい」という思いや、「使える」という日常生活での活用ということを可視化する必要があります。そこには、例えば子どもが「あいうえお」を知っている、書ける、というだけではなく、また、上手に絵が書ける、絵の具が使えるという子どもの活動の成果だけでもありません。このような「何ができるか」だけに着目していては不十分であるということです。子どもの製作物やでき上がった上手な劇を「見せる」のではなく、そこで子ども自身が感じ、考え、試行錯誤や葛藤したりしつつ、成功したり失敗したりするプロセスを提示することが求められているのです。つまり、「（子どもの成果を）見せる」ことから「（子どもの活動が）見える」ことが求められています。

　2017年（平成29年）の要領・指針の改訂（改定）は、「資質・能力」や「10の姿」が入ったこと、幼児期から小・中学校まで一貫した教育課程としたことから、1990年（平成元年）に次ぐ大きな改訂と考えられますが、その中で求められていることは保育の質を高めていくために、これまで以上にドキュメンテーションを活用することなのです。

引用・参考文献

６）小田豊・中坪史典『幼児理解から始まる保育・幼児教育方法』建帛社、2010年
７）吉田貴子・水田聖一・生田貞子『保育の原理』福村出版、2018年

5章 保育においてドキュメンテーションを用いることの意義

2 保育者にとってのドキュメンテーション

　第2節では、保育者にとって保育ドキュメンテーションがどのように機能するのか、その意味を押さえていきます。そしてその機能は「わかる」「深める・深まる」「振り返る」「話し合う」という以下の4つの視点から捉えることができます。

❶ わかる：保育者の成長への寄与

　保育者にとって、ドキュメンテーションには「わかる」という機能があります。これは、そのときそのときの保育の場面における自身の保育者としての行為の是非や、子どもの行為の意味を捉えることです。
　例えば、保育実習での場面を想定してみましょう。次のエピソードは、保育者養成校3年生Aさんが初めての保育実習（保育所）に行った際の2日目の実習日誌です。

エピソード1　Aさんの保育実習（保育所）2日目より

　今日は実習2日目で、4歳児クラスの観察実習をさせていただきました。4歳になると、身のまわりの生活への関心が高まるため、時計の長い針の指す方向を見て活動時間を区切ることができるようになるとわかりました。また、ある程度自分のつくりたいイメージをもって製作を楽しむことができるようになるので、ブロックでロボットや船をつくっている子がいたのが印象的でした。

　Aさんは、養成校における発達心理学などの授業の中で4歳児の発達については学んできています。さらに具体的に実習の中で4歳児クラスに入り、保育活動の中で、4歳児なりの数量概念の発達が具体的にどのような姿として現れているのかをここで実例として、より実感として学ぶことができています。
　そして、この気づきは、1日の実習が終わり、1日の実習を日誌にまとめていく中で生まれてきて

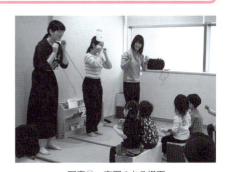

写真①　実習のある場面

います。保育実習日誌も、広い意味ではドキュメンテーションの一つです。保育者養成校の学生にとって、実習日誌をまとめることの意義はここにあるといえます。

実習生であれば、毎日丁寧に記録をとることが重要ですが、実際に働き始めると、必ずしも毎日、実習日誌のようなドキュメンテーションを書けるわけではないかもしれません。しかし、簡単なものでも構わないので、記録をとることで、一日を振り返り、その場その場では気づくことができなかったことが「わかる」ことがあるでしょう。

❷ 深める・深まる：子ども理解の進化と深化

　第二の機能としては、保育者の子どもに対する理解が「深める・深まる」ことです。小学校や中学校での授業は、その時間内に児童が学習すべき内容が定まっており、教師は児童が学習内容をきちんと達成できるように、学習指導案などに基づき授業を構成していくことが求められています。しかし、保育の文脈においては、必ずしも、その日、そのときに学ばなければならないものは存在しません。その点において、小学校以上の学習と異なり、保育では、子どもの興味や関心がどうなっているのかをふまえた上で、保育者がそこで充実させたいことを考えながら計画を行っていく必要があります。そのためにこそ、子ども理解がもっとも重要であり、幼児理解を支えるドキュメンテーションが必要となります。

　ドキュメンテーションに基づいて子ども理解を行うことで、保育を行っていたその場面で感じていたことよりも、「深まる」ことや「深める」ことが可能になるのです。

　例えば、次の写真に基づいた記録を見てみましょう。

エピソード2　A幼稚園での積み木遊びの記録

　積み木遊びの中で、みんなで高い塔をつくっている。
　女の子「もうやめようよー　倒れちゃうよ」
　男の子「まだー」
　積み木をいくつか積み重ね、最後にはバランスが崩れて塔が倒れてしまう。

　このドキュメンテーションを用いて、A幼稚園では、このときの遊びの状況について話し合いを行いました。この場面では、多くの子が積み木で遊ぶときに高く積み重ねていく遊びを楽しむ姿が読み取れますが、同時に、積み重ねていくことに対して、途中でやめて完成させたい女の子の思いと、積み重ねることにチャレンジしていきたい男の子の思いとが読み取れることでしょう。

　このドキュメンテーションを用いて、保育者間で話し合うことにより、同じ積み木遊びの中でも、それぞれ一人一人の違った思いがあることが明らかになりました。これは、ドキュメンテーションを上手く活用することで、遊びに対する保育者の理解が深まった例といえます。

写真②　積み木遊び

以上のように、ドキュメンテーションから、保育者がそれまで感じていた子どもへの理解が、深まっていくことがわかるでしょう。このようなドキュメンテーションにおける子ども理解について、岡田ら（2008）[8]は、「確認」「疑問」「書き加え」「書き換え」という４つの理解によって、深まることを述べています。

３ 振り返る：ドキュメンテーションから保育実践への還元

　第１節でREにおけるドキュメンテーションを解説しましたが、保育におけるドキュメンテーションでは、その記録に基づき、振り返ることで、次の日からの保育を計画していくことが必要です。
　振り返る（反省・省察）とは、実践的な知識の蓄積のことです。このような専門家としての在り方を反省的実践家と呼びます（ショーン、2007）[9]。日々の保育の中で生起した出来事を想起的に振り返ることで、よりよい関わり方や保育内容、環境構成などについて検討するのです。
　この振り返りを支えるものとして、ドキュメンテーションが機能します。次のエピソードは、エピソード１と同じく、Ａさんの保育実習日誌からです。

エピソード３　保育実習（保育所）10日目より

（Ａさんの記録）
　活動として行った小麦粘土は、様々な色があってそれを手指で混ぜ合わせることによって保育のねらいにつなげる予定でしたが、感触だけでなく色について子どもに問いかけたり、「何味かな？」と質問したり等、手指の運動機能を高めることが一番のねらいではなくなってしまったように感じました。もっと具体的に子どもに何を学んでほしいのか、何を身に付けてほしいのか考えておくべきだったと痛感しました。また、小麦粘土を配る際の配慮やより遊びを展開させる声かけが欠けていました。早く終わってもう満足した子がいたので急いでアイスクリームボックスを出したのですが、もっと子ども達がワクワクするような出し方やタイミングの工夫ができるところだったと思いました。

（実習指導者のコメント）
　小麦粘土ですが、混色するには、やや固かったようですね。その代わり、丸めたり、ちぎったり、伸ばしたり…と声をかけさせていただきました。少しでもねらいが達成できるように活動中の声かけを色々と工夫できるようになるといいですね。活動自体は楽しかったので午後のアイスクリーム屋さんごっこへとつながり、よかったと思います。

　このようにＡさんは実際の小麦粉粘土の活動の中で、計画で想定していたことよりも、実際の言葉がけや活動の展開について、十分ではなかったことを振り返っています。この日誌

引用・参考文献
8）岡田たつみ・中坪史典「幼児理解のプロセス」『保育学研究』46（2）、2008年、pp.169-178.
9）ドナルド・A・ショーン『省察的実践とは何か』鳳書房、2007年

による気づきの中で、保育者としてより適切な実践的知識の蓄積が起こります。また、そういった気づきは必ずしも一人だけで行われるものではありません。実習日誌の指導者コメントにあるように、アドバイスを参考にして異なる展開の可能性などを振り返ることで有益な学びとなり得るでしょう。

❹ 話し合う：職員集団の成長への役割

　第3項で示した「振り返る」ことは、必ずしも一人だけで行うものではなく、むしろ、複数で行うことで、よりよい振り返りとなります。一人で振り返ることによる実践的知識の蓄積には限界がありますが、複数の保育者がそれぞれの意見について話し合うことで、自分だけでは得られない視点からの気づきが現れ、それが共有されることで全体の学びとなります。

　これまで示してきた「わかる」「深める・深まる」「振り返る」ことをより確実に、効果的に行うことができるのは、保育者同士で「話し合う」ことで多面的な学びを得ることができるからです（先述したエピソード2も話し合うことで深まる例です）。具体的にどのように話し合うのがよいのでしょうか。話し合いをもつ時間や内容については、必ずしも決まったものがあるわけではなく、園のそれぞれの状況に応じて多様になっています。

　どのように話し合うかでは、中坪（2018）が参考になります。中坪は、園内研修で話し合いを行うために、表①のような7つの習慣を挙げています。

　このような7つの習慣を意識しながら、話し合うための材料として、ドキュメンテーションが活用されています。それは、エピソードでも、写真でも、ビデオでもなんでも構いません。その場面に対して、多様な意見が出され、子ども理解と保育の展開についての新しい見方や考え方が多声的に生成されることが大事となります。

　以上のように、ドキュメンテーションがもつ保育者に与える様々な機能についてみてきました。しかし、ドキュメンテーションとは、必ずしも保育者のためだけのものではありません。それは子どもにとっても同じように重要なものなのです。

表①　話し合いのための7つの習慣

第1の習慣	多様な意見を認め合おう
第2の習慣	安心感を高めよう
第3の習慣	個別・具体的な事例をもとに話し合おう
第4の習慣	感情交流を基盤に語り合おう
第5の習慣	コミュニケーションを促そう
第6の習慣	園長や主任は保育者の強みや持ち味を引きだそう
第7の習慣	園長や主任はファシリテーターになろう

（中坪史典編著『「協働型」園内研修をデザインする』ミネルヴァ書房、2018年）

5章 保育においてドキュメンテーションを用いることの意義

3 子どもにとってのドキュメンテーション

❶ 昨日までの遊びから今日の遊びへ

　子どもにとってドキュメンテーションとは、どのような意味があるのでしょうか。一つには、自分たちの活動を振り返ることができることが挙げられます。筆者が経験したエピソードを紹介します。

エピソード1　霜柱探し隊（5歳児）

　ある冬の朝、子ども達と一緒に霜柱を探すことがブームとなっていた。霜柱を探す中で、それを写真に収めていく。
　次の日、霜柱の写真を大きく拡大して、子ども達の目に止まる場所に飾っておいた。
　子ども達からは、「すごいー」という声が上がっていた。

　このエピソードでは、霜柱を探すという活動から、ドキュメンテーションとしてそれまで探した霜柱の写真を大きく掲示することで、子どもにとって、新しい刺激となっています。その刺激が基となり、その後、霜柱の絵を書くという次の新しい活動につながっていきました。
　しかし、また、その逆もありえるのです。次のエピソードも筆者がある保育園で観察した出来事です。

写真①　霜柱

エピソード2　積み木遊び（4歳児）

　部屋で積み木を使って遊んでいる。お昼も近くなり、片づけをしなければならないのだが、子ども達の積み木遊びは止まらない。先生は、各グループに回って片づけるように声をかけるのだが、スムーズにいかない。そこで、先生は、デジタルカメラを持ってきて、出来上がった積み木の作品と一緒に写真を撮ることで、子ども達の活動の区切りとなり、積み木を片づけていった。

　この事例では、写真という記録する行為（ドキュメンテーション）が、子ども達の積み木遊びの一つの区切りとなっています。これは、ドキュメンテーションとしてまとめられることで、終わりのない遊びである積み木遊びの区切りとなったのです。

このように、ドキュメンテーションを保育の活動に用いることは、前日までの子どもの遊びから、次の日の遊びへとつなげていったり、その逆に、ある遊びの一つの区切りとして活用したりすることもできるのです。

❷ ものの見方が変わる

　また、単に遊びの区切りとなるだけではありません。子ども達にドキュメンテーションを示すことで、子ども達の新たな発見に結びついていく場合があります。

　例えば、次の写真のドキュメンテーションを見てみましょう。

写真②　戦いをイメージしたお城　写真③　いろいろ備えた豪華なお城

エピソード 3　戦うためのお城（4歳児、写真②）

　積み木での遊びの中で、Fくんがお城をつくる。
　F：○○のお城。門があり、そこで敵をつぶすんだ。

　つくったお城は、1箇所だけ出入り口が開いている。

エピソード 4　豪華なお城（4歳児、写真③）

　G：お城で、左に王様が住んでいるの。
　高い塔は、エレベーターで上って、宇宙人がやってきたら、ここからビームを出す。
　こっち（右の平たいところ）はお風呂。

　エピソード3と4は両方とも積み木遊びでの写真です。FくんとGくんとは、それぞれお城をつくっているのですが、つくられているお城はずいぶんと異なっています。Fくんのお城は、映画に出てくる攻城戦を行う城壁イメージであるのに対して、Gくんのお城は、豪華な宮殿のようなお城をイメージしているようです。

　このようなお城へのイメージの違いは、このドキュメンテーションをまとめ、掲示するなどして、子どもが見合うようにできれば、保育者だけではなく、子ども同士もまた相互に気づくことができ、お城といっても子ども一人一人のイメージによって、様々なものがあることに気づけるでしょう。

　このように、ドキュメンテーションとは子どもにも開示されることで、子ども自身の活動の振り返りや、気づきにも有効なものとなり得るのです。

5章 保育においてドキュメンテーションを用いることの意義

4 保護者や地域にとってのドキュメンテーション

❶ 園と保護者をつなげる

　これまで、ドキュメンテーションによる保育者への機能、子どもへの機能を見てきましたが、当然、保護者にとってもこれらのドキュメンテーションは意義深いものです。しかし、園から保護者へ伝えられる情報とは、実に様々なものがあります。例えば、図①を見てみましょう。

　図①では、園と保護者とをつなぐ情報提供の媒体の違いを表しています。縦軸に「情報の量」を、横軸に「対象として個人か集団か」という項目で設定しています。そうすると、①保護者一人一人が保育の状況を知ることができる「個別―情報共有型」、②全体に対して園の公的な情報を伝える「集団―公的情報型」、③それぞれの保護者とやりとりをし、一人一人の育ちを伝えたり、家庭での情報を得たりすることができる「個別―情報やりとり型」、④クラス全体に対して周知したい情報を伝える「集団―情報伝達型」、という4つの型に分けられることがわかります。

　これらも広い意味では、ドキュメンテーションとして捉えてもかまいません。しかし、本書で述べているドキュメンテーションとは、これらの情報を伝えるものとは、もう少し違う点に力点を置いています。

　それは、対象は一人一人の子どもでも、集団でも構いませんが、そこでの活動のプロセス

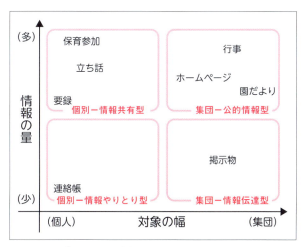

図① 園から保護者への様々な情報提供のタイプ

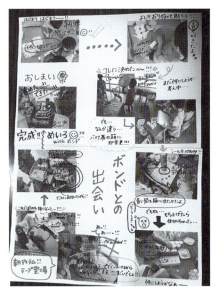

写真① 子どもの遊びのプロセスを記録したドキュメンテーション

が見えるという「見える化」を意識していることです。

例えば、次のドキュメンテーションを見てみましょう。写真①はある幼稚園で作成されたドキュメンテーションです。ここでは、廃材遊びの場面での男の子たちの活動を取り上げていますが、大事なことは、何をつくったかではなく、どのようにつくっていたのか、そこでの試行錯誤の取り組みに着目している点です。

できたか、できないか、上手にできたかどうか、だけではなく、何がわかっているのか、どのようにつくったのか、そこでの失敗や成功は何だったのか、一人一人の制作に対するイメージや発想、また、試行錯誤の様子などを記録していくこと、その子どもの遊びの中でのプロセスをドキュメンテーションとすることで、保護者に一人一人の育ちを伝えることができます。1節でも述べましたが、「子どもの活動を見える化」し、保護者に伝えていくことが大事です。

② 園と地域をつなげる

前頁の図①でも見たように、これまで園と保護者とをつなげるドキュメンテーションの主流としては、園だよりや連絡帳などでした。しかし、近年では、それらに加えてホームページを活用することも多くなりました。どれくらいの園が独自のホームページを開設しているかは、必ずしも明らかではありませんが、ほとんどの幼稚園や保育所、認定こども園等の住所や電話番号、その他基本的な情報は、各市町村のホームページに挙げられています。また、園独自のホームページを所有している割合もかなり高いと感じられます。

これらホームページに、子どもの活動や日々の保育を掲載し、ドキュメンテーションとして、自園の取り組みを広げることができるでしょう。幼稚園では、独自に園の行事や生活を通して子どもの様子を報告しているという調査結果もあります（辻谷ら　2017)[10]。

ホームページにドキュメンテーションとして子どもの姿を掲載することは、自園の取り組みを広く周知すること、それを保護者だけではなく、地域の住民や保育者養成校の学生に伝え、知ってもらえることができる点で意義があります。

引用文献

10) 辻谷真知子・秋田喜代美・砂上史子・高木恭子・中坪史典・箕輪潤子「幼稚園ホームページの記述スタイル：子どもの姿を描く、常設の項目と更新する項目に着目して」『国際幼児教育研究』Vol.24、2017年、pp.73-88.

しかし、園だよりや連絡帳と異なり、基本的には誰でも閲覧可能な広く世に情報を発信するためのものであるため、著作権や個人情報の取り扱い、保護者の同意などについて十分考慮し、責任をもつことが求められています。そのなかで多くの園は、保護者や地域に向けて、大事な子ども達の姿や記録を発信しているのです。
　ぜひ、自身の近くの幼稚園や保育園のホームページを検索し、どのような子どもの姿がドキュメンテーションとして掲載されているのかを確認してほしいものです。

　本章ではここまで、保育におけるドキュメンテーションの意義について、保育者、子ども、保護者それぞれの視点で捉えてきました。
　ドキュメンテーションが保育者にとっては「わかる」「深める・深まる」「振り返る」「話し合う」という機能があることや、子どもにとっては、日々の遊びが継続していく契機となること、遊びなどへの認識を変えるものとなることでしょう。また保護者にとっては、情報伝達、とくに子どもの活動のプロセスを「見える化」したものとして、有効になることでしょう。
　近年では、ドキュメンテーションの一つとして、ホームページやソーシャルネットワークが活用されています。これらは、保護者との情報のやりとりが簡単にできたり、プロセスの可視化を行いやすいというメリットがあります。しかし、一方で、特に学生にとっては、これらを安易に使うことは注意をしなければなりません。
　子どもや保育者の写真を撮って、SNSに掲載することは、個人情報や肖像権の侵害につながる恐れがあるため、とくに注意が必要です。
　これらは必ずしもドキュメンテーションに限ったことではありませんが、保育の専門家である保育者として、適切な倫理観に基づき、ドキュメンテーションを保育に活用していくことが求められています。

（上田敏丈）

6章 保育においてドキュメンテーションを作成する視点

1 保育を観察し記録する視点とは

❶ 観察・記録の視点

　保育者はただ子どもと関わっているわけではありません。関わりながら子どもを観察し、様々な視点でその子を捉え記録しています。子ども一人一人のよりよい成長・発達を援助していくためには、以下に挙げるような複数の視点をもってドキュメンテーションを作成することが求められます。

(1) 子どもの気持ちや思いを捉える

　子どもがどのようなことを感じているか、その状況、行動、気持ちなどに寄り添い、共感的に理解する視点です。その子が何を楽しいと感じているのか、何が不安で、嫌だと感じているのか、子どもの立場から考えていきます。子どもの状況に応じてどうしたらもっと一緒に楽しい遊びを展開することができるのか、不安や嫌だと感じている気持ちを少しでも減らしていけるのかなど、子どもの気持ちや思いに寄り添うことが求められます。

(2) 客観的に捉える

　子どもの発達や生活の様子、及び周囲の環境を客観的に捉える視点です。全身の運動発達、手指の器用さ、言葉や文字、数字への理解度、友達との関係性など、子どもの育ちを客観的に観察し記録する視点も大切です。このような視点をもつことで、保育者間や家庭との連携の際、子どもの育ちをわかりやすく伝えることができます。ただし、客観的に捉えるといっても、"できる"、"できな

い"といったことのみに焦点を当てるのではなく、"どうして""どのように"といった視点をもつことが大切です。

(3) 自己・人・ものといった関係性を捉える

子どもたちは友達、保護者、保育者などの様々な「人」や、遊具や素材といった「もの」に出会い成長していきます。そういった「人」との人間関係はもちろんのこと、いつも電車に夢中になって遊んでいる子、お気に入りのぬいぐるみがある子など、「もの」と子どもの間の関係性を捉えることも重要です。子どもが「人」や「もの」とどのような関係を結んでいるか、ときには停滞しているかなど、子どもにとって関係がどのような意味をもっているのか捉えていく視点が大切です。

(4) 過去・現在・未来といった時間の流れを見通す

子どもの成長・発達を考える際に、過去・現在・未来といった時間の流れを見通す視点は重要です。このような視点で記録を作成することで、現在から過去を振り返ってどのような変化があるのか、過去のどのような経験が現在の子どもの姿につながっているのか考えることができます。さらに現在から未来を見据えてこの先どのような子どもに育ってほしいのか、そのためにはどのような経験や支援が必要なのか考えることもできます。現在の記録が過去や未来につながっていることを理解すると、5章のドキュメンテーションの意義で示したように、自分だけの記録ではなく、他者と共有する記録の大切さを意識できるはずです。

❷ 何を観察・記録するのか構造的に把握する

ここでは、記録・観察する視点を構造的に捉えるために、次頁の図①では保育の事象を"集団−個人"の軸及び"見える−見えない"といった軸をもとに分類しました。なぜこのような分類を示したかというと、実際の保育の場では、個人に対しても集団に対しても、目に見えるわかりやすい行動や態度、役割といったものを観察、記録しがちだからです。しかし、保育の場では目に見える事象だけを記録することが求められるわけではありません。むしろ、その背景にある"見えにくい"、"見えない"子どもの気持ちや思いを意識して記録することが重要となります。さらには記録する中で、自分達がどのような価値観で集団を捉えているか、また、どのような雰囲気を集団の中で保育者がつくり出しているかを意識するこ

1 保育を観察し記録する視点とは 111

とも大切です。なぜなら、これら集団の見えない価値観や雰囲気は子どもや親に伝わりやすいためです。

日本の保育の黎明期を支えた倉橋惣三の著書『育ての心』に次のような文章があります。子どものいたずらという一見問題行動が生じても、その背景にある"見えない"子どもの気持ちに思いをはせる保育者の姿が語られています。そして、「教育の前に、まず子どもに引きつけられてこそ、子どもへ即（つ）くというものである」とし、子どもに寄り添うことが求められるという保育（集団）の価値観が述べられています[1]。

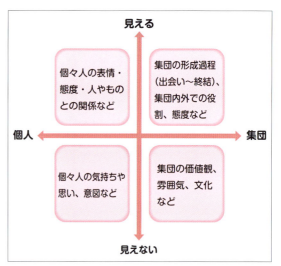

図① 観察・記録する事象の構造的な把握（著者作成）

> **ひきつけられて**
>
> 　子どもがいたずらをしている。その一生懸命さに引きつけられて、止めるのを忘れている人。気がついて止めてみたが、またすぐに始めた。そんなに面白いのか、なるほど、子どもとしてはさぞ面白かろうと、識らず識らず引きつけられて、ほほえみながら、叱るのをも忘れている人。
>
> 　（中略）
>
> 　それだけでは教育になるまい。しかし、教育の前に、先ず子どもに引きつけられてこそ、子どもへ即（つ）くというものである。子どもにとってうれしい人とは、こういう先生をいうのであろう。側から見ていてもうれしい光景である。

このように保育者の観察・記録は、"個人−集団"、"見える−見えない"といった構造的な視点から考えることが重要です。しかし、レッジョ・エミリアの実践など海外から取り入れた保育におけるドキュメンテーションは、写真などを利用するため、いわゆる"見える"ことを強調してきたのではないでしょうか。もちろん記録によって保育が"見える"ようになることは重要なことですが、"見えない"部分を意識しそれを融合させてドキュメンテーションを作成することに本来の意義があると考えられます。

引用文献

1) 倉橋惣三 著、津守真・森上史朗 編『「育ての心（上）」倉橋惣三文庫③』フレーベル館、2008年、p.36

6章 保育においてドキュメンテーションを作成する視点

2 保育の場面ごとにみる観察・記録のポイント

　保育者はどんなことに着目しながら子どもを観察し記録を作成しているのでしょうか。ここでは、具体的な保育の場面を挙げながら観察・記録にとって重要となるポイントをまとめていきます。

1 登園の場面

エピソード1　大好きなぬいぐるみ（0歳児）

　0歳クラスのAちゃんがお母さんに抱っこされて登園してきました。先週まで熱で休んでいたAちゃん。「おはようございます。Aちゃんおはよう。元気になったかな？」と保育者がAちゃんを迎えに行き挨拶をすると、お母さんが「土曜日の午後には熱が下がって、日曜日はご飯もよく食べられました」と教えてくれました。顔色もよく、笑顔で抱っこされているAちゃんの姿に保育者も一安心。ところが、いざお母さんと別れるときになるとAちゃんは泣き出してしまいました。そんなAちゃんの様子を見たSちゃんが、ぬいぐるみの棚からAちゃんの好きなうさぎのぬいぐるみを持ってきてくれました。「そうだよね、保育園久しぶりだもんね。あ！　Aちゃん、Sちゃんがうさぎさんのぬいぐるみ持ってきてくれたよ」とSちゃんから受け取ってAちゃんに渡すと、ぎゅっとうさぎを抱いて泣き止みました。
　（Aちゃんはこの後、保育者に抱っこされ、お母さんに笑顔で手を振ることができました。）

　上記のエピソードでは、保育者は「先週まで熱で休んでいた」というAちゃんの状況から、受け入れ時に母親から休みの間の体調を聞くとともに、顔色や機嫌を観察しています。また、Aちゃんは体調こそ戻っているような様子でしたが、母親と別れるときになると泣き出してしまったことから、保育者は、「久々の登園で、お母さんと離れがたい。不安である」気持ちを感じ取っています。そして、Sちゃんの思いや行動の意味をぜひ記録したいものです。また、Aちゃんにとって何が自分と園や友達をつなぐものになっているかに思いを巡らせてみましょう。

エピソード 2　子ども同士の関係の広がり（3・4歳児）

　登園時、親子の数だけ、それぞれの親子の「いってきまーす」の朝のルール（儀式）があります。玄関での親子でじゃんけんをして「勝った！」「負けた◊」を楽しんだ後バイバイをする。別の親子は、玄関で「ぎゅー」してバイバイをする。「ぎゅー」してバイバイした後、ハイタッチをして別れるなど、親子それぞれです。

　保育者は、登園時、それぞれの親子の「いってきまーす」のルール（儀式）があることに気づくことがあります。そのときの子どもや保護者の表情や思いを観察して記録にとるようにしましょう。朝の子どもの心身の状態をきめ細かく確認し、職員間で連携を図り共通理解をすることが大切です。そして、保育者も親子に親しみをもって挨拶するなどして温かく園に迎え、家庭生活から園生活にスムーズに移行できるようにしましょう。

エピソード 3　保護者から離れられない子ども（3歳児）

　Aくんは、どうやら登園前に母親とのお約束を守れず、母親との関係がぎくしゃくしたままの状態で一緒に保育園に登園してきたようです。Aくんは納得した様子はなく「ママ行かないで」と泣いています。母親も仕事の時間があり、Aくんに「いい？　わかった？　じゃーね」と保育園を後にします。Aくんは泣きながら保育者のもとへ行きしばらく一緒に過ごします。

　登園前の家庭での様子は親子様々です。いつも笑顔で登園するとは限りません。そのような場合保育者は、保護者と離れた後の子どもの園での生活の様子をしっかりと記録し、降園時に伝えていくことが大切です。子どもがどのようにして気持ちを切り替えたのか、保護者に丁寧に伝えることで、保護者が家庭で子どもと関わる際のヒントを得られることもあります。

【登園の場面での観察・記録のポイント】
- 子どもの顔色や皮膚の状態（発疹など）、体温などの健康状態
- 子どもの表情や声の調子、機嫌などの情緒面
- 保護者から聞き取った家庭での食事や睡眠といった生活面の内容
- 子どもに対する保護者の態度
　（特に過度に厳しかったり、叱ることが多い場合は注意が必要）
- 話しかけた際の保護者の様子や態度
　（話したがらない様子や拒否的な態度が続く場合は注意が必要）
- 子どもの服装や臭いなどの衛生面
- 発育の遅れや傷やあざ、虫歯の多さなどといった子どもの身体の状態
　（虐待が疑われる場合もある）

2 生活習慣の場面

(1) 着替え（着脱）

エピソード4 自分でできるのに「やってー」と甘えてくる子ども（4歳児）

　いつもは、一人でどんどん着替えるBちゃんですが、この日は、ロッカーから着替えを出して自分で着替えようと準備まではしましたが、その後は、床に座り込んでぼーっと外を眺めています。「お着替えが終わったお友達からお昼の準備をしましょう」と声をかけてみても、まったくやる気が見られず、シャツを片手に持って「やってー」と言ってきます。

　子どもは日々の保育の中でいろいろな姿を見せるものです。"いつも"していることができなくなることもあります。このような場合、観察の視点として、子どもの表情からやりたくない気持ちを想像することや、他児との関係や保育者との関係が影響していないかなど、多面的な視点から子どもを理解することが求められます。また、以前の記録を見返すことでその理由がわかり、子どもに応じた関わりができる場合があります。さらに、子どもが次の活動に取り組めた場合は、保護者に子どもの成長を伝えたり、今後の保育の参考にしたりするためにも、その前向きな姿をぜひ書きとめておきましょう。

(2) 排泄（はいせつ）

エピソード5 「座ってトイレ」への憧れ（1歳児）

　その保育園の1歳児クラスではまだオムツの子もいれば、座ってトイレができる子など様々です。Uちゃんは、まだオムツをしています。いつものようにオムツを取り替えていると、Uちゃんがトイレの方を気にする様子に気づきました。そんなUちゃんに保育者はオムツを外して、新しいオムツをつける前に「Uちゃんも座ってきてみる？」と話しかけました。するとUちゃんはにこにこしながらトイレに腰かけに行き、実際にトイレでおしっこは出なかったものの、水を流して「でたー！」と言いながら戻ってきました。

　子どもの成長につれて、今までオムツで排泄をしていた子どもがトイレで排泄できるようになっていきます。その過程では、"今日はオムツがいい"など、子どもの心の揺れ動きがあります。このことは排泄も着替えでも同様です。オムツではなくパンツを履くことへ憧れる気持ち、失敗してしまったらどうしようという気持ちなど、子どもの気持ちによりそった関わりが大切です。また、そのような子どもの姿を家庭にも伝えることが求められます。

　排泄は、発達という視点以外にも、健康状態を知るためにも重要なものです。食事が進まなかったり、機嫌が悪かったりということの原因が、お腹の調子が悪いということもあります。とくに乳幼児は具体的な言葉で不調を訴えることができないので、保育者が便の状態を

記録し家庭に伝え、場合によっては通院をお願いすることもあります。

(3) 片づけ

> **エピソード 6** 片づけをすぐに行う子、なかなか進まない子どもそれぞれの姿（5歳児）
>
> 片づけの時間は、様々な子どもの姿を見ることができます。Cちゃんは積極的に片づけに取り組みスムーズに次の活動に進むことができます。Dちゃんは片づけが遊びになり、別の遊びを始めてしまいなかなか進みません。Eちゃんはふざけておしゃべりしてしまい、別のお部屋に行ってしまうといったようにです。

片づけなどの生活習慣は毎日の積み重ねが大切です。生活習慣の習得には、一人一人の子どもの様子をよく観察し、子どもの状態に応じてわかりやすく手順や方法を示す必要があります。このような関わりの中で子どもは達成感をもって取り組めるようになります。そのためには、保育者が過去の記録を見直して、子どもに急がせることなく、無理なく手順や方法を示せたかといった振り返りを行うことが大切です。また、子どもが変わった瞬間に出会えたときも記録するポイントとなります。子どもたちの変化を肯定的に捉えて記録をしましょう。さらに、生活習慣の習得は家庭生活との深く関係しています。保護者には、園生活の中で子どもが主体的に取り組んでいる様子や保育者の関わりの意図や思いを伝え、子どもの成長した姿を喜び合うことができるようにしたいものです。

【生活習慣の場面での観察・記録のポイント】
- 普段はできていること、身についていることの確認
- "いつも" していることができない場合の理由
  （例えば、本人の気持ちや他児との関係、保護者や保育者との関係が影響していないか考えてみる）
- 子どもの心が動くときやまわりの人に認められた瞬間の表情や態度
- 子どもが主体的に取り組む姿や、そのきっかけや理由
- 保育者が個別及び集団に向けて声かけした際の子どもたちの様子や態度
- 保護者から聞き取った家庭生活の内容

3 遊びの場面

(1) 室内遊び

エピソード7 「おはなだね」（1歳児）

園では1月ごろから進級に向け、進級先のクラスに遊びに行く機会を徐々に増やしていました。1歳4か月のMくんは、いつものお部屋にはないブロックのおもちゃが気になる様子。中でもお花型のブロックを見つけると、にこにこして見せに来てくれました。「わぁ、Mくん、素敵なの見つけたね。お花だね」と保育者が話しかけると、その言葉を聞いたMくんは自分の鼻を指さしにこにこ。「おはな」という響きから自分の鼻に思いが至ったのでしょう。「あ、そうだね。Mくんのお鼻だね」「じゃあMくんのお口はどこかな〜？」「じゃあ、頭！　頭はどこかな〜？」保育者の問いかけにいろいろと触って教えてくれるMくんなのでした。

いつもと違う環境では、いつもとは違う子どもの遊び・表情が見られることがあります。中には慣れない環境に不安そうな表情を浮かべる子どももいるので、丁寧に気持ちをくみ取りながら支えていくことが大切です。また、上記のエピソードで保育者は、Mくんが体の部分の名前をどれくらいわかっているのか遊びの中で観察していることがわかります。子どもとの遊びを楽しみながらも、関わりや観察を通して発達の状態や課題を捉え記録していくことが保育者には求められます。

エピソード8 好きな遊びで盛り上がる子どもたち（3歳〜5歳児）

お店屋さんごっこの準備をするため保育者は、3、4、5歳児の発達を考慮してクレヨン、ハサミ、画用紙、のり、セロハンなど、素材や道具を用意しました。また保育室のコーナーには、製作したものをそのまま置ける場所を設定するなど、子どもが安心して遊びを継続できる場所をつくりました。子どもたちはお寿司屋さんなどを開店させ、やりとりを楽しんでいます。

遊びでは環境構成がとても大切です。子どもが好きな遊びを見つけて生き生きと活動できるかは、環境によって変わってきます。このエピソードでは遊びのコーナーを設けて、遊びを発展させる年齢に応じた素材や遊具を用意しています。この場合、子どもの理解には、図や写真などを用いた環境図を作成し、子ども達がどの空間でどのように遊んだかを記録することが有効です。例えば、お寿司屋さんではどのようなやりとりがなされたかなど、遊びに取り組む生き生きとした姿や子ども同士で話し合う姿などを観察し、記録に残しましょう。

(2) 戸外遊び

> **エピソード 9** ダンゴムシ、かわいいね（2歳児）
>
> 　5月、園庭の隅の木陰でダンゴムシを見つけた保育者が「あ、ダンゴムシ見つけた！　見て見て〜」と子どもたちに見せに行きました。興味津々で「貸して〜」と手を出す子、興味はあるけれど触るのは怖がって手を引っ込める子など、反応は様々です。Rちゃんも最初は「怖い…」と言っていたのですが「大丈夫だよ。こうやってころころってすると、ほら、丸くなったでしょ？」と保育者がその様子を見せて、丸くなった状態のダンゴムシを「触ってみる？」と、そっと渡しました。手の中のダンゴムシをじっと見つめるRちゃん。やがて再びRちゃんの手の平でダンゴムシが動き出したのですが、Rちゃんは「くすぐったい…」とはにかんだ表情を見せた後、「ダンゴムシ、かわいいね」と、一言。先ほどまでの怖がる様子はすっかりなくなっていました。

　戸外遊びでは草花や砂、泥、水、昆虫など、室内遊びでは触れることが難しい様々な自然のものに出会います。子どもたちはそれらと五感で触れ合い、その体験は心の成長へつながっていきます。上記のエピソードでは、保育者はダンゴムシを怖がるRちゃんに対して、その生態を見せ、触れ合うきっかけをつくっています。Rちゃんは、実際に触ってみることで、怖い存在であったダンゴムシの捉え方が、かわいいという捉え方に変わっています。

> **エピソード 10** みんなで楽しく（3〜5歳児）
>
> 　園庭で3、4、5歳児の子ども達がしっぽとり鬼をして遊んでいます。しっぽを取られた子どもたちは、うれしそうに園庭の隅に設置された病院へ走っていきます。病院では医者さん役の保育者に対して、子どもが「しっぽつけて」とお願いしています。保育者は「2回目だね。頑張って」と声をかけながら、子ども達にしっぽをつけています。しっぽをつけてもらった子どもは、急いで園庭に戻り、またしっぽとり鬼に参加します。寒い冬、汗をかきながら繰り返ししっぽとり鬼を楽しむ子どもたちの姿がありました。

　3、4、5歳児は、人間関係が深まる時期です。友達と一緒に活動する楽しみを味わったり、共通の目的をもって活動したりするようになります。エピソードで示した「しっぽとり」に関しては、以前までの活動を記した記録を見返すと、3歳児はルールを守って楽しく遊ぶことはまだ難しいことがわかりました。そのため、園庭にお医者さんコーナーをつくり、保育者がお医者さんになって"しっぽ"をつけるという役割を担ったとのことでした。子どもの発達の姿や子どもたちの関係性を丁寧に記録していたからこそ生まれた保育者の工夫といえます。

エピソード 11　仲間に入れてくれない（3歳児・4歳児）

　おやつの後の遊びの時間。4歳児クラスのAちゃんが、3歳児クラスのKくん、Iちゃんと「わんちゃんごっこ」をして遊んでいました。どうやらAちゃんが飼い主、Kくんと、Iちゃんが Aちゃんのお家の犬役のようです。Aちゃんの後をKくん、Iちゃんが"わんちゃん"になってついて歩きお散歩を楽しんでいました。それを見た4歳クラスのOちゃんが「わたしも入れて！」とAちゃんに話しかけます。しかし、「ダメ！」とAちゃん。「なんで？　なんでダメなの？」とOちゃんが聞くも、応じず自分の遊びを続けようとしたAちゃんに、近くで見ていた保育者が「Aちゃん、なんでダメなの？って聞いてるよ。ちゃんと答えてあげないとOちゃんわからないよ」と話しかけました。「だって2匹も飼ってるのにもっと飼ったら大変なんだもん」とAちゃん。「なるほどね〜。それは確かに大変かもね。Oちゃん、わんちゃんだと大変みたいよ。わんちゃんの役がいいの？」と今度はOちゃんに聞いてみると「だっておやつの前にずーっとペットショップの人やってたんだもん。今度はわんちゃんがいいの」とのこと。

　上記のエピソードは、子ども同士の遊びの中での関係性を捉えたものです。3歳以上児は、人間関係が深まっていくとともに、「この子と遊びたい」など仲良しの遊びグループができていく時期であるともいえます。このエピソードのように遊びへの仲間入りでは、保育者も"どうしよう"と思うときがあります。そのような場面での保育者自身の思いもエピソードとともに記録しておくと、後々自身の保育を振り返り、省察していく際の助けとなります。

【遊びの場面での観察・記録のポイント】

○子ども一人一人の遊びへの取り組み
- 遊んでいるときの表情や態度
- 遊びに取り組む気持ちや思い
- 遊びのルールや役割の理解

○遊びにおける人間関係
- 遊びの中での子ども同士の関係性や関係の変化
- 子どもたちの遊びのルールや雰囲気

○遊びの内容
- 子どもたちが取り組んでいる遊びの内容
  （どのような遊びを楽しんでいるか、流行っている遊びなど）
- 遊びの流れ
  （遊びがどのように始まり、どのように終結したかなど）

○遊びの環境
- 子どもたちが興味や関心を示した素材、遊具、道具
  （あるいは興味を示さなかったものなど）
- 室内や室外における子どもたちの動きや動線

（↓次頁に続く）

○保育者の関わり
- 子どもとともに遊びを楽しむ保育者の姿
- 保育者が個別あるいは集団に向けて声かけした際の子どもたちの理解や態度
- 保育者の援助の意図や思い

4 食事の場面

エピソード 12　お友達と一緒に食事（1歳児）

　Nくん（1歳6か月）、Rくん（1歳4か月）は、普段から仲が良く、よく一緒に遊んでいます。食事のときも箱椅子に座り、同じテーブルで食べていました。Nくんはスプーンの練習を始めており、上手に自分ですくって食べることができています。Rくんは、まだ保育者の介助が中心ですが、スプーンですくって置いてあげると、自分で口に運ぶ様子もあります。

　その日は、初めて献立にブロッコリーの塩ゆでが出ました。「ブロッコリーっていうんだよ。おいしいよ」と、Rくんの口元に保育者がスプーンで運ぶも、イヤイヤと顔を背け食べようとしません。そんな中、Nくんが自分でブロッコリーを"ぱくっ！""すごい！　Nくん！　ブロッコリー食べられたね！」おいしそうに食べるNくんの様子と、保育者とのやりとりを見ていたRくん。その後すぐにRくんも自分でブロッコリーの乗ったスプーンを口元まで運び"ぱくっ！""わぁ！　Rくんも食べられたね」「おいしいね」二人ともブロッコリーを食べることができて、うれしそうに顔を見合わせていました。

　上記のエピソードでは、NくんもRくんもスプーンを使い始めていますが、保育者はそれぞれのスプーンの使い方を観察し、一人一人に応じて援助の仕方を変えています。また、普段からよく遊んでいるNくんとRくん。初めは嫌がっていたブロッコリーを仲良しのNくんがおいしそうに食べている様子に影響され、Rくんも食べることができています。単なる好き嫌いだけでなく、一緒に食べる子どもたちの関係性も食事に大きく影響していることがわかります。食事の場面でも多面的な視点をもちながら観察・記録することが重要になります。

エピソード 13　みんなで食べよう、もぐもぐタイム（5歳児）

　ある保育園の5歳児クラスでは、食べ始めの時間が一番集中して食べることができるため、まわりのお友達とおしゃべりをせず静かに食事をいただく、5分間のもぐもぐタイムを設定しています。5分経過後、保育者は子ども達のグループテーブルを回り、子ども達の食事の進み具合を見てほめたり励ましたりします。その後の時間は楽しく食事をしています。

　上記のエピソードのようにクラスで食事に対する共通理解を図っている場合もあります。5歳児クラスの子ども達は、これまでの園生活を通して自分自身で静かに食事をいただくことの大切さを理解できるようになったようです。このように食事の計画的な実践のため、園

では食育計画が作成されています。計画を実践し評価、改善していくためには保育者の記録を生かすことが欠かせません。

他方で、体調不良の子どもや食物アレルギーである子ども、障害のある子どもへの対応など、個別の対応を必要とする子どもに対しても職員間での共通理解が重要です。記録をもとに職員間で共通理解をし、適切な配慮を行う必要があります。

【食事の際の観察・記録のポイント】
- 食事を準備する際の様子(手を洗う、食器を並べる、食べるまで待つ様子など)
- 味や形、香り、名前など食べ物への興味や関心
- 子どもの食べるペースやその変化
- 初めて口にするもの、苦手なものがなどあるときは、それらを食べた際の様子
- 食事中の子ども同士の人間関係の取り方や関係の変化
- 食物アレルギーや障害のある子どもなど、特別な配慮が必要な子どもの様子
- 子どもとともに食事を楽しむ保育者の姿
- 保育者が個別及び集団に向けて声かけした際の子どもたちの理解や態度

5 午睡の場面

エピソード14 「みんながどんな風に寝てるのか、見に行ってみない?」(2歳児)

　4月。2歳から保育園に入園し、初めての集団生活にとまどうMちゃん。昼寝の時間になっても、なかなかみんなが眠っている場で一緒に布団に入ることが難しく、別の場所で非常勤保育者が一対一でついている状況でした。

　「お昼寝の時間だよ」と言われても、それがどんなものなのか想像がつかないから嫌なのではないかと考えた保育者は、「ねぇ、Mちゃん、今日はみんながどんな風に寝ているのか見に行ってみない?」と誘いました。するとMちゃんも少し考え「うん!」との返事。静かにほかの子どもたちが寝ている場に行くと、ほかの保育者の先生たちが子どもたちの背中をトントンとしながら寝かしつけをしていました。それを見たMちゃんも、そっと先生の真似をしてお友達をトントン。トントンしてもらったお友達もうれしそうな表情。あとでMちゃんに「ね、お昼寝って怖くなさそうでしょ?」と聞くと、「うん」と笑顔を見せていました。

　入眠の際、保育者が側にいてトントンしてもらうことで安心できる子ども、逆に一人の方がよく眠れる子どもなど様々です。そのような子どもの特性を捉えながら、どうしたらより質の良い睡眠がとれるか検討し観察・記録していきましょう。十分な睡眠は、午後の活動やケガの防止にもつながっていきます。また、乳幼児突然死症候群などの午睡中の事故を防止するためにも寝ている間の観察が重要になります。

　上記のエピソードでは、「お昼寝いやだ」というMちゃんに対し、保育者はどうして嫌だと感じるのか考えています。そして、集団生活が初めてということから「想像がつかないか

ら怖いのではないか」と思いつき、「今日はみんながどんな風に寝ているのか見に行ってみよう」と誘っています。みんなが寝ている場所で一緒に眠るという目標を視野に入れつつも、「まずはお昼寝を知る」という小さなステップから始めています。

【午睡の際の観察・記録のポイント】

- 午睡の準備の様子
- 午睡に向かうまでの子どもの様子
- 布団に入ってから入眠するまでの子どもの様子
    (保育者・友達との関わりなど)
- 寝る際の姿勢
- 入眠するまでの時間、睡眠時間、眠りの深さ
    (物音などへの反応)
- 落ち着いて眠ることができない、途中で起きてしまった場合はその原因
- 起床時の機嫌
- 睡眠時の体調変化
    (呼吸観察、顔色、布団が顔にかかっていないかなど)

6 降園の場面

エピソード 15　噛みつきが起きてしまったことを謝罪(2歳児)

　2歳児クラスではAちゃんが使っていた玩具をHくんが取ろうとしてしまい、二人で玩具の取り合いになった末、HくんはAちゃんに噛みつかれてしまいました。その日のお迎えの際、「お母さん申し訳ありません。今日おもちゃの取り合いになってしまい、ここをお友達に噛まれてしまって。すぐに冷やしてワセリンを塗って、だいぶ跡は消えたのですが、お風呂など入って体が温まると後から浮き出てくるかもしれません。すぐに止められず、Hくんにも痛い思いをさせてしまい申し訳ありませんでした。」と謝罪。傷を確認しながらお母さんは「あぁ、そうですか…　今って、そういうの多い時期なんですかね？」と心配そうな表情でした。

　安全面には十分に配慮して保育を行っていても、すべてのケガや子ども同士のトラブルを防ぐことはなかなか難しいものです。そういった場合は降園時、保護者の方にどのような状況で子どもがケガをしたか説明し謝罪をします。子どもとの関係性だけでなく、保護者との関係性も日々の積み重ねの中で培っていくものです。保護者が園で過ごしている間に起きてしまった出来事をどのような様子で受け止めたのか、保育者とのやりとりの内容を記録し明日の保育につなげていくことが重要です。また、シフト勤務の場合は、明日の受け入れ時に担当してくれる保育者にも内容を伝え、切れ目のない保護者への対応を心がけましょう。

エピソード 16　明日へ気持ちをつなげる（5歳児）

　5歳児クラスではお手紙ごっこが流行っています。Aちゃんはお迎えが来ると、お母さんと一緒に降園の準備をし、その日Nくんからもらった手紙を見せながらうれしそうに話しています。そして再び遊びの場に戻り、Nくんに対して「Nくん、今日はお手紙くれてありがとうね！　お手紙の返事、明日書いてくるからね！」と言いました。Nくんも「うん」とうれしそうな様子。「じゃあね！」と言ってハイタッチをすると、Aちゃんは手を振ってお母さんの元へ戻り、元気よく降園していきました。

　園で友達や保育者と別れ、それぞれの家庭での生活に戻っていく降園の時間。年齢が上っていくとともに、連続した日々の中で「明日はこんな遊びをしよう」という思いを抱くようになっていきます。中にはブロックで作ったものを「明日も遊ぶからとっておいて」と、保育者に伝えて帰る子どももいます。そのような子どもたちの気持ちを捉え、遊びを保障していけるようにしましょう。

【降園の際の観察・記録のポイント】
- 他児や保育者との挨拶ややりとり
- その日の遊びに区切りをつけ、降園や明日の遊びへと気持ちを向けていく様子
- 子どもがなかなか帰りたがらないときの保護者の様子や対応
- 園での子どもの様子を伝えた際の保護者の様子や反応
- 園でのケガやトラブルを伝えた際の保護者の様子や受け止め方

（小原敏郎・松本佳代子・三輪穂奈美）

7章 保育ドキュメンテーションの作成・活用

1 ドキュメンテーションの作成・活用を支援するツール

　ここでは、ドキュメンテーションの作成・活用について、それを支援するツールの視点から考えます。最近の科学技術の進展は著しく、作成・活用を支援するツールのもつ可能性は大きく広がっています。ツールを適切に活用することで、ドキュメンテーションの作成が効率的になり、その活用の効果をより高くすることができます。実際の作成・活用にあたっては、6章で述べた観察・記録のポイントをふまえるとよいでしょう。

　ドキュメンテーションの作成・活用の過程は、より細かい複数の過程から成り立っています。作成・活用を支援するツールの視点から考えると、それぞれの過程で行う内容が異なっており、それに対応してツールに求められる機能も異なっています。そこで本章では、図①に示すように記録・評価・共有の三つの過程に分類して考えていくことにします。分類して考えることで、よりわかりやすくなると思います。

　なお本書では「記録＝保育ドキュメンテーション」と捉えており、「記録」という言葉は、先に説明した三つの過程のすべてを含んだ概念と捉えています。しかしながら、この7章で使う「記録」という言葉は、より狭い意味での「記録」を意味しており、文字通り保育の場面を「事実」として記録する過程を指しています。

図①　ドキュメンテーション作成・活用の三つの過程

❶ ドキュメンテーションの作成・活用の三つの過程

　右の表①は三つの過程が、それぞれどのような過程なのかまとめたものです。これから三つの過程に分類して考えていきますが、これら三つは相互に関連しており、厳密に区分できるものでもありません。あくまで、おおまかな分類と考えてください。また記録、評価、共有の順に説明していますが、それはドキュメンテーションの作成・活用の順序を示すものではありません。例えば、記録と評価の二つの過程が同時に進行する場合もありますし、一人の保育者における作成・活用では、共有がなされないこともあります。

三つの過程	どのような過程か
記　録 （狭義）	●保育の様々な場面を記録する。 　記録の対象には、子どもの姿、保育者の関わり、子どもが関わっている事物・事象、子どもを取り巻く環境などがある。そうした対象を、写真、音声、動画、文字などで記録する。記録と評価は表裏一体であり、何を記録をするかを選択する時点で記録者の視点が入っている。よって、両者を厳密に区別する必要はない。
評　価	●記録に基づき目的に応じた観点で評価する。 　どのような観点で評価を行うかで、評価内容が異なってくる。観点は、「幼児教育において育みたい子どもの資質・能力」、それを具体化した「幼児期の終わりまでに育ってほしい姿」、「各領域のねらい」などが考えられる。 　一人の評価者で評価を行う場合と、複数の評価者が協働で評価を行う場合がある。複数の評価者で評価を行う場合には、全員が同じ場所で同時に評価する同期型と、異なる時間や場所で評価を行う非同期型がある。
共　有	●評価結果を他者と共有する。 　評価した結果は、保育者間や、子ども、保護者や地域社会などと共有することが重要である。共有することで、保育をよりよくすることにつなげることができる。とくに保護者や地域社会など、保育に直接関わっていない第三者と共有する際には、わかりやすく相手に伝わるようにする必要がある。

表①　ドキュメンテーションの作成・活用の三つの過程

（1）記録

　記録は、保育の様々な場面を後に残していく過程です。記録する対象として、子どもの姿、保育者の関わり、子どもが関わっている事物・事象、子どもを取り巻く環境などが考えられます。そうした対象を、写真、音声、動画、文字といった情報にして記録していきます。記録と次に説明する評価は表裏一体のものであり、何を記録するかを取捨選択する時点で記録者の視点が入ります。よって、両者を厳密に区別しようとする必要はなく、できる限り事実を記録することを心がけるといった程度でかまいません。なお、写真、音声、動画、文字では、情報としての特性が異なっているため、評価や共有の過程での扱いが異なります。

（2）評価

　評価は、目的に応じた観点で子どもの育ちを捉える過程です。どのような評価となるかは、評価する者の観点の置き方で、その内容が異なってきます。評価の観点として「幼児教育において育みたい子どもの資質・能力」やそれを具体化した「幼児期の終わりまでに育ってほしい姿」、「各領域のねらい」などが考えられます。ただし、保育者の目的が明確でありすぎると、子どもの姿を枠にはめるような評価になってしまいます。子どもの行動に応じて評価の視点を柔軟に変えることも重要であるといえます。

　評価の過程では、一人の評価者で評価を行う場合と、複数の評価者が協働で評価を行う場合があります。そのうち複数の評価者で評価を行う場合には、次頁の図②に示したように、「同期型」と「非同期型」での評価が考えられます。「同期型」は、評価に関わる者全員が、同じ場所に集まってそこで同時に評価するような場合です。例えば、実習における研究保育

後に行われる振り返りの会などです。「非同期型」は、評価に関わる者が、異なる時間や場所から評価を行っていくような場合です。例えば、保育所や認定こども園などのように開園時間中のほとんどの時間帯に子どもが園にいて、保育者が集まっての評価が困難な場合に、記録した情報をどこかに保存しておき、手が空いた保育者がそれぞれ記録にアクセスして評価を加えていくといった場面です。

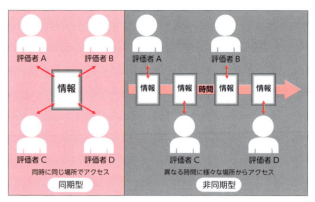

図② 同期型と非同期型

(3) 共有

共有は、記録と評価を他者と共有する過程です。5章・8章にも述べられているように、評価した成果を、保育者や子ども、保護者や地域社会などと共有することが重要です。共有することによって、保育をよりよくすることにつながっていくのです。その際、とくに子どもと共有する場合や、保護者や地域社会など保育に直接関わっていない第三者と共有する場合には、相手が理解しやすい伝わる情報にすることが大切です。

共有の過程でも、評価の過程と同様に、「同期型」と「非同期型」の共有があります。同期型の共有はプレゼンテーションのような場面を、非同期型の共有はWeb上に置かれた情報の閲覧や様々な掲示物を見るといった場面を想像すればいいでしょう。

(4) 写真、音声、動画、文字の特性

右頁の表②は、記録に使う写真、音声、動画、文字に関して、特性をまとめたものです。

写真は、保育場面のある一瞬を切り取って記録することになりますが、評価の過程では簡単に再生できますし、評価した結果を共有する際にも、取り扱いが簡単です。記録される内容は、保育場面の瞬間ですが、子どもの様子や周辺の環境なども同時に記録されるので、読み取れる情報が多く含まれます。ただし、どうしても保育場面を切り取ってしまうため、状況の背景や過程が伝わらない場合もあります。また、数多く撮影した場合、どのような写真を選ぶかで保育者の価値観や考え方が表れる場合もあります。

音声は、保育場面における保育者や子どもの発話などを、連続した過程として記録することが可能です。さらに音声には、記録した場面での、保育者や子どもの感情や様子が感じられるなどのよさがあります。しかし、評価の過程で再生は簡単ですが、記録した内容の把握には、最低でも記録した時間だけ音声を聞く必要があります。さらに詳細な分析を行うため

写真	・保育場面の瞬間を切り取って記録できる。 ・評価において、写真の再生は簡単である。 ・評価した結果を共有する際は、簡単に活用することができる。
音声	・保育場面における保育者や子どもなど発話などを、連続した過程で記録できる。 ・評価の過程で再生は簡単だが、内容の把握には最低でも記録した時間分を要する。 ・詳細な分析のために文字に起こす場合には、さらに時間を要する。 ・評価した結果を共有する際、音声を活用することは難度が高い。
動画	・保育場面を、動画として連続した過程で記録できる。記録される情報量は最も多い。 ・再生はそれほど難しくないが、内容の把握には最低でも記録した時間分を要する。 ・記録された情報量の多さから、詳細な分析には長時間を要する。 ・評価した結果を共有する際、動画を活用することは難度が高い。
文字	・保育場面を、機器を使わないでも記録ができる。 ・観察した内容を、記録者が文字として表現するので、ほかと比較して客観性は低くなる。エピソード記録なども、文字による記録である。 ・評価の過程で、最も簡単に再生できる。 ・評価した結果を共有する際、最も簡単に活用することができる。

表② 写真、音声、動画、文字の特性

には、音声を文字情報に起こす必要があり、その際にはもっと多くの時間を要することになります。評価した結果を共有する際、音声は何らかの方法で可視化する必要があり、その難度は高いといえます。

　動画は、保育場面における映像と音声の両方を連続した過程として記録することが可能です。よって記録される情報量は最も多くなります。再生はそれほど難しくありませんが、音声と同様に、記録した内容の把握には、最低でも記録した時間だけ視聴する必要があります。さらに、記録された情報量の多さから、詳細な分析には音声以上に長時間を要することになります。評価や共有の際、動画の活用には、動画をただ再生するだけでなく、必要に応じてコメントを挿入するといった工夫が必要で難度が高いといえます。

　文字は、機器を使わないでも保育場面を記録することができ、従来からよく用いられてきました。観察した内容を、記録者が文字として表現する段階で主観が入ることもありますので、ほかの三つと比較すると客観性は低くなります。実習記録などは、文字を使った記録の例です。エピソード記録なども、文字による記録の一つです。また評価の過程での扱いは最も簡単であり、評価した結果を共有する際も、簡単に活用することができます。

　保育者は通常の保育業務に加えて、各種事務作業もあることから、記録の作成・評価の際には、扱いが簡単な写真と文字が多く使われています。

❷ ドキュメンテーションの作成・活用を支援するツールに求められる機能

　ここでは、ドキュメンテーションの作成・活用を支援するツールに求められる機能について考えていきます。ツールの視点から見れば、三つの過程で扱うのは様々な情報です。よって、次頁の表③に示すように、そうした情報の処理を支援するツールに求められる機能の説明に絞り、順に説明します。

三つの過程	ツールに求められる機能
記録	保育の場面を記録する方法として、写真、音声、動画、文字（テキスト）などが考えられる。記録の過程を支援するツールには、こうした情報を記録できる機能が求められる。 　とくに保育中に保育者や子ども自身が記録する場合には、持ち運びが負担にならず、必要な場面で素早く簡単に使えることが求められる。
評価	評価の過程では、記録した写真、音声、動画、文字などの情報を、必要に応じて分類・整理した上で、それにアクセスできる機能（写真の閲覧や動画の視聴など）が求められる。 　同期型の環境で評価を行う場合は、複数が同時に情報にアクセスして評価できる機能が求められる。非同期型の環境で評価を行う場合は、複数が異なる時間や場所から情報にアクセスして評価できる機能が求められる。いずれの環境でも、評価した結果を蓄積できる機能が求められる。
共有	共有の過程では、他者に伝わるようにするために、情報を編集・加工する機能が求められる。とくに保護者や地域社会などとの共有では、理解しやすい情報に編集できることが重要になる。 　さらに、共有のために作成した情報に、同期型や非同期型の環境からアクセスできる機能が求められる。

表③　ドキュメンテーションの作成・活用の三つの過程に応じてツールに求められる機能

(1)「記録」を支援するツールに求められる機能

　記録の過程を支援するツールに求められる機能について考えます。記録は写真、音声、動画、文字などによって行われるため、支援するツールには、何よりそうした情報を記録できる機能が求められます。

　本書にある保育場面を記録した写真の多くは、保育中の保育者が撮影していると思います。そのように保育者が保育をしながら記録する場合は、当然ながら記録だけに集中できるわけではなく、子どもたちの援助や見守りをしている合間を縫っての記録となります。そのため、持ち運びが負担にならない軽量コンパクトなものであること、必要な場面で素早く簡単な操作で記録ができることなどが求められます。また、ときには子どもたち自身が遊びの中で記録することもあるでしょう。そのような場合にも、子どもの負担にならず、何より安全に簡単な操作で記録ができることが求められます。

(2)「評価」を支援するツールに求められる機能

　評価の過程を支援するツールに求められる機能について考えます。記録された情報は、そのまますぐに評価に使えることもありますが、多くの場合はそのままでは使えません。記録する過程では、保育がどのような展開になるのかを完全に予想することは難しく、必要と思われる場面を次々と記録しておくことになります。例えば1回の保育実践で、写真を数十枚撮影する、数十分の録画をするといったことはよくあることです。しかし評価の過程で、そのすべてを対象とすることは難しいので、記録された情報の分類・整理（取捨選択）が必要になるのです。写真や文字の場合は比較的簡単ですが、音声や動画では編集を必要とすることもあります。以上のように、まずは記録された情報を分類・整理する機能が求められます。

次に、評価対象となる情報に、評価者が適切にアクセスできる機能（写真の閲覧や動画の視聴など）が求められます。評価者が複数での評価を行う際には、同期型では、複数が同時に情報にアクセスして評価できる機能、例えば第3部の各実践例で紹介されているように写真をプリントして保育者間で見られるようにする機能や、動画をディスプレイ等に再生するといった機能が求められます。非同期型では、複数の評価者が異なる時間や場所から情報にアクセスして評価できる機能、例えばWeb上に情報を置いて各評価者が端末から視聴するといった機能などが求められます。

評価した結果を残しておく必要がありますので、新たな情報である評価結果を蓄積できる機能、例えばパソコンや外付けのHDD（ハードディスクドライブ、以下略）やフラッシュメモリーにファイルを保存する、インターネット上のサービスを利用してファイルを保存するといった機能も求められます。

(3)「共有」を支援するツールに求められる機能

共有の過程を支援するツールに求められる機能について考えます。共有では、記録と評価を相手に伝えることが何より大切ですので、伝わりやすい情報となるように編集や加工を行う機能が求められます。その際、とくに子どもや保護者や地域社会などとの共有では、何より理解しやすい情報に編集や加工できることが求められます。

さらに共有の過程で作成した情報も、同期型や非同期型の環境で複数の人が情報にアクセスできるように、8章で紹介されているような閲覧可能な印刷物（お便りから掲示物までのサイズを含みます）を作成する、あるいは例えばホームページのようなWebコンテンツを作成したり、また各種SNSなどへのアップロードといった機能が求められます。

❸ 作成・活用を支援するツールの実際

ここでは実際にドキュメンテーションの作成・活用を支援するツールを挙げて、その特性に関して考えていきます。なお、人によって使えるツールの環境が異なるので、ここでは固有の名称は使用せずに、できるだけ普遍的な名称で説明します。説明にあたっては、機器（ハードウェア）と、機器上で機能するソフトウェアに分けて考えていきます。

(1) 機器（ハードウェア）

次頁の表④は、ドキュメンテーションの作成・活用を支援する機器とその特徴をまとめたものです。機器は、専用機器、多用途な機器、周辺機器、その他に分類し、特徴を説明しています。また、それぞれの機器がもつ機能が、記録・評価・共有の三つの過程のいずれの支援に適しているかを、適する度合いの順に◎○▲の記号で示しています。空欄は、あまり適

していないことを表しています。

機器の種類		特徴	適用			備考
			記録	評価	共有	
専用機器	デジタルカメラ	写真の記録に適している。動画を記録できる機器もある。	◎	▲		・機能が特化されているので、操作が簡単。 ・形状も機能に合わせてあり使いやすい。 ・評価を肉声で同時に記録することは可能。
	ICレコーダー	音声の記録に適している。	◎	▲		
	デジタルビデオカメラ	動画の記録に適している。写真を記録できる機器もある。三脚等で固定して定点記録をすることも可能。	◎	▲		
多用途な機器	スマートフォン	写真、音声、動画、文字を記録可能。記録した情報の分類・整理や、情報へのアクセスが可能。	○	◎	◎	・カメラ、マイク、ディスプレイ、スピーカー、GPS、各種センサー等を備える。 ・アプリケーション導入で機能をさらに拡張できる。 ・インターネット上の多様なクラウドサービスを使用できる。 ・インターネットに情報をアップロードできる。
	タブレットパソコン	写真、音声、動画、文字を記録可能。記録した情報の分類・整理や、情報へのアクセスが可能。	○	◎	◎	
	ノートパソコン	文字以外の記録の用途では使いにくい。記録した情報の分類・整理や情報へのアクセス、情報の蓄積に適している。	▲	◎	◎	
	デスクトップパソコン	記録した情報の分類・整理や情報へのアクセスが可能。記憶容量が大きなものは、とくに情報の蓄積に適している。		◎	◎	
周辺機器	プロジェクター	大画面に映し出すことができ、同期型で多人数での情報共有に効果的。			○	▲ ・ほかの機器と接続することで、その機能を強化することができる。
	プリンター	写真等を印刷することで活用範囲を広げることができる。デジカメやスマホ、タブレット、PCから直接印刷も可能。		○	○	
	スキャナー	紙に記録された情報をデジタル化することで、情報の活用範囲を拡げる。最近では、立体が可能な機器もある。		○	○	
	外付け記憶装置	外付けハードディスクやフラッシュメモリーなど。パソコンの情報をバックアップしたり、情報を持ち運んだりすることを可能にする。		○	○	
その他	紙と筆記用具	従来から用いられてきた手段だが、依然として有用である。ICTと組み合わせることで、可能性が広がる。	○	○	○	・ICTと融合させて活用することで可能性が広がる。

表④　ドキュメンテーションの作成・活用を支援する機器と特徴

　専用機器には、デジタルカメラ、ICレコーダー、デジタルビデオカメラなどがあり、それぞれ写真、音声、動画の記録に機能が特化されています。機能が特化されているので、操作方法が簡単であり、形状も最適化されて使いやすくなっています。展開が予想できず、刻一刻と変化していく保育の場面において、大切な一瞬を逃さずに記録するという視点からは、専用機器が適しているといえます。操作が簡単で、形状も使いやすいという点では、子どもが使う際にもメリットとなります。なお最近では、デジタルカメラで動画が、デジタルビデオカメラで写真が記録できる機器も増えていますので、必要に応じて補助的に写真と動画を使い分けて記録することも可能です。記録に適した専用機器ですが、記録者がコメントを肉声で入れておくことで、記録と評価を同時に残すことも可能です。

多用途な機器には、スマートフォン、タブレットパソコン、ノートパソコン、デスクトップパソコンなどがあります。これらの機器は、カメラ、マイク、ディスプレイ、スピーカー、GPS、各種センサー等を備えている、または備え付けることができるので、写真、音声、動画、文字を、いずれも記録できます。さらに記録した情報の分類・整理、アクセスなども可能です。例えば、カメラ機能を使って保育の場面を記録する、記録した写真を閲覧して評価に使う写真を取捨選択する、選択した写真を見て評価を行うといったことを、1台のタブレットパソコン上で行うことができます。スマートフォンやタブレットパソコンは、比較的軽量かつコンパクトなので問題ありませんが、ノートパソコンやデスクトップパソコンは実際には文字以外の記録では使いにくいでしょう。とくにデスクトップパソコンを記録に使用することはほぼ不可能ですが、HDDの記憶容量が大きなものはとくに動画などデータ量の多い情報を大量に蓄積する用途に適しています。操作や形状の視点から見ると、記録する際の手順は専用機器よりも多くなり、また形状も最適化はされていません。その点では、専用機器の方が優れています。しかし、多用途な機器は、ソフトウェアと組み合わせることで、その可能性が無限大に広がっていきます。ソフトウェアについては、次項で説明します。

　周辺機器はほかの機器と接続することにより、ほかの機器がもつ機能を強化・拡張する機器です。特徴は、表④に説明した通りですが、ここではスキャナーに関して、説明したいと思います。スキャナーの機能は向上しており、これまで紙で蓄積されてきた情報を、簡単にデジタル情報に変換することができるようになりました。それによって、これまでに蓄積されてきた有用な情報を、Web上で共有することも可能となります。

　その他として、紙と筆記用具についても触れておきたいと思います。紙と筆記用具は、従来から用いられてきた手段ですが、ICTが進展した現在でも依然として有用です。例えば記録の過程では広く使われていますし、共有のために掲示物を作成する際にプリンターで印刷した写真を紙に貼って、さらに手書きで文字を加えるなどICTと組み合わせることで、その可能性は広がっています。

　最後に、ICTの進展はますます早くなることが予想され、ここで取り上げたツールは、さらに進化したり、新たな機能が加わったりし、活用の幅が広がっていくことでしょう。例えば、まだ保育での活用においては実用段階ではありませんが、眼鏡に取り付けて保育者の視点で記録できるカメラ、VR（バーチャルリアリティー）での記録と再現が可能な機器などがすでに開発されています。今後、さらにICTが進展すれば、まったく新しい機器も誕生すると思います。その際は、本書に書かれている大切なポイントを基本として、少しでも保育の質の向上につながる使い方を考えてほしいと思います。

(2) ソフトウェア

　ソフトウェアに関して、機器に直接インストールして使用するアプリケーションと、インターネット上のサービスに分類して見ていきます。ここでは、それぞれのソフトウェアの特性に絞って紹介します。

①アプリケーション

　次の表⑤に示すように、ドキュメンテーションの作成・活用に適用できるアプリケーションとして、ワープロ（ワードプロセッサー、以下略）機能やプレゼンテーション機能をもったoffice系アプリ、写真閲覧や音声・動画再生、音声・動画編集といったマルチメディア対応[1]のアプリ、情報分析といった統計処理アプリ、音声認識やOCR（光学文字認識）といった認識処理アプリ、Webブラウザなどのネット情報にアクセスするためのアプリ、さらに保育業務の支援のために開発された専用アプリを挙げることができます。

種類		特徴	適用		
			記録	評価	共有
アプリケーション	ワープロ	文字だけでなく写真などを入れた文書を作成できる。		○	◎
	プレゼンテーション	プレゼンテーションのための道具で、作図機能も優れており、写真や文字、図形をなどを組み合わせた情報を作ることができる。		○	○
	写真閲覧	記録した写真の閲覧ができる。		○	○
	音声・動画再生	記録した音声や動画の再生ができる。		○	○
	音声・動画編集	記録した音声や動画の編集を行うことができる。		○	
	情報分析	蓄積された保育ドキュメンテーションを対象に、統計手法などを適用して、より高度な情報として取り出すことができる。		○	
	音声認識	記録した音声を文字に変換することができる。	○	○	
	OCR（光学文字認識）	スキャナーやデジタルカメラなどで読み取った手書きや印刷の文字（アナログ情報）を、様々なアプリケーションで扱える文字（デジタル情報）に変換できる。	○		
	Webブラウザ	インターネット上の情報や様々なサービスにアクセスできる。	○	○	○
	保育専用アプリ	ICTの特性を活用して、保育ドキュメンテーションの記録、評価、共有が効果的にできるような、保育に特化したアプリケーションが次々に開発、提供されている。	◎	◎	◎
インターネット上のサービス	ファイル保存	単に情報を保存できるだけでなく、多様な機能を有したサービスが無償でも提供されている。保存したファイルの分類・整理、保存したファイルの共有などもできる。さらに、定型のフォームを作ることが可能で、そこから収集した情報を分析する機能まで付加されたサービスもある。		○	○
	保育専用サービス	保育業務を軽減する目的で、様々な支援システムが開発され、提供されている。今後、こうしたサービスがさらに充実して、効率的に質の高い保育ドキュメンテーションの作成と活用につながるようになることが期待されている。		◎	◎

表⑤　ドキュメンテーションの作成・活用を支援するソフトウェアと特徴

　office系のアプリのうちワープロは最も活用されており、写真や文字を取り込んだ編集作業を通じて、様々なスタイルの文書を作成することができます。共有のためのドキュメンテーションの作成では、ほとんどがワープロもしくはその機能をもったアプリケーションを使って編集されています。プレゼンテーションツールは、プレゼンテーションに用いるための作図機能が優れており、図や写真を使って視覚的に表したいときなどにとくに活用できます。

注釈
1）文字や画像・動画、音声などの様々な情報を複合的にコンピューターで使用する技術のこと。

写真、音声、動画の再生や編集にはマルチメディア対応のアプリを使います。再生機能だけのアプリは操作も簡単なものが多く広く活用されていますが、編集機能があるものについては一定以上の操作スキルが必要となるので、現時点では活用は限られた範囲にとどまっています。統計処理アプリは、評価の過程で、より詳細な分析によって高度な情報を得たいときに使用します。操作スキルだけでなく、統計に関する知識も必要となります。このアプリを使用した一例が、14章に紹介されていますので参考にしてください。

　認識処理アプリは、これまで人間の力で行っていた音声を文字に書き起こす作業や、紙の文書をワープロで入力し直すといった作業を、自動で行えるようにするもので、そうした作業に要していた時間を短縮できる可能性があります。

　Webブラウザは、インターネット上の情報を閲覧できるツールですが、そのほかにもインターネット上のサービスに接続するためのツールにもなり、その用途は広がっています。

　保育専用アプリは、保育業務の効率化をめざして、様々な機能を有したものが開発・提供されています。最近では、インターネット上で作動するシステムが中心になりつつあり、個々の機器にインストールするアプリケーションは、インターネット上のシステムと連携するための機能に絞ったものとなっています。保育専用アプリについては次の②で詳しく見ていきます。

②インターネット上のサービス

　ドキュメンテーションの作成・活用に用いることができるインターネット上のサービスとして、ファイル保存と保育専用サービスを説明します。

　ファイル保存のサービスは、ファイルをインターネット上で保存できるものです。保存したファイルは共有が可能で、サービスに接続可能な様々な機器から何時でもアクセスして操作することが可能となります。さらに単にファイルの保存だけでなく、定型のフォームを作ることが可能で、そこに記録や評価を入力することができ、さらに蓄積した情報を分析する機能まで付加されたものも存在しています。もちろん、そこで作られた情報を共有することも可能です。定型のフォームについては、Web上で行われるアンケートの画面をイメージするといいでしょう。そうしたサービスが、無償で提供されている場合もあります。

　また現在、保育業務の軽減を目的として、数多くの保育専用サービス（アプリ）が開発・提供されています。このようなサービスは、筆者の研究室の学生が卒業研究で調査した結果、2018年末（平成30年末）時点で少なくとも30のシステムがあり、そのすべてが何らかの記録や評価に関する機能をもっていました。しかしながら、現時点ではその普及率は高いとまではいえず、また導入するにあたって様々な園の環境があり、目的とする機能を有しているシステムを選択することが難しいという状況があります。その意味では、当たり前に使える段階には達していないようです。しかし、この分野の技術の進展は早く、保育に何が活用できるようになるか、保育者もこれからの動向を注視しておく必要があると思います。

　そのほかに、表にはありませんが、SNSやブログといったサービスもインターネット上で提供されており、情報の共有に活用されている例も見受けられます。

7章 保育ドキュメンテーションの作成・活用

2 ツールの視点から見たドキュメンテーションの作成・活用の実践例

　ここでは、ツールを活用したドキュメンテーションの作成・活用の実際を、2016年度（平成28年度）に実施された川西市立牧の台幼稚園（当時）での川西市教育委員会指定幼稚園教育研究発表会の取り組みから紹介します。筆者は、この研究に助言者として関わりました。ここでは、ツールがどのように活用されたかを中心に見ていきます。

❶ 研究の概要

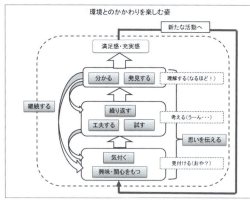

図① 設定した仮説

　この研究は、研究主題を「友達とともに生き生きと遊ぶ子どもを育てる　－環境とのかかわりを楽しむ子どもをめざして－」と設定して、一年を通じて継続的に行われました。そこでは、まず子どもが環境と関わる過程（プロセス）に関する仮説を図①に示したように設定しました。

　仮説を設定するにあたっては、保育者間での話し合いが重ねられました。その際、例えば図②に示したような図を作成して、検討を行いました。この図は、春から秋の時期に見られた子どもたちの遊びの一部を、そのときに関わっていた事物・事象に注目して、遊びのつながりがわかるように示したものです。これによって、遊びが関連性をもって展開していくことがわかったのです。図①には、一つの遊びが次の新たな遊びにつながっていく、遊びが循環するような構造が描かれていますが、それは図②を用いた検討から導かれたものです。

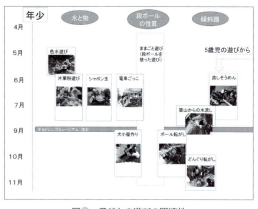

図② 子どもの遊びの関連性

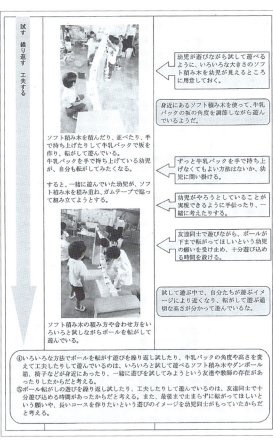

図③　作成したドキュメンテーションの例

次に、設定した仮説が、この研究の主題である子どもと環境の関わりの検討に活用できることを、実践事例の記録・評価を繰り返すことで確かめました。同時に、子どもが環境との関わりを楽しむような場面では、どのような環境設定や保育者の援助があったのかを検討していきました。その際に作成されたドキュメンテーションの例を図③に示しました。

一連の研究の最終成果として、この研究がめざす保育実践につながる環境構成と保育者の援助の在り方を導きました。

なお、研究の過程で得られた様々な成果は、その都度、通信や掲示物にして保護者との共有が図られました。

2 ツール活用の視点からの解説

さて、概要で紹介したような研究において、ツールはどのように活用されたのでしょうか。ここからは、それを考えていきます。

この研究では、記録は写真と文字によって行われました。写真は、保育中の保育者がデジタルカメラを携行して撮影しました。それと同時に、保育を直接担当していない園長も記録者として、デジタルカメラを用いて写真を撮影しました。記録された写真は、すべてノートパソコンやデスクトップパソコン上に保存されていきました。保存の際には、記録した日や対象のクラスがわかるようにフォルダを分けて作成して、そこに分類・整理して保存していきました。また、子どもの発話や保育者の援助なども、紙と筆記用具によってメモとして書き留め、最終的にはそれをワープロで文字情報にして蓄積していきました。その際も、日付やクラスがわかるように、分類・整理しておきました。

蓄積された数多くの写真を閲覧して、特徴的な瞬間を捉えたものを選択し、そこに文字として蓄積した子どもの発話や保育者の援助といった情報などを加えた上で、評価を行ってい

きました。ここで作成されたドキュメンテーションが、先に図③で示したようなものです。図③の文書も、ワープロアプリで作成しています。こうした評価の過程では、保育者が個々にパソコン上で進める場合もあり、ときには写真や作成中の文書を印刷して複数の保育者で共有して進める場合もありました。

そして、定期的に保育者間での話し合い、ときには研究助言者を交えて話し合い、仮説が形成されていきました。仮説を導くときに用いた遊びの関連を示す図②は、プレゼンテーションアプリを使って作成しています。話し合いの際には、それをプロジェクターで大画面に投影して、共有がなされました。

また、仮説として設定した図①についても、プレゼンテーションアプリの作図機能を使って作成し、話し合いの際にはやはりプロジェクターで投影して全員で共有し、その場でパソコン上のアプリを使って修正を加えていき完成させました。

その後は、上記と同様の記録と評価、そして共有が重ねられ、仮説の検証や研究成果を導くための検討が重ねられました。その成果は、パソコン上に蓄積されていきました。この園では複数のパソコンを用いていましたので、パソコン間で情報の共有や移動を行う場合には、フラッシュメモリーを使用しました。

研究で得られた成果を保護者と共有するにあたっては、お便りや掲示物が使われましたが、そこで使う写真や文書を印刷するためにプリンターが活用されました。

ここまでの説明で様々なツールが出てきました。ここでまとめておきたいと思います。まず機器（ハードウェア）として、デジタルカメラ、ノートパソコン、デスクトップパソコン、プロジェクター、プリンター、外付け記憶装置が出てきました。ソフトウェアとしては、ワープロ、プレゼンテーション、写真閲覧などのアプリケーションが出てきました。本事例では、こうした機器とソフトウェアがドキュメンテーションの作成・活用を支援するためのツールとして活用されたのです。このように、ドキュメンテーションの作成・活用においては、様々なツールの機能を知り、有効に用いることが大切です。

皆さんが、今後、ドキュメンテーションの作成・活用に関われる際には、本書で学んだ大切なポイントを押さえた上で、本章で説明してきたようなツールを効果的に活用して、よりよい成果につなげていただきたいと思います。

（大森雅人）

8章 記録を生かした保育の展開

1 指導計画の作成・展開・評価・改善 〜保育ドキュメンテーションの活用

❶ 「保育の質」に関わる取り組みとは

　乳幼児期の教育の在り方が大きく変わろうとしている今、「保育の質を保つ」ことが大切だという言葉をよく聞きます。長時間の保育になることで「保育の質が低下する」と危惧する言葉も聞きます。一体「保育の質」って何だと思いますか？　何によって質は保たれ、何をしないと質が低下するのでしょうか。どうぞ考えてみてください。

　筆者は「保育の質」とは、よりよさに向かって努力している中で生まれてくるものだと考えます。では、よりよさは何によって生み出されるのでしょうか。それは、学び続け保育を改善し続ける保育者が作成する指導計画によって生み出されると考えます。

　実践を工夫してつくり上げる際になくてはならないものが指導計画です。小学校以降の教育と違い学習内容が細かく規定されていない幼児期の教育において、何をどのように提供するか、そこを熟考しなければなりません。具体的に体験をすることなしに、子どもの豊かな育ちは期待できません。子どもの実態を細かく捉え、実態に応じた計画を作成し、展開する。さらに、実施した内容を詳細に把握し評価し改善する。これらの行為が循環する中で、初めて質の高い保育が実現していくと考えます。

　本章では、子どもたちの姿を鮮やかに切り取る「保育ドキュメンテーション」を活用することで、指導計画の作成・展開・評価・改善の循環がよりよく展開していくポイントを、具体例を挙げながら説明します。

❷ 指導計画の作成・展開とドキュメンテーションの関わり

(1) 指導計画の種類

　教育課程や全体的な計画に基づく指導計画には、目標やねらいを立て、どのように指導し環境を設定するかを1年、あるいは1か月の期間を通して計画した長期の指導計画と、1週間あるいは1日の単位で計画した短期の指導計画があります。子どもに「体験させたいこと（＝活動の内容）」、「それを通して育てたい力（＝内容のねらい）」、「そのために何を用意するのか（＝環境の構成）」などについて具体的に配列していきます。

指導計画には、以下のように年間計画・月案・週日案の三つがあります。
○年間計画
　　４月〜翌年３月までの１年間を見通して立てる長期の指導計画
○月案
　　年間計画を具体化するために、１か月を見通して立てる指導案
○日週案
　　週あるいは日の保育の展開を予想し、週・日を見通して細かく立てる指導案

年間計画や月案は園全体で作成していることが多く、年度末や学期末に見直しを行い翌年に向けて修正していきます。週案、日案については、年間計画や月案をもとに担任保育者が立てるものです。クラスの実態に即して、具体的に作成するものとなります。園ごとに様式を定めており、それに基づいて作成します。

(2) PDCAサイクルとは？

計画を作成する際に大切なのが、PDCAサイクルです。PDCAサイクルとは、計画（Plan）、実行（Do）、評価（Check）、改善（Action）を繰り返し、よりよい実践へつなげていく取り組みをさしています。もともとは、生産技術における品質管理などの継続的改善手法の言葉でしたが、評価の重要性が認識される中、教育・保育の現場でも広がっています。

(3) 指導計画の作成と子ども理解に基づいた評価のポイント

よりよい保育の実現につながるPDCAサイクルが循環していくためには、実践の中で子ども一人一人の経験や学びの在り様を明確に捉えていくことが必要となります。さらに、捉えたことを保育者間や子どもたち、保護者とも共有していくために、捉えたことを「見える化」していくことが欠かせません。一人一人の子どもの学びの在り様を明確に捉え、それを「見える化」すること、それが、よりよい保育の実現につながるのです。2018年４月１日に施行された幼稚園教育要領の中から、指導計画と評価に関する部分を抜粋し、ポイントを整理します。

①幼児の興味や関心など実態を具体的に把握すること（計画➡実践）

　　第４　指導計画の作成と幼児理解に基づいた評価
　　　２　指導計画の作成上の基本的事項
　　　　⑵指導計画の作成に当たっては、次に示すところにより、具体的なねらい及び内容を明確に設定し、適切な環境を構成することなどにより活動が選択・展開されるようにするものとする。
　　　　　ア　具体的なねらい及び内容は、幼稚園生活における幼児の発達の過程を見通し、幼児の生活の連続性、季節の変化などを考慮して、幼児の興味や関心、発達の実情など

> に応じて設定すること。
> 　イ　環境は、具体的なねらいを達成するために適切なものとなるように構成し、幼児が自らその環境に関わることにより様々な活動を展開しつつ必要な体験を得られるようにすること。その際、幼児の生活する姿や発想を大切にし、常にその環境が適切なものとなるようにすること。
> 　ウ　幼児の行う具体的な活動は、生活の流れの中で様々に変化するものであることに留意し、幼児が望ましい方向に向かって自ら活動を展開していくことができるよう必要な援助をすること。その際、幼児の実態及び幼児を取り巻く状況の変化などに即して指導の過程についての評価を適切に行い、常に指導計画の改善を図るものとする。
>
> 〔幼稚園教育要領 第1章総則 第4−2−⑵、下線筆者〕

　指導計画作成時には、より具体的に子どもの実態を捉えることが重要であると強調しています。筆者が下線を引いた箇所は、「幼児の興味や関心、発達の実情」「幼児の生活する姿や発想」「幼児の実態及び幼児を取り巻く状況の変化」の部分です。ドキュメンテーションを活用することで、これらの姿の把握は確実に行えると考えます。

②連続性と相互の関連性を保つこと（改善➡計画）

> 3　指導計画の作成上の留意事項
> ⑵幼児が様々な人やものとの関わりを通して、多様な体験をし、心身の調和のとれた発達を促すようにしていくこと。その際、幼児の発達に即して主体的・対話的で深い学びが実現するようにするとともに、心を動かされる体験が次の活動を生み出すことを考慮し、一つ一つの体験が相互に結び付き、幼稚園生活が充実するようにすること。連続性を保ちながらより具体的な幼児の生活に即した週、日などの短期の指導計画を作成し、適切な指導が行われるようにすること。特に、週、日などの短期の指導計画については、幼児の生活のリズムに配慮し、幼児の意識や興味の連続性のある活動が相互に関連して幼稚園生活の自然な流れの中に組み込まれるようにすること。
>
> 〔幼稚園教育要領 第1章総則 第4−3−⑵、下線筆者〕

　指導計画を作成する際に重要なのが、連続性と相互の関連性です。計画立案時に、行事に向けてしなくてはならないことや体験させたいことが気になりすぎると、活動の羅列になってしまう危険性があります。豊富な体験は確かに大切ですが、多すぎるのは問題です。そこで大切になるのが、「幼児の意識や興味の連続性」であり、体験が相互に「関連性」をもっているという視点なのです。体験の連続性と相互の関連性を実現するために必要なのが、「主体的・対話的で深い学び」を意識し「心を動かされる体験が次の活動を生み出す」ことに留意することです。

③　子ども一人一人のよさや可能性を把握し引き継いでいくこと（実行➡評価➡改善）

> 4　幼児理解に基づいた評価の実施
> 　幼児一人一人の発達の理解に基づいた評価の実施に当たっては、次の事項に配慮する

ものとする。
(1) 指導の過程を振り返りながら幼児の理解を進め、幼児一人一人のよさや可能性などを把握し、指導の改善に生かすようにすること。その際、他の幼児との比較や一定の基準に対する達成度についての評定によって捉えるものではないことに留意すること。
(2) 評価の妥当性や信頼性が高められるよう創意工夫を行い、組織的かつ計画的な取組を推進するとともに、次年度又は小学校等にその内容が適切に引き継がれるようにすること。

〔幼稚園教育要領 第1章総則 第4-4、下線筆者〕

幼児期の教育における評価の意味は、「一人一人のよさや可能性を把握し、指導の改善に生かす」ことです。評価という言葉から、他児との比較や達成度についての評定をイメージしがちですが、そうではない、ということをしっかり認識しておく必要があります。

「幼児一人一人のよさや可能性」の把握が、保育者の大きな課題になります。一つの活動をしても、楽しみ方はそれぞれに違い、体験を通して育つ内容も違います。それらをきめ細かく捉え、指導の改善に生かすために記録が重要になります。ドキュメンテーションの意義と可能性がここにあります。

❸ 開かれた指導計画を支える「評価・改善」の在り方

実践計画の立案時に大切なのは、実態に応じるということです。実態に応じるために、保育者は様々な方法を駆使して実態把握を行います。このことは以前から言われており、保育者自身による実態把握の重要性は変わりませんが、現在はさらに多面的に実態を把握することが求められています。このことを実現するために、最も効果的な方法が、計画立案に多くの人が関わるようにすることではないかと考えます。

保育者だけで行いがちの計画の立案に、子どもたちが参加したらどうなるでしょうか。年度末などに、保護者や地域の方々に評価に関するアンケートをお願いすることがありますが、保護者や地域の方々の関わりが結果に対してだけというのではもったいなくはないですか。

計画立案に多くの人が関わるということについて、あなたはどう考えますか。計画立案を保育者だけで抱え込まないために、どうすればいいのか、考えてみましょう。

園だけで考えていた計画を「閉じられた指導計画」と呼ぶとしたら、子ども・保護者・地域へと窓口を広げ、ともにつくるという姿勢をもつことで、「開かれた指導計画」になっていくのではないでしょうか。その際に、必要なのが「実践の共有化」「見える化」であり、効果を発揮するのが、「ドキュメンテーション（例えば、画像等を活用した記録）の活用」だと考えます。

次節では右の三つの視点に沿って実践例を挙げながら、「実践の共有化」と「ドキュメンテーションの活用」について説明します。

○子どもとともに行う「評価・改善」
○保護者とともに行う「評価・改善」
○地域とともに行う「評価・改善」

8章 記録を生かした保育の展開

2 開かれた指導計画を支える「評価・改善」の実践例

❶ 子どもとともに行う「評価・改善」の実践例とポイント

　ここでは、二つの実践例から、子どもとともに行う「評価・改善」の可能性について検討します。実践例1「恐竜のカタログを作る」は、作成物を写真に撮り掲示したことから、子どもたちの中に「評価・改善」の意識が芽生えた実践例です。実践例2「いちょう会議での話し合い」は、活動の振り返りを行う時間を重視し、そこでの子どもの意見を組み込んで実践を行うことで、子どもたちの中に「評価・改善・実施」という循環が生まれた実践例です。

(1) 実践例1　恐竜のカタログを作る　（5歳児、6月）

　子どもたちが繰り返し取り組んでいる遊びが発展していくことを願い、作成物を写真に撮り提示したことで、子どもたち自身が自らの遊びを振り返り、評価し、改善へとつながっていった活動の様子を紹介します。

①ブロックでの造形に取り組む子どもたちの実態を捉える（STEP1）

　ブロックを組み合わせて立体的な造形物を工夫して作る子どもたちがいました。4歳児クラスのころから繰り返し取り組んでいましたが、5歳児クラスになり、細部までこだわって製作しようとしたり、友達とアイデアを出し合ったりする姿が見られるようになりました。

写真①　ブロックで恐竜作り

写真②　細部にこだわりつつ製作

　立体製作では空き箱などを使って作ることもありましたが、使いこなしているブロックを使って工夫して製作している様子を見て、この意欲を大切にしながら、さらに深めていくこ

とができるようにしたい、と考えました。

「本物らしく作りたいという自分たちのめあてに向かって友達と意見を出し合ったりしながら取り組む」という内容を展開したいと考えたのです。そのために何をしたらよいだろうかと保育者は考えました。

②恐竜の絵とブロックで作った恐竜の写真をセットにした掲示作成を開始する（STEP2）

次はこれを作ろう、と図鑑を見ながら考えている様子が見られたので、恐竜の絵のコピーと完成した恐竜の写真を並べて掲示することにし、それを模造紙大の紙に貼り出していきました。

恐竜が完成したたびごとに貼り出していくと、「次はこれにしよう」「こっちは？」と作成するものについて、考え合う姿が出てきました。

写真③　恐竜の絵と写真の掲示物

③掲示に興味をもった他児に説明するという関わりを大切にする（STEP3）

ブロックで恐竜を作る子どもたちのそばに衝立を置き、そこに掲示を貼り出しておくと、ほかのクラスの子どもが見に来て「これ何？」と聞き、「これは、○○」と恐竜の名を教える姿が見られます。恐竜以外でも、作品を作ると写真に記録するという動きが定着してきました。最初は、保育者が撮影していましたが、扱いやすいカメラを子どもに渡すと、張り切って写真を撮っています。それを印刷すると、自分たちで掲示するようになりました。

写真④　掲示の前で話している子どもたち

④考察

○写真で記録したことで完成のよろこびを味わいつつ次の製作にとりかかることができた。

子どもたちが遊び込んでいるブロックでの遊びの中に、イメージを実現したり工夫したりする要素が加わるように、という願いのもとに、この実践が行われました。ブロックで製作するよさは、組み立てたり組み立て直したりすることが容易にできるということです。パーツを組み立てることで作品を作ることができ、満足すればまた元のパーツに戻すことができます。元のパーツに戻す前に写真に撮り記録に残すことで、この特徴がよさになっていくと思われます。

○写真の記録が残ることで、よりよくしよう、という評価・改善の姿勢につながった。

本物らしさは、色選びから始まり、形全体や部分を再現しようという工夫へと進んでいきます。それを写真にし、印刷して掲示することで、子どもたち自身が、工夫した点を繰り返し確かめるようになります。よりよくしよう、という意欲も出てきます。

活動の中で、子どもたち自身が「うまくできた」「これはあまり似ていない」など自分たちの取り組みを振り返り評価する姿が見られました。さらには、「次はこうしよう」と改善案を主体的に考える姿も見られるようになりました。

(2) 実践例2　いちょう会議での話し合い（5歳児、10月）

5歳児クラスでは、クラス全体で集まって話し合う時間のことを、いつからか「いちょう会議」と呼ぶようになっていました。「会議」という言葉の大人びた響きが子どもたちにとって心地よいものであったらしく、「いちょう会議を始めるよ」と声をかけると、張り切って集まってくる様子が見られました。会議の中では活動の振り返りや評価が行われ、今後こういうことをしたい、という計画も語られています。

9月中旬の会議の中で「夏まつりをやったから、次は秋まつりがやりたい」という声が上がりました。10月初旬に運動会があるのでそれが終わってから秋まつりをするのはどうか、と保育者が提案すると子どもたちも賛成し、見通しをもって過ごしていました。

運動会を終え、どのような内容の秋まつりをしようか、ということが話し合われました。「踊りのショー・ゲーム屋・食べ物屋・展示場」という4つのやりたいことが上がり、子どもたち自身が準備を行い、ほかのクラスの子どもたちを客に招いて楽しい秋まつりが行われました。

活動を終えた後にいちょう会議を開くと、思いがけない展開が待っていました。その様子を紹介します。

写真⑤　食べ物屋　準備中

写真⑥　カプラの世界（展示場）

①一人一人が今日を振り返って話す機会をつくる（STEP1）

「みんなが喜んでくれてよかった」「拍手してもらえてうれしかった」などの感想が語られる中、怒ったような顔でうつむいていたA児が、「（展示場に）ぜんぜんお客さんが来なかった」と涙ながらに話しました。音楽がかかり楽しさがあふれていた踊りのショーや、食べる真似をするのが楽しかった食べ物屋は、たくさんの人でにぎわっていましたが、A児たちが作った展示場は、ブロックやカプラで作った作品が並んでいるので、静かに通り過ぎるという感じで、あまり人が集まってはいなかったのです。

②A児の悩みについてみんなで考える（STEP2）

　A児の声を受け、保育者は展示場に関心をもって見ていたお客さんがいたことを伝えましたが、それでは気持ちが収まりませんでした。もっとよくなりたい、という気持ちからの発言だと捉え、保育者はクラスのみんなに「Aちゃんの意見、どう思う？　どうしたらいいのかな？」と問いかけました。みんな自分のすることに一生懸命だったので、友達がしている様子を詳しく見ていなかったのか、「よかったと思うけど」という声が上がるくらいでした。

③家でも考え続けたA児の熱意を受け止め、再チャレンジの機会をつくる（STEP3）

　翌朝登園してきたA児は、家で考えてきた「もっとおもしろくなる展示場にするためのプラン」を、友達や保育者に勢い込んで説明しました。それは次のようなものでした。

　　○展示場に囲いを作って見えなくして、ワクワクさせる。
　　○何を展示しているか、説明を詳しくする。
　　○みんなでがんばってお客さんを呼び込む。

　この改善案は、すぐに実行に移され、衝立などで展示場は囲まれ、入り口が設置されました。展示場の中には詳しい説明書きが貼られ準備万端です。いよいよお客さんが来始めると、展示場チームの子どもたちは大きな声で「いらっしゃい、いらっしゃい」と呼びかけていました。

写真⑦　ブロックの世界（展示場）

④再チャレンジ後のいちょう会議。今日を振り返り、意見を出し考え合う（STEP4）

　2回目の秋まつりが行われ、どのお店も前回よりも賑わい楽しかったという余韻が感じられるなか会議が開かれました。このときの会議には、保育者Aと保育者Bが関わっていました。進行役をしている保育者Aは、一人一人に「今日どうだったのか。感じたことや考えたことは？」と問いかけていきました。

　○「やっぱり今日もお客さんが少ない」と感じているA児。

　　A児の番になったとき、A児の口からは、「まぁまぁお客さんが来たけれど、ショーほどではないからくやしい」という言葉が出ました。保育者Aは「Aちゃんたちは、お客さんが見たくなるようにいろいろ工夫したのよね」と努力を認め、さらに「いらっしゃい、いらっしゃいって呼ぶこともしていたよね」と話しました。客を集めるために大きな声を出していたB児は大きくうなずいていました。

　○「あんなに大きな声で来てください！って言わなくていいと思う」と言ったH児。

　　呼び込みの話題になったとき、踊りのショーをやっていたH児が手を挙げて、「でも、ショーをやっているときに、あんなに大きな声で来てください！　来てください！って言わなくていいと思う」と意見を言いました。確かに、客を集めようと張り切ったB児はショーの近くに行って呼びかけていたのです。保育者Aが「そうか。Bちゃんたちは

がんばっていたけれど、ショーの人たちは困っていたのね」と意見を言うと、H児は大きくうなずき「ショーが終わったら展示場へどうぞって言うつもりだったから、ショーのときには、いらっしゃい！って言わないでほしい」と言いました。

○「たくさんお客さんが来た方がいいの？　それだけ？」と投げかける。

　保育者AはA児たちの努力を認めつつも、「ショーをやっているときに呼び込みされるのは、困ったのね」とH児たちの気持ちを受け止めていきました。会議の様子を見ていた保育者Bは、子どもたちの意見が途切れたときに手を挙げ、「Aちゃんは、自分たちのところに何人のお客さんが来たか？ってことが気になるんだね。たくさんお客さんが来る方がいいの？」とたずねてみました。

　A児は「たくさん来るってことは、人気があるってことだから、多い方がいい」と答えました。とてもわかりやすい説明にうなずきながらも「でも、それだけかな？　人気があるっていうのは、来たお客さんの人数のことだけかな。Sちゃんのゲーム屋さんは、たくさんの人は来ていなかったけれど、すごく人気があったように思う」と意見を言いました。

写真⑧　S児のゲーム屋

○お客さんが喜んでいた姿を紹介し、見方を広げる。

　ドミノ積み木とビー玉を使い、ゲーム場を作ったS児は、お客さんに対してとても丁寧な接し方をしていました。保育者Aは、「Sちゃんのゲーム屋さんには、いつも2、3人くらいのお客さんがいて、やり方を丁寧に教えてくれて、何回でもやり直しをさせてくれたから、楽しそうにしていたよね。たくさんのお客さんは来ていなかったけれど、楽しそうだったよね」と話し、保育者Bは、「喜んでくれているお客さんといると、うれしいよね。何人のお客さんが来たかってことも大切かもしれないけれど、お客さんがどのくらい喜んでくれたか、ってことも大事だと思うよ」と話しました。

⑤A児は次のプランを考えてくる（STEP5）

　このいちょう会議の数日後、A児が「いいことを考えた」と言ってきました。「みんなが喜ぶことを考えたよ。みんなが喜ぶってことは、やっぱり役に立つことが大事なんだと思う。この前、消防署フェアに行ったんだけれど、ああいうのがいいと思う。防災ショーとか」というプランでした。「やるなら、冬まつりかなぁ」とつぶやいていました。

　この話には続きがあります。12月初旬に子どもたちが劇的な活動を発表する機会があり、そこでA児たちは「消防署の話をしたい」と発案しました。オムニバス形式でつなぐ劇表現でしたが、その中で、A児たちは消防署に実際に取材に行き、その成果を生かしてドキュメンタリー風の消防署の話を演じていました（写真⑨⑩）。自分たちで考え、よりよいものにしようと努力して取り組んだことの成果が上がり、満足そうな子どもたちでした。

写真⑨　消防署見学　　　　　　　　　　写真⑩　消防署の劇

⑥考察

○「いちょう会議」が子どもの発案を引き出した。

　一日の園生活の中では、何度か全員が集まって、保育者の話を聞いたり学級全体で行う活動に取り組んだりすることがありますが、このクラスでは「会議をするよ」というと、張り切って子どもたちが集まってきた、というところに重要な意味があります。

　「会議」というやや大人びた言葉が子どもたちにもたらしたものは、自分たちは、一人前の人間として尊重されているという意識なのではないでしょうか。その張り切った気持ちが、「やってみたいことはあるかな？」という呼びかけに対する反応として表れていました。子どもたちから出た発案を、すべてではないにしても、可能な限り実現させていった保育の積み重ねが、実践例２の姿の土台になっていると思われます。

○その日の振り返りの中で多様な意見が出ることで気づきが広がる。

　発案と同じように大切なのが振り返りです。何らかの体験を通して、「楽しかった」「うれしかった」という気持ちが残るだけでなく、「くやしかった」「残念だった」という思いも生じます。このことがとても大事になります。実践例２でも、くやしい思いを全身で表すＡ児の姿が、子どもたちの中に揺さぶりを起こしています。

　子どもたちと行う振り返りの話し合いでは、結論を急がないこと、結論を保育者が出さないことが重要です。保育者自身も話し合いに参加しているわけですから、子どもたちの話を聞いていて疑問が浮かぶときがあります。そのときには、子どもたちにわかりやすい言葉で伝え「どうなんだろう」と揺さぶることで、子ども自身が考えていきます。表面には表れない思いを大切にしていきたいと思います。

○園と家庭との往還の中で、子どもの思いは深まる。

　くやしさを強く感じたＡ児は、家に帰っても改善策について考えてきました。Ａ児の性格の特性に加えて、保護者がＡ児の話をよく聞き、ときには保護者の方が熱心に発案する家庭である、という特性があります。ここまで熱心に考えてくる子どもは珍しいともいえますが、しかし、どの子どもの中にも、園と家庭との往還の中で、思いが深まったり広がったりすることがあると思います。「いいこと考えたよ」と話せる場が園と家庭、双方にあるということが、子どもを豊かに育てていくと考えます。

○子どもの思いや育ちの方向性を理解するための保護者との連携。

　保護者との連携を実現していくために必要なのが、育ちの方向性についての理解です。子どもは、くやしいという思いを抱いたり、ときには挫折したりすることで次のバネになる体験を得ていきます。

　つらい体験を乗り越えるために大事なことは自分で努力すること。何かを変えてみると、たしかに何かが変わっていくという体験を重ねることです。子ども自身の体験が重要であり、保育者や保護者はそれを側面から支える役割であり、体験の意味を理解できるよう、情報を共有していくことが大切だと考えます。ここでも、保育者が子どもの様子を口頭やドキュメンテーションを用いて伝えたことで、理解が進みました。

(3) 子どもとともに行う「評価・改善」のポイント

　実践例1、実践例2を通して、子どもとともに行う「評価・改善」の在り方について紹介しました。最後にポイントを整理します。

○活動の軌跡が掲示になることで意欲の高まりを誘発する。

　没頭して遊び製作したものが記録され、それが掲示されることで、もっと作りたいという意欲がわき起こりました。自分たちの取り組みについて、客観的な視点をもって見直す体験にもつながったと思われます。

○意欲が高まり子ども自らが継続していく取り組みの中に創意工夫がある。

　自発的な動きが促進されるとき、子どもたちの集中度は高まり、様々なアイデアが出てきます。子どもが「評価・改善」に参加する大きな意味に、主体的な関わりが促進されていく、ということがあると考えます。

○クラス全員が集まる場所が「明日の保育を考える場所」になる。

　実践例2で紹介した「いちょう会議」では、クラス全員で今日を振り返っていました。会議の中に一人一人の気持ちや考えを尊重するという姿勢が一貫して流れていたことで、次第にプランを提案する場所になっていきました。子どもたちの主体的な参画の姿勢を培った成果だと思います。

○子ども主体の保育が実現する。

　二つの実践例から、子どもが「評価・改善」に参加する可能性について検討しました。自分たちの遊びの振り返りや、次にどうしたいか、ということについての話し合いを子どもたち自身が行う、ということを大切することで、子ども主体の保育が実現していくことがわかりました。遊びの振り返りを行う際に、写真を活用した記録は、共通の意識を醸成する上で効果があることがわかりました。

❷ 保護者とともに行う「評価・改善」の実践例とポイント

　ここでは三つの実践例から、保護者とともに行う「評価・改善」の可能性について検討します。実践例3「玄関掲示で発信と受信」は、園の玄関壁面の掲示について、その意味と成果についてまとめました。「評価・改善」は、実態を把握することから始まります。保護者に向けてどれだけ情報を開示しているか、その適時性についても検討しました。実践例4「0〜2歳児のポートフォリオでの保護者とのやりとりを通して」は、ポートフォリオを通して保護者と保育者が言葉を交わすことにより、子どもの成長を確認するとともに、子どもの成長を支えている保育の在り方について理解をし、今後への見通しを共通にしていった事例です。実践例5「3〜5歳児のドキュメンテーション掲示を通して」は、日々の記録として作成し公開しているドキュメンテーションを通して、「遊びの中の学び」への理解推進につながったと思われる実践例です。

(1) 実践例3　玄関掲示で発信と受信

　園の玄関は、園に在籍する子どもとその保護者が登降園時に、毎日通る場所です。朝には「おはようございます」、帰りには「さようなら」と言葉が交わされる大切な場所になります。この場所を活用した情報発信は、園全体の保護者に当てたメッセージの発信であり、クラスごとの掲示板でクラスに限定した情報を発信することとは違う重要な意味があります。クラスの掲示板では、日々必要な情報の発信が大切になりますが、園全体の掲示板では、もう少し大きな視点からの発信が効果を発すると思います。

　以下、玄関掲示の例をいくつか紹介します。

①掲示1　呼びかける掲示

○12月。少人数による土曜日保育を行った保育者が、子どもと一緒に見つけたものの写真で玄関掲示を作りました。「どんないろがすき？」という呼びかけが発せられていて、親子で見入っている姿が見かけられました。

○子どもたちが体験していることを伝えるとともに、保護者自身も季節への関心を

写真⑪　玄関の掲示

高めてもらえるようにというメッセージ性のある掲示です。
○掲示の周辺には、風邪予防のお知らせも貼ってあります。健康に関する掲示は、重要ですので、目立つ位置に、しっかり掲示します。

②掲示2　体験を共有するための掲示と展示

写真⑫　ライフアート　玄関の掲示

写真⑬　天井に展示

○子どもたちが楽しんだ表現遊びの作品展を別会場で行った後に、園の玄関にそのときの様子を掲示しました。仕事等の都合で作品展を見学できなかった保護者から、「様子がわかってうれしい」という声が上がりました。
○会場に展示した作品を園内に飾ることで、いつもより素敵な園内になりました。園として大切に積み重ねている保育活動の実際を保護者に理解してもらうために必要なことだと思われました。
○園に在籍する全年齢の子どもたちの様子を一目でわかる形で掲示したことで、保護者も発達の流れを感じ取ることができたようです。
○掲示を見ながら保護者と会話することはとても重要です。文字だけでは伝わらないことを伝えることもできますし、保護者の反応を知ることもできます。「掲示を見る」という行為は、関心を寄せてくれている姿です。見ている姿に気づいたらそのままにしておかずに、声をかけます。すると「なるほど」「いいですね」などの声や、「こういうことをもっとしてください」「こんなこともしてみたら…」など、今後につながる要望を伺うことができました。

(2) 実践例4　0～2歳児のポートフォリオでの保護者とのやりとりを通して

　0～2歳児の保育においては、一人一人に応じたきめ細かな保育が求められています。以下に保育所保育指針（平成29年3月改定）に記載されている箇所を抜き出しました。

> イ　指導計画の作成に当たっては、第2章及びその他の関連する章に示された事項のほか、子ども一人一人の発達過程や状況を十分に踏まえるとともに、次の事項に留意しなければならない。
> 　(ア)　3歳未満児については、一人一人の子どもの生育歴、心身の発達、活動の実態等
> 　(イ)　3歳以上児については、個の成長と、子ども相互の関係や協同的な活動が促されるよう配慮すること。
> 　(ウ)　異年齢で構成される組やグループでの保育においては、一人一人の子どもの生活や経験、発達過程などを把握し、適切な援助や環境構成ができるよう配慮すること。
>
> 〔保育所保育指針　第1章総則　3保育の計画及び評価(2)指導計画の作成イ〕

　3歳未満児については、「一人一人の子どもの成育歴、心身の発達、活動の実態等に即して、個別的な計画を作成すること」と記載されています。乳幼児期の子どもは、個人差が大きく、一人一人に応じて保育を展開することは、3歳以上の子どもにおいても大切な視点ですが、とくに、3歳未満児においては、欠かすことのできない重要なポイントです。

　3歳未満児の保育においては一人一人に応じ、その子どもが今どのような状態にあり、どのように伸びようとしているのかを理解し、援助していく姿勢が求められています。その際、子どもが伸びていくということは子ども自身に任されたものであるということを、保護者も理解していることが重要になります。保護者の理解を得るために効果を発揮するのが、ポートフォリオやドキュメンテーションといった記録です。そのような記録に子どもの育ちを刻むことで、保護者とのより深い共通理解を図ることができると考えます。

①保護者との対話に用いるポートフォリオ作成上の留意点

○その子の「今」が捉えられるシーンを選び記録する。

　日々保育する中で、その子が育とうとしている状況を把握します。チームで保育している保育者間でそのことを話題にしながら、「今」の姿（育とうとしている姿）に目を留めて記録するようにします。

○表情や仕草、手の動きなど写真から伝わることを大切にする。

　言葉だけの記録では伝わらないことが写真からは伝わります。日ごろから子どもの仕草や表情が発している声に敏感になると、そのような写真を撮ることができるようになります。また、逆に写真から伝えるつもりのないことが伝わってしまうこともあるので注意しなくてはなりません。作成したら主任や園長などの確認を得ることが必要です。

○子どもの気持ちや体験について補う言葉が評価的な言い方にならないようにする。

　一人一人に応じた計画や記録を作成することの意味は、「子どもの今を肯定的に受け止め支えていく」ことにあります。保育者が書く言葉が評価的になると、保護者も評価

的な目で我が子を見るようになってしまうので注意が必要です。
○ポートフォリオを介して対話することを大切にする。

月に一回ポートフォリオを作成し保護者に渡します。そこに保護者からのメッセージが書き込まれて担任の手元に戻ってきます。保護者からのメッセージには、我が子への思いが込められています。それを読み、保護者の思いを理解することはもちろんですが、そこで得たことを対話のきっかけに活用できるようにしています。実際に言葉を交わすことでより理解が深まり、信頼関係が築かれていくと考えます。一年間やりとりをしたポートフォリオは、年度末、保護者に渡しています。

②ポートフォリオの作成例

> 毎月1回発行します。個人用のファイルに入れて保護者に渡します。

> 子どもの遊びや生活の姿の中から、その子の今が表れているな、と思える姿を選びます。

○○組　5月の姿　A児さん　　「いっしょに」

いろいろなことに興味を持って、よく「みたい！ みたい!!」と言っています。
この日も「虫どこ？」「ダンゴムシいるかな？」など…いろいろ言いながら（保育者に見つけてほしいそぶりも見せつつ）虫を探していました。

3人で注目して動くものを追い、じっと見ている…というほほえましい姿となりました。

この時、ともだちそれぞれにそんな感じで虫を探しつつ歩いていました。そして誰かが見つけたもの（虫）と言うわけではなく、たまたま近くにいて、Aちゃんが「あれ？なんだろ？」と気づいてつぶやいたことから…

担任から…
Aちゃんは、ほんとうに好奇心いっぱい！おもしろそうなものに、ピピピ…とひきつけられるようです。

おもしろそうなものをいっしょにおいかける…そして、目を合わせ笑い合う、そんなおともだちとのかかわりが頼もしいです。

保護者の方からのメッセージ、お家での様子など…

> 外側から見ていたらわからないような、じっくり観察することによって見えてきた姿について紹介します。
> その際、評価的な記述にならないように気をつけ、具体的な言葉や仕草などを記述するようにします。
> このようなことを書くためには保育者がどのくらい子どもを捉えているかが問われます。

> 書くことが好きな保護者もいれば、苦手な保護者もいます。スペースは大きくしすぎないようにします。
> また、辛口の書き方になりがちな保護者もいますが、この往復書簡は「子どものよいところを喜び合うためにある」という原則を伝えるようにし、担任からのコメントもそのような気持ちで書くようにします。
> 担任からは、保育の中で大切にしていることを盛り込むように気をつけます。

(3) 実践例5　3～5歳児のドキュメンテーション掲示を通して

　日々の遊びや生活の中の学びを記録し、保護者や子どもたちと共有するために、ドキュメンテーションを作成しています。限られた勤務時間の中で、毎日1枚作成することに意味を置いていますので、大きさはＡ4、枚数は1枚、作成は30分位としています。1クラスを2名の担任で保育していますので、昼食後などに今日の保育をおおまかに振り返りまとめるテーマを決め、どちらかの担任が作成するようにします。ドキュメンテーション作成が、保育の共有と振り返りの機会になっています。作成したドキュメンテーションは、クラスの壁に1週間分を並べて掲示していきます。その期間を過ぎた掲示はファイリングし、いつでも閲覧可能にします。

写真⑭　壁に掲示したドキュメンテーション

①ドキュメンテーション作成上の留意点

　○情報量が多くなりすぎないようにする。

　　子どもと過ごしていると、記録として残したいことが次々に出てきます。しかしそれらをすべて盛り込むことは不可能です。また、伝わる内容も拡散してしまいます。「今日はこのことで」と絞っていくことが必要であり、絞った視点が、保育のねらいを意味していると考えます。

　○活動の紹介のみにはせず、経験の中身について伝えるようにする。

　　「何をしたか」でとどまるのではなく、「その体験を通して何が経験としてその子どもの中に残ったか」をわかりやすい言葉で表すようにします。このような考えでドキュメンテーションを作成していくことを通して、保育者としての資質が向上していくと考えます。

　○掲示がきっかけとなる対話を重視する。

　　ポートフォリオのところでも書きましたが、ドキュメンテーションも対話のツールとなることが重要です。足を止めて見てくださっている保護者や、自分の体験を振り返るようにして見ている子どもの姿に気づいたら、言葉を交わすようにします。作っておし

まい、というものにしないように気をつけます。
○保育者同士が見合い、互いの保育に対する理解の機会とする。

　ドキュメンテーションは、日々の保育が記録された重要な資料となります。日ごろから他クラスの掲示にも関心をもつことは大切ですが、ドキュメンテーションを持ち寄った研究会などを開くことで、他クラスの実態を理解したり、保育観を共有したりすることができます。

写真⑮　研究会

②ドキュメンテーション作成例

ねらい「異年齢の子どもとの関わりを楽しみ、相手に応じて行動できるようになる」が、この掲示の土台となっています。

すっきりとしてレイアウトで、伝えたいことが分かりやすく伝わってきます。中央部分の文章には、だんご作りの中で「色や手ざわりの違いに気づいている」とし、遊びの中の学びについて説明しています。

もみじ　　　　りんご組とお散歩！　　　20●●年 3月9日（木）

今日は、りんご組と一緒に広場へお散歩に行きました。優しく声を掛けながら、すぐに手をつなぐことができ、安心して任せられるようになりました。

広場では、新しい発見が・・・

おだんごづくりにはまっている子達はここでもおだんごづくりを始めました。でも不思議なことに、ここの砂は濡らさなくてもまとまる砂なんです。色や手ざわりの違いにも気づいたようです。

もう一つ！たくさん石が転がっている広場の石拾いを始めた子ども達。いろんな石があることに気付きました。ツルツル、ザラザラ、黒い石、濡れると色が変わる石…いろいろなお気に入りが見つかっていました。

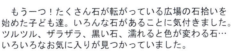

後ろ姿の写真から、異年齢の子どもたちが心を通わせて歩いている様子がうかがえます。
我が子を探す見方ではなく、このような経験が大事だな、と思ってもらえるように、という願いが込められています。

手の写真は、子どもたちが夢中になって遊んでいる雰囲気を感じさせます。後ろ姿の写真と同様、我が子も同じ、という気持ちになりやすい写真です。

(4) 保護者とともに行う「評価・改善」のポイント

○掲示や配布物などの情報発信はきっかけであり、重要なのは対話。

　　発信が重要だと思うと、どうしてもそのことに力が入ってしまいます。しかし掲示や配布物を通しての情報発信は、保護者との関係構築のためのきっかけに過ぎないということを忘れないようにしたいと思います。そのためにも、発信する内容を盛り込み過ぎないことが重要です。伝えたいことを絞り、情報量を絞って発信することで、補足の言葉が必要になります。そこから対話が始まるといっても過言ではありません。

○保護者が発信したくなるような雰囲気づくりが大切。

　　聞き上手の保育者は、いろいろな保護者から情報を得ることができます。そのためには、保護者対保育者という関係に対する節度を保ちつつ、親しみをもって挨拶や言葉を交わすことが効果的です。日ごろから声をかけ合える関係を築いていくと、保育者が求めなくても、保護者の方からアプローチしてきてくれる場合があります。保護者の在り方や発信を肯定的に受け止める姿勢が大切です。

○共通体験は、保護者と保護者、保護者と保育者、保護者と子どもの重なりを可能にする。

　　乳幼児期には、できるかぎり多くの「楽しい体験を親子でする時間」を積み重ねたいと願います。そのために、一緒に見る、一緒に驚く、一緒に笑うなど、共通の体験の中で心躍らせる体験を親子で楽しめるように積み重ねていくことが大切だと考えます。

○本物の体験を大切にする。

　　保護者や子どもたちの心を開放し夢中になる気持ちを引き出すのには、より本物に近い体験が効果的だとわかりました。大人の心を揺り動かす体験を大切に積み重ねていきたいと考えます。

❸ 地域とともに行う「評価・改善」の実践例とポイント

　二つの実践例から、地域とともに行う「評価・改善」の可能性について検討します。
　実践例6「子育て広場での出会いと対話」は、子育て支援事業の一つとして行った子育て広場の活動の記録です。実践例7「ご近所への年末のご挨拶」は、暮れが近づいたころに、一年間お世話になった近隣の地域を回りご挨拶をした事例です。

(1) 実践例6　子育て広場での出会いと対話

　この実践例は、子育て支援事業の一つとして開催している子育て広場についてです。そこには、10組ほどの親子が週1回集まってきます。そして、2歳児の保育室でゆっくり遊んだり、親同士の語り合いを楽しんだりしています。施設長と担当の保育者やボランティアの学生が、親しみをもった関わりを重ねています。

写真⑯は、栄養士による「食の楽しさを味わうワークショップ」の様子です。ホットケーキを焼き、そこに飾りつけをして楽しく食べています。

おいしく食べながら「ふだんはこんなに食べないんですよ」と悩みが語られたり、それに対して、「うちもそうだったけれど、だんだん食べるようになるから大丈夫」というアドバイスが飛び出したりします。同じものを食べる、といううれしさが、人と人をつなげるように思います。

写真⑯　クッキングを楽しむ子育て広場

子育て広場は、週１回という限られた回数の体験になりますが、家庭とは違う場所に自分の居場所ができる喜びを親子で味わっているように思います。

(2) 実践例7　ご近所への年末のご挨拶

年の暮れになり、保育室の掃除もすませたころに、ご近所への年末のご挨拶に回ります。園から歩いて行くことができる範囲内ですが、町会長さんや花の苗を届けてくれるお花屋さん、園医さんのところなどにご挨拶にいきます。出かける前に、地域の地図を見て、それぞれの場所を確認します。できれば、あまり大人数にならない方が、ゆっくりした気持ちで出かけることができるので、年末の買い物チームも編成します。ご近所への年末の挨拶チームと年末の買い物チームに分かれて出かけます。

どちらのグループも、園外に出て地域の雰囲気を感じるところに、大切な目的があります。『年末餅つき大会』というポスターが貼られていたり、門松が飾られていたり、年末ならではの地域の景色を楽しみます。また、町会長さんたちのところに到着したときには、子どもたちの言葉で挨拶をするようにします。実際に言葉を交わすことを大切にします。

年末のご挨拶を終えて園に戻ったら、地図に出会った人のことやポスターのことなどを記入していきます。記入することで、体験が確かなものになると思われます。

(3) 地域とともに行う「評価・改善」のポイント

○出会うことからすべてが始まる。
　　園内にとどまるだけでなく園外へ出かけること、あるいは、園の外からの訪問者を歓迎することで、出会いの機会が生まれます。出会いに対して心を開くという積極的な姿勢が大切だと考えます。

○出会い関わることを通して園のことが伝わっていく。
　　挨拶を交わす、楽しく過ごす、悩みを話すなど、出会いの機会を得ることで、様々な関わりが生まれます。いずれの関わりの中にも、園の教育観が表れます。ホットケーキ作りで、自分たちでクリームなどの飾りつけができるようにしているということから、

創意工夫が歓迎されていることが伝わってきます。年末の挨拶で、子どもたちが自分の言葉でいつもお世話になっていることのお礼を言えるようにしている姿から、子どもの意思を尊重している保育観が伝わります。

○<u>出会いの中で自分たちの中に残ったことを記すことで、体験が確かなものになる。</u>

　散歩に出かけた子どもたちが、その記憶を、大きな地図に書き込んでいる様子を見たことがあります。「ここにいたよね」「こっち行くと○○があるよ」など、地図を見ながら、体験を思い出したり、さらに知っていることを伝え合ったりする姿が見られました。このことにより、体験がより確かなものになっていくように思われました。

（宮里暁美）

第3部

実践事例編

　実践事例編では、幼稚園、認定こども園、保育者養成校が実際に行っている実践をもとに、子どもの理解を深める「ドキュメンテーション」がどのように作成され、保育や子育て支援にどのように活用されているかを取り上げています。実際の実践例に触れることで、作成や活用のヒントやアイデアを多く得られるはずです。また、単なる活動の紹介としてではなく、なぜ園や養成校（子育て支援活動）でドキュメンテーションを導入したのか、そのことで子ども、保護者、保育者に何が育ち、何が課題となっているのかなど、ドキュメンテーションをもとにして深く子ども理解の理論と方法を学んでいきましょう。

9章 ドキュメンテーションを生かす保育~武蔵野短期大学附属幼稚園

1 ドキュメンテーションを保育に生かす取り組み

❶ 園の幼児教育・保育について

　武蔵野短期大学附属幼稚園は、埼玉県狭山市に武蔵野短期大学の実習園として昭和57年に開園されました。幼稚園は短大の敷地のそばにあり、短大と同一敷地内には大学、大学院もあります。短大・大学とは、学園祭への園児の参加、実習生やインターンシップの園での受け入れ、短大・大学教員の研究のフィールドとしての機能等、連携や交流を図っています。大学の英語や書道の専門の先生の協力を得ている課外活動等も連絡・交流の一環です。

　本園では、以下の４つを教育目標としています。ここ数年は、園児の実態から、とくに４つ目の目標に焦点を当て、子どもの興味・関心を大切にし、自分で考え、ものごとに主体的に取り組む子どもをめざして日々の指導を進めています。

○明るく素直…………やさしい子
○すすんで遊ぶ………げんきな子
○友だち大好き………たすけあう子
○興味・関心…………かんがえる子

幼稚園の周囲は畑や茶畑に囲まれ、比較的落ち着いた環境です。幼稚園に隣接する形でグラウンドがあり、広さと自然の中で子どもたちはのびのび、生き生きと日々生活しています。

写真①　園庭でみんなのびのび

　また、平成30年度から幼稚園の施設内に地域型保育所としての小規模保育園を開園いたしました。まだまだ試行錯誤しながらではありますが、異年齢保育による子どもの協調性、思いやりの気持ちなどの社会性を育む取り組みを行っています。

❷ 子どもたちの生活の様子

一日の生活の大きな流れは次の通りです。
　９：００　徒歩（車）通園児：登園・所持品の始末・身支度・好きな遊び等
　９：３０　バス通園児：登園・所持品の始末・身支度等
　１０：００　遊び・活動（朝の会／好きな遊び又は活動）

12：00　給食
13：00　午後の活動
13：30　帰りの会
14：00　降園

　登園後は好きな遊びに取り組んで過ごしています。バスでの登園があるため全員が登園するまでに時間差が生じます。全員が登園する10時ごろ、朝の会を行い、遊びや活動へと移ります。活動では保育室や園庭で好きな遊びをして過ごしたり、製作や行事に向けた話し合いを行ったりしています。様々な遊びを楽しんでいますが、子どもたちがとくに好きなのは園庭での遊びです。

　園庭は、平らなコンクリート部分と土の部分とに二分されており、どちらもかなりの広さがあります。コンクリートの園庭では、一輪車、三輪車、ストライダー等に思い思いに取り組む姿が見られます。土部分の園庭は、春にはシロツメクサが一面を覆い、夏には雑草の間に昆虫が潜み、秋にはマテバシイやコナラのドングリ、ギンナン、ムベ、ミカン、キウイ等が園庭を彩り、ごっこ遊びや探索活動、ときには泥だらけになるほど思い切り遊んで過ごしています。また、園庭での畑活動も楽しんでいます。昨年までも行っていましたが、今年度から地域の方にご指導いただき活動を広げてきました。育てた作物を使い、食育活動なども行っており、子ども達も地域の方との関わりを楽しみながら過ごしています。

　園では春はお店屋さんごっこ、夏はお泊まり会や夕涼み会、秋は運動会、冬は発表会に作品展と年間を通して様々な行事があります。平成30年度は、行事に向けた活動の内容を、子どもの姿に合わせて見直しを行いながら進め、日常の子どもの生活と遊びをつなげていけるように取り組んでいます。

❸ ドキュメンテーションを生かした保育

　本園では、これまで写真や動画など可視化されたものを保護者への伝達に使ってはいましたが、保育の質の向上を目的に、「ドキュメンテーション」として意識して用意したり、作成したりするまでには至っていませんでした。ですが最近は、より子どもの気持ちや姿を受け止めることができるようにと、写真や動画などを保育で生かしていくようになりました。「ドキュメンテーション」としてはまだまだ試行錯誤をしながらではありますが、ここでは本園での現在の取り組みや今後に向けた課題などを取り上げていきます。

　まず本園で写真を保育で生かしている場面を、「共有する」「伝える」「振り返る・つなげる」の次の三つに分けて紹介します。

(1) 共有する

　保育者が保育中に子どもの姿に驚いたり、感動したりと心を動かされた場面をほかの保育者と共有しています。心動かされた場面を写真や動画で撮り、その写真などをもとに、保育者が「どんな場面だったのか」「どういう思いで伝えたいと思ったのか」写真を見せながら子どもの姿を伝え、共有するに至っています。この方法で行っているのは、子どもの姿を文にして表現するよりも、保育者の感じたままの言葉で伝える方が表現しやすく、始めやすかったという理由があります。

　降園後のちょっとした時間や保育中などに「ねぇ、みてみて！」と自然な形で保育者間で行われています。また時には、本園で「4時の会」と呼んでいる終礼の職員会議にて、全員で子どもの姿を共有することもあります。写真や動画を介すことで、言葉では伝えきれない「いま」の瞬間を共有することができ、保育者間での子どもの理解が深まっています。写真を撮った保育者の思いをほかの保育者に伝える中で、子どもの成長をともに感じ、一人では気づかない子どもの姿などを共有しています。共有の様子をエピソードとして紹介します。

エピソード1　Aくんの笑顔（3歳児）

　年少児のAくんは気持ちが落ち着かず、保育者など大人から離れることができなかったり、身支度や遊びへと気持ちを向けていくことができなかったりしていました。担任はどう関わっていけばよいのか考え、他クラスの担任や巡回相談の先生に相談していきました。その中で「Aくんのことを気にかけてくれているBちゃんとの関係をきっかけにしてみよう」ということになり、担任は実践していました。後日、降園後の時間に担任は撮影した写真を見せながら話をしてくれました。

写真②　「だいじょうぶだよ」

【保育者1】友達が来てくれてほっとしたのかな。友達といて表情も少し違ってきたね。

【保育者2】そういえば、今日違うときにBちゃん、Aくんにこう言ってくれてて。

【保育者3】Bちゃんそういうこと言うんだね。まるで小さな先生みたいで優しいね！

【担任】今日Aくんが泣いていたときにBちゃんが「どうしたの？」って優しく声をかけてくれたんですよ。Aくんも落ち着いてきて、そのあとうれしそうにBちゃんや友達と一緒に遊んでいたんです。

　AくんがBちゃんと笑顔で過ごす姿に担任は心を動かされました。Aくんについては担任以外の保育者も気にかけていたことであり、成長の喜びを共有することができました。また、ほかの保育者が見た別の姿も話題として上がり、よりAくん、Bちゃんの理解が深まっていきました。また、写真をきっかけに、ほかの保育者が出会った二人のエピソードなども話題に出てきて、違う視点からの姿を知ることでAくんとBちゃんの姿を、より知ることができました。

> **エピソード 2** 畑の初収穫
>
> 　昨年までも畑活動は行っていましたが、保育者側に十分な知識がなく、子どもたちが満足に野菜を味わうことができるほど収穫することができないでいました。今年は地域の方に協力していただき活動していきました。自由遊びの中で畑活動を行い、一生懸命お世話してきたミニトマトも3個ほど赤い色に実り始めました。待ちに待っていた収穫を子どもたちと行った日、その様子について写真を見せながら終礼の職員会議で話しました。
>
> 【保育者1】
> 今日はトマトが収穫できたので、一番張り切って畑のお世話をしていた二人に一番に食べてもらいました。見てくださいよ！　この顔と表情！
>
> 【保育者2】
> すごくうれしそうな顔をしているね！
>
> 【担任】
> 最近すごくワクワクしながら外に行くことが多かったんですけど、これを楽しみにしていたんですね。
>
>
>
> 写真③（左）
> 待ちに待った初収穫
>
> 写真④（右）
> 甘くておいしいね！
>
> 　ここで子どもたちが収穫し、とれたての野菜を味わうことでどのようなことを楽しんでいるのか共有しました。それにより、担任などは見ることができなかった子どもの姿を知り、子どもの興味や行動と結びつけていくことができました。

　エピソードにあるように子どもの姿や様子を共有することで、担任保育者は考えや悩みを伝えるとともに、様々な先生の考えを知ることができ、より多くの視点から子どもを理解したり、関わったりすることができるようになっています。また、子どもが関わるのは担任保育者一人だけではありません。子どもの姿を共有することは、園全体の保育者、職員で子ども一人一人を見守っていくことができるとともに、一人一人の子どもたちの姿を受け止め、子どもの理解をより深めていくために大切なことです。

　このとき注意しなければならないことは、共有する際は「否定しないこと」です。保育者が「伝えたい」と思ったことを否定してしまうと、ありのままの子どもの姿を伝えることに消極的になり、保育者の思いを表しにくくしてしまうでしょう。ときには気になることもあるかもしれませんが、その保育者が感じたことや気づいたことを尊重し、受け止めていくことで、安心して保育について話すことができるようになります。聞く側の保育者は、ありのままの子どもを受け止めようとすることが大切です。

（2）伝える

①学年だより

保護者に向けたお便りなどは、文章で子どもの遊びや活動の様子を伝えていましたが、現在ではコメント付きの写真を載せながら伝えるようになりました。1、2週間に一度、学年毎に担任が撮影した写真を持ち寄り、係活動などの生活の様子や楽しんでいる遊び、友達との関わりなど、写真を見返しながら伝えたいことをまとめ、コメントを付けています。とくに保護者の方々が、登園・降園時や、行事では見ることができない姿を伝えられるようにしています。

写真⑤　5月の年少組だより1
好きな遊びを紹介

写真⑥　5月の年少組だより2
友達と活動を楽しむ姿を紹介

4月、5月の新年度が始まったときは、環境の変化に子どもも保護者もドキドキしてしまうこともあります。どの学年でもお便りを出していますが、とくに入園したばかりの年少組では、写真を中心にした学年便りを発行していき、生活や遊びの姿をこまめに保護者に伝えていくことで、親子そろって安心して園生活を送れるよう配慮しています。

②作品展での取り組み

毎年2月に作品展を行っています。以前は作品展のための作品を製作していくこともありましたが、行事の内容を見直していき、近年は子どもの遊びから生まれたものを大切にしながら作品展へとつなげています。「どういう思いで子どもたちがこの作品を作り、遊んでいったのかを伝えたい」と考えて、子どもの作品と一緒に、取り組みの過程を、写真にコメントを添えて掲示するようにしました。

写真⑦　取り組みの写真にコメントを添えて

実際に保護者から「どうしたらこんな汚れ方をするのかわからないでいたけど、これだけ子どもが夢中になっていたんですね」「子どもが幼稚園を楽しみにしながら過ごしていたことがわかりました」「子どもが遊び込んで作っていたのがよく伝わりました」などの感想が多数寄せられました。

写真を用いて伝えていくことで、保護者は、行事で見せる「飾られた子どもの姿」ではなく、普段の姿を知ることができます。普段の姿を知ることが子どもの成長を感じたり、安心

したり、ときには子どものつくり出す遊びの世界を味わうことができたり……。

このように、保育を「見える化」することにより、保護者は子どもをよりよく理解していく中で園の保育への理解も深め、園と家庭との連携が図られていきます。

写真⑧　継ぎ足された紙に思い切り…

写真⑨　「壁に貼るよりもここがいいよ！」

(3) 振り返る・つなげる

①保育者の振り返り

可視化された記録を見返すことにより「なぜ」「何を感じたのか、考えたのか」など、子どもの姿について考え、関わり方や保育環境の整備などについて考えることができます。つまり、写真や動画は保育を振り返り、明日へとつなげる大切な材料になっています。次のエピソードで見てみましょう。

エピソード3　楽しみにしていた赤かぶの収穫が……（5歳児）

年長組では、プランターで赤かぶを育てていました。毎日絵日記を書いて生長を楽しみにしていた子どもたち。葉も茂り、実も土から盛り上がるほど実ってきました。ある金曜日、その様子を見た担任たちは、子どもと相談し月曜日に調理して食べることにしました。

待ちに待っていた月曜日、子どもたちが登園すると、赤かぶはアオムシだらけで、葉っぱが食べつくされていました。担任も子どもたちも食べるつもりでいた赤かぶが食べられなくなり、とまどってしまいました。担任は、その様子を写真に撮り、ほかのクラスや園長、主任に相談しに行きました。

悲しんでいる中で、子どもの中にはアオムシに興味をもつ子どもも多くいました。そこで「このアオムシを育ててみるのはどうだろうか」という話が上がり、担任たちは急いで「アオムシ図鑑」「虫かご」を用意していきました。すると、子どもたちは早速、図鑑でアオムシについて調べ始め、飼育が始まりました。

　このときは誰もが予想外の事態にとまどいました。とくに経験の浅い保育者は、予定していた流れと大きく変わることで、どうすればよいのかと焦りました。しかし、写真を基に共有していく中で、子どもの姿を冷静に受け止め、環境を用意していくことができるようになり、子どもの活動の充実へとつながっていきました。当の保育者にとって「子どもの姿に合わせて、ときには予定を変更していく」といった、柔軟な関わりについてほかの保育者から学ぶことができる機会にもなりました。

②子ども自身の振り返り

　年長組では、今年度、2学期の最終月に学期の振り返りとして、保育者が撮影した写真から子どもが写真を選び、選んだ写真に子ども自身がコメントを書いていく取り組みを行いました。

写真⑩　たくさんあそんだね！

　「なんて書く？」と相談しながら、子どもたち自身で活動や遊びを振り返り、思い出を語ることで、その余韻を友達と楽しむ姿がありました。また保育者が、子どもの書いたコメントから、そのときの子どもたちの行動だけでは気づくことができなかった子どもの思いを改めて捉えることにもなりました。このことが子ども理解をさらに深め、遊びや活動をどう展開していくのかと改めて考えるきっかけにもなりました。

　また、子どもの思いが熱いうちにこうした試みがなされるよう、タイミングを考え、実践につなげていくことが大切です。

写真⑪　友達と思い出を話しながら　　　写真⑫　落ち葉は「あたたかかったよー」

9章 ドキュメンテーションを生かす保育～武蔵野短期大学附属幼稚園

2 ドキュメンテーションの実践を振り返って

　先に述べたように、本園では、まずは「子どもの姿を受け止めていく」ことを意識し、「ドキュメンテーション」に取り組み始めたことで、保育者や子ども、そして保護者にも変化が見られました。以下に取り上げてみます。

❶ 保育者の意識の変化

　保育の中で写真を撮影していくことについては、最初のころは「とにかく写真を撮らないと」という義務感もあり、多くの写真を撮ることで必死でした。ですが、写真を撮り、共有したり振り返ったりしていく中で、子どもの姿を受け止めるポイントについて少しずつコツをつかんでいきました。それは写真にも表れ、以前は俯瞰的に子どもの姿を記録していたものが、子どもの視線に合わせ、表情を記録するようになり、どういう場面を記録として残し、子どもの姿を受け止めるといいのかと、撮っている保育者自身が感じるようになっていきました。

　子どもを理解することもそうですが、何よりも保育者同士で保育の話を楽しむようになった、これが一番の変化です。保育中や降園後の時間に「先生！　今日こんなことがあったんです！」「今日は遊びの中で…」など、子どもの話をうれしそうに話し、聞いている保育者も驚いたり笑ったりと子どもの話で盛り上がっています。そのように子どもの姿を楽しむことで、「ほかの先生も子どもを見守っていてくれる」という安心感や多様な子どもを見る視点を得ることができ、保育者に自信をもたらしてくれています。

写真①　友達といっしょは楽しいね！

写真②　真剣なまなざしを捉えて

② 保護者の意識の変化

本園はバス通園児も多いことから、子どもの送り迎えの際に保護者の方々全員とコミュニケーションを図ることが容易ではありません。保護者とのコミュニケーションをいかに図るかは、園としての課題の一つでもありました。以前は、保護者が子どもの様子を直接見聞きし、知ることができる場面は行事や保育参観の機会くらいで、保護者と園の保育について話をすることは、日々の連絡帳でのやりとり、行事後に行われるアンケート等に頼ることが多いのが現状でした。

写真③　子どもの写真を見ながら

その現状が大きく変わったわけではありませんが、写真を意識して使いながら、こちらの意図や子どもたちの日ごろの姿をきめ細かに伝えていくことで、連絡帳にお便りの感想が書かれていたり、掲示していた写真を見て「先生！　この写真の…」と会話が生まれたりと、子どもの具体的な成長の姿を話題にするきっかけになっていきました。保護者が「こういうこと楽しんでいるんだ。こんなことができるんだ」と自分の子どもだけではなく、園の子どもたちがどのように過ごし、育っているのかを知ることができることで、園の保育への理解を広げたり、深めたりしています。

③ 短期大学との連携

短大・大学構内には、幼稚園・保育園の掲示コーナーがあります。年間を通して、毎月の園だより、子どもの作品、行事の様子等を掲示しています。写真やポスター等可視化されたものを掲示することも多く、子どもたちの写真は、一目でその時々の子どもの様子が伝わることから、学生にも好評です。写真の姿に興味をもった学生がボランティアとして園に足を運ぶことにもつながっています。

また、短大教員からも「幼稚園の活動がわかり、子どもがどんなことを楽しんでいるのか伝わってくる」と反響がありました。畑活動についてのドキュメンテーションを掲示した際には様々な意見

写真④　畑活動のドキュメンテーション

をいただき、栄養が専門の先生からは子どもと楽しめる食育活動について、美術が専門の先生からは、野菜やその葉や蔓を生かした造形活動についてなど、活動を展開させる提案があり、一つの活動が様々な方面へと広がりを見せました。それまでは、「畑＝栽培する」というように活動を決めつけてしまうことが多くありました。しかし、多くの専門の先生にドキュメンテーションなどで園の様子を伝えることで、活動に合わせた具体的な意見をいただけました。そのため、一つの活動を様々な分野の視点から見ることができ、私たちの保育が少しずつ柔軟性をもったものになってきました。

　武蔵野短期大学では、毎年度末に短大教員による「武蔵野保育研究報告会」が行われています。幼稚園・保育園も参加し、今年度は「ドキュメンテーションを活用することでの保育の質の向上」について、写真・動画・ポスター等、可視化した資料を用いて報告し、意見の交換を行いました。今後も、ドキュメンテーションを効果的に活用し、短大との連携に役立てていきたいと考えています。

❹ これからの課題

　撮った写真や動画を「記録」として意識化することで、本園では、保育者が、保育を「共有する」「伝える」「振り返る・つなげる」ことを繰り返してきました。その結果、「ドキュメンテーション」という手法での保育への様々な試みが生まれました。写真や動画等を媒介に保育者同士が語り合ったり、伝えたり、短いコメントで表したりすることは、肩の力を入れない始めやすさがありました。

　一方で本園の課題も明確になりました。まだ「ドキュメンテーション」として形を残しているものはありません。学年や担任間で共有されている子どもの姿などを、全保育者共有の財産とするには？　子ども一人一人が主役となる記録の作成は？　保護者への適切な伝え方は？　写真等を生かした指導計画の作成は？　等々、課題は多々挙げられます。

　「この写真のどの部分がポイントなのか」「なぜこの写真がよいのか」などの写真だけでは伝えることができない部分を、私たち保育者が言葉等で補うことも必要です。今後は、先の課題とあわせて一つ一つを丁寧に解決し、日々の保育をより豊かに創っていきます。

（石田淳也）

10章 エピソード記述を活用した実践〜ひきえ子ども園

1 エピソード記述を通した子ども理解と援助の実践

❶ ひきえ子ども園の保育方針：「彩色彩光(さいしょくさいこう)」

　ひきえ子ども園（以下本園）は、2017年（平成29年）4月に、保育園から幼保連携型認定こども園に移行しました。認定こども園への移行を大きく後押ししたのは、家庭の実情により就労が難しくなった保護者が、保育の継続を切望され、多様な保護者のニーズに応じた保育の扉を開けたいという一念からです。移行にあたり、子どもを育てる営みは、幼稚園・保育所・認定こども園のそれぞれの特性と、教育・保育における共通理解をふまえ、「子どもの育ちに相応した子どもさながらの保育が展開されるもの」と考えました。

　2017（平成29）年告示幼保連携型認定こども園教育・保育要領の「第1章総則1 幼保連携型認定こども園における教育及び保育の基本」には「乳幼児期の教育及び保育は、子どもの健全な心身の発達を図りつつ生涯にわたる人格形成の基礎を培う重要なものであり（中略）乳幼児期全体を通して、その特性及び保護者や地域の実態を踏まえ、環境を通して行うものである（後略）」と、述べられています。幼稚園教育要領に示される教育の基本や、保育所保育指針に示される保育の目標においても、同様の内容が述べられています。下線の生涯にわたる人格形成の基礎を培う育ちとは、「子どもが自己肯定感を高め、人への信頼感を深めながら生き抜いていこう」とする育ちであると考えています。

　そこで、本園では、保育目標を『彩色彩光』と掲げ、子どもも保護者も保育者も、一人一人が自分のもつ色を輝かせ、そして、それぞれの色と色が幾重にも重なり合って放たれる色のおもしろさ・彩りの美しさに、心を踊らせる生活を紡いでいきたいと願いました。

❷ 子どもの生活の様子

　本園の1日のおおまかな生活の様子を、子どもの姿や写真・図で示します。

エピソード1　だいじょうぶやよ（5歳児）

　登園時、5歳児Yさんが、おはようも言わずに雑に靴を置く姿から、イライラしている感じが伝わってきました。保育室に入り鞄をかけた途端「もう…嫌や」と園庭に飛び出し、鉄棒の前に座り込み激しく泣き出しました。私は、何かあったのかとそばに寄ると、Rさんが、「逆

上がりができんで泣いとるの""だから先生心配せんでいいよ"と、私の気持ちを察して声をかけてくれました。YさんやRさんから、悔しさを自分で乗り越えようと葛藤する気持ちや、5歳児なりの友達や先生への気遣いが感じられました。物に八つ当たりしながらの朝の始まりも乙なものと、私は心の中で二人にエールを送りました。

写真①　だいじょうぶやよ

　このような5歳児が見せた姿に育つにあたり、本園では、子どもが自ら遊び出せるように、一人一人の心持ちに寄り添い、興味・関心や季節に応じた遊びの環境を整え、子どもも保育者も主体的に遊び込めるように心がけています。そのために、次頁の資料①のように、一日の生活を大きく三つに区切り、弾力的に過ごしていきたいと考えています。

❶ **わくわくタイム**

　「好きな遊びに浸る」「友達と協同の遊びを創り出す」など主体的にで遊び込む時間です。

「7月の遊びのひとコマ」

写真②　おっおっ　おもたーい　5歳児

写真③　およめさんのケーキやよ　5歳児

写真④　どろんこ尻すべり台　4歳児

写真⑤　わたし　かわいいでしょ！　1歳児

❷ゆらゆらタイム

　給食や昼寝・おやつとゆったりと過ごす時間です。

　お昼どき、5歳児Sさんの一言
「給食やけど、後少しで団子できるで、作ってからレストラン行くね」

　このように、本園では、自分で遊びの区切りをつけて、次のことへ向かえるように、緩やかな時間の保障をしています。生活の見通しをもち、自分で折り合いをつけながら生活のリズムを組み立てられることが、粘り強く取り組む力を育むと考えています。

写真⑥　レストラン　コックさんも一緒に食事中

❸ほわほわタイム

　帰りの会や延長保育はくつろぎながら一日の生活に区切りを付ける時間です。帰りの会では、一日の余韻にひたるとともに、子どもたちのリクエストに応じ、絵本の読み聞かせやリトミックわらべ歌遊び・音楽会などが繰り広げられています。保育者への信頼が深まり、明日への期待も膨らみます。

　3歳児のYさん

　大好きな4歳児の姉の膝にもたれかかりながら、お気に入りの絵本を姉の友達に読み聞かせてもらい、ゆったり過ごす姿に表れているように、延長保育時間は、異年齢の混合保育とし、家庭で過ごすようなまったりとした環境を整え、心身ともにくつろぎながら過ごせるよう配慮しています。

写真⑦　ねぇねぇ　もう一回読んで

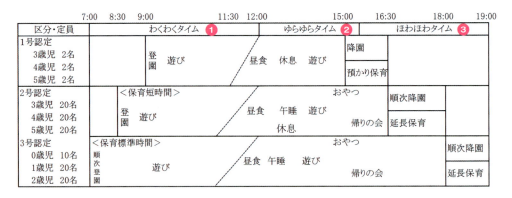

資料①　一日の生活のリズム

10章 エピソード記述を活用した実践〜ひきえ子ども園

2 子どもを捉える保育の記録

　子どもの心の育ちを支える保育を営むためには、目には見えにくい心の育ちを見える化していき、保育者間で共通理解し、子どもと保育者がともに育ち合うことを目指していくことが大切であると考えています。

　そのため、本園では、「私の記録」を書くことと、「エピソード記述」を描くことを軸とした見える化に努め、目には見えにくい子どもの心の育ちの理解を保育者で分かち合い、子どもの気持ちに添った保育に勤しんでいます。

❶ 「私の記録」を書く

　「私の記録」は、月日・子どもの名前と生年月日・欠席者（事由）・絵本・うたと、自由記述の欄からなります。

　一日を振り返り、保育者が個々の考えに応じて書きためています。一人一人の姿を書き、うれしかったことや明日もやってみようと思ったことに印をつけたり、しまったと思ったことや困ったことに下線を引いたり、自分の中で心に残った場面を切り抜いて深く省みたりします。「私の記録」を綴り省みることが、保育者の質の向上につながります。

資料① 私の記録

❷ 「エピソード記述」を描く

　「私の記録」をたどり、保育者が心を揺さぶられた場面を、「エピソード」として切り抜き、その「背景」と、あらためてエピソードを描き読み返した自分の思いを「省察」として記述しています。

　私たちは、日常の様々なドラマの中から、エピソードを切り抜くときには、仲間の保育者

とこの感動を分かち合いたい、このおもしろさを伝えたい、どうしたらいいのだろうと問うてみたい、などの思いが働きます。そのため抜き出すエピソードに、自分の個性と意識や興味・関心が保育者自身に見えてきます。

　そして、描くときには、その場面を思い起こし、身体に残るその子の手の温もりや心に感じた思いをあるがままに描こうとして、あらためてその場面にひたったり、そのときの気持ちをどのように表現すると保育者間で分かち合えるのかを考えて、ペンが止まったり、実際の感動と表現が微妙にずれているような感覚を覚えたりもします。もがきながらも描き抜くことで、自分と対峙し、新たな自分に出会う感動を味わうこともあります。こうして描くことの過程が、保育を洗練させていくことにつながっていると思えます。

❸ 「エピソード」を読み解く

　毎月エピソード記述を持ち寄り、二つのグループに分かれ、看護師、養護教諭も交え、午睡の時間を活用してエピソードを読み合わせ、読み解いています。討議というよりも、サロンで会話を味わうかのように話し合いが深まっていきます。

　描かれたエピソードを読み解いていくときには、ほかの保育者のエピソードに、自分自身を重ね、共感や分かち合える喜びを感じることもあります。ふと、眠っていた思いを呼び覚まされたり、新たに気づき深く考えたりする機会となることもあります。自分とは違う価値観に触れ、さらに自分の視野が広まり、子ども理解も深まり、子どもと出会いたくなります。こうした思いが、保育者間のつながりもより深めていくと実感しています。

　ここで、K先生が描いたエピソード記述（タイトル・背景・エピソード・省察）と、その後の読み合わせの様子までを見てみましょう。

(1) エピソード記述

エピソード 1　背中合わせのラブコール（3歳児・7月）

【背景】

　4月に初めてTくんに出会ったときには、とてもおっとりとした印象をもった。一人っ子で両親が大事に育ててこられた賜物であると思った。しかし、もう一方で、朝の支度や給食などでは、大人から声をかけられなければずっと仁王立ちしている姿に、繊維質の野菜や肉は刻み母親が食べさせているという家庭の姿が重なり、やってもらうのが当たり前になっているのもやむを得ないとも思った。遊びの面でも、カタツムリの飼育ケースをじっと眺めているなど受動的だと感じていたが、耳を澄ますと、「大型バス出発！」「まもなく水族館です。カメさんが待っています」と物語っており、Tくんのイメージの世界を知りたいと強く思った。Tくんのイメージとペースを尊重しつつ"自分で"という気持ちを引き出していきたいと願い寄り添ってきた。

７月に入り、ハサミで自分の思うように紙を切ることができるようになったことがうれしく、ハサミを使うことから一日が始まる。このように興味をもったことを自分なりにじっくりと楽しむＴくんだったが、徐々に周りの人へ目を向けるようにもなってきた。

　そばにいた私が、Ｍちゃんの誘いかけに場を離れようとしたとき、Ｔくんが「もう　だってだってー人だとさびしいんだよ」と、私を求めたことに私自身とても驚いた。"一人では寂しい"つまり他者と過ごすことに楽しさを感じるようになったことをうれしく感じた。

　今回はそんなＴくんが他者と過ごす楽しさをさらに味わうようになってきた様子が感じられる場面があったので描きたい。

【エピソード】

　ログハウスを家に見立てて、砂を使って料理をつくったりしながら、お家ごっこを楽しんでいるＷちゃんとＲくんと私。するとそこにＴくんがやってきたので、私はＴくんにも遊びのイメージが伝わるように「ここは、お家なんだって」と声をかけると、Ｗちゃんも「そうだよ。ベットとお風呂もないとね」と砂をカップに入れ混ぜながらＴくんに話しかけた。するとＴくんが「うん、そうだね。お風呂つくろっか」とつぶやいた！　私は友達の遊びのイメージに合わせて、その世界に入り込んで考えるＴくんの言葉に驚き、Ｔくんのアイデアを形にしたいと思って「じゃあ、ここに（ログハウスの横の砂場）お風呂をつくろうか」と穴を掘って風呂をつくってみることを提案してみた。「うん、そうだね」と応えるＴくん。Ｗちゃんも「つくったら帰ってきてね」と話した。こうして、砂場での風呂づくりが始まっていった。

　そこへ、Ｋくん、Ｇくん、Ｓくん、Ｙちゃん、Ｕくんも興味をもってやってくる。そしてみんなで「お風呂をつくろう」と、砂を掘ったり、水を流したりしていた。

　そんなとき、ログハウスの中にいるＷちゃんから「もしもし、Ｍ先生？」と電話がかかってきた。「今日は何時に帰ってくる？　Ｔくんの誕生日だからね」と話した。子どもたちは、そんな私とＷちゃんとのやりとりをにやっと笑いながら聞いていた。するとＴくんは「Ｔはチョコがいいな」とつぶやいた。私は「Ｗちゃんに電話したら？」と声をかけてみた。Ｔくんは「ぷるるーん、もしもしー」と小声で電話をかける真似をし始めた。Ｗちゃんが気づいていないようなので「Ｔくんから電話だよ」と伝えると、すっと近くにきたＷちゃん。するとＴくんも近づいていった。そしてログハウスの壁を挟んでお互い背中合わせのようになり、話し始めた。「Ｔはチョコがいいよ」、「うん、わかった、つくっとくね」と短いやりとりを交わす二人。二人の回線が私の心にもつながった。

写真①　今日は壁ごしの電話

　その後、砂場での風呂づくりが一段落すると、風呂をつくっていたメンバーみんなでログハウスの家へ帰った。「ただいま〜」と言うと「おかえり〜」と返すＷちゃん。そして「Ｔくん、つくっといたよ」と砂でつくったケーキを綺麗に机の上に並べたＷちゃん。その前のイスにうれしそうに座るＴくん。誕生日の歌を何人かで歌うと「ふぅ〜！」と、ろうそくを吹いて火を

消す真似をしてはにかむTくん。そのケーキをお裾分けしてもらい、みんなでもぐもぐと口を動かして食べた。本当に甘かった。

【省察】

　Tくんが自分の世界から一歩踏み出そうとしていることがうれしく、その瞬間を見逃さないようにしようと常々思っている。この日、Wちゃんが「ベットもお風呂もないとね」と話すと、Tくんが「お風呂をつくろう！」と考えてWちゃんのイメージを実現しようとしたり、Wちゃんが「今日はTの誕生日！」と話すと「チョコレート（ケーキ）がいい」と応えたり、また電話をかける真似をして二人でやりとりを交わしたり…と、TくんもWちゃんのイメージの世界に入って一緒にその世界の中で遊びを楽しんでいるように感じられた。

　これは、Tくん自身が友達と一緒に過ごすことにおもしろさを感じるようになったからこそ、自分もその友達のイメージに合わせて動こうとしたのではないかと感じた。

　そしてこのようなときに、忘れてはいけないのがやりとりを交わした相手との関係性であると思った。Tくんにとって、Wちゃんは、今までも自分の思いを予測してくみ取ってくれようとしたり、優しく関わって受け止めてくれたりする存在であった。だからこそ、きっとWちゃんのイメージの世界へも安心して入り込んだのかもしれない。

　Tくんは素敵なことをたくさん思いついてつぶやいたりするが、目線を合わせていなかったり、声が小さく一人言のように話すため友達に伝わりにくい。せっかく他者、周りのことに興味が広がってきているので、Tくんの言動を見逃さずに、やりとりを交わす心地よさを味わう経験を重ねていけるように支えていきたい。

（2）エピソード記述の読み合わせ

　K先生のエピソード記述を読み合わせていく中で、次の４つの視点を読み解いていきましたので記します。

①I先生の感嘆から

　「Tくん幸せやね。私ならTくんのペースに寄り添えないもの」とI先生が感嘆したことから、寄り添うとはどういうことなのだろうと話が進みました。

　K先生は省察で、TくんとWちゃんの関係性が一歩踏み出す力になったと述べていますが、読み合わせでは、それはもちろんのことですが、何より、砂場の縁に小石を黙々と並べ、ふと空を見上げ「クジラ雲」「葉っぱ雲」とつぶやくTくんに、心を射抜かれたK先生がいつも寄り添っていたことが支えだったように思います。

　さらに、K先生の「私の記録」をたどると、次のように書かれています。

　「４月11日母を求めて玄関先まで追いかけていく。しばらく私もそばにいて、Tくんと同じ動きズズズ…と後ろ向きに歩く。私の動きに気づき、さらにズズズと動く。私も動く。無言のやりとりがおもしろく感じたのか笑顔になる」

「5月10日　Tくん・Kくん・Sくん・Gくん・Yちゃん4人は同じログハウスにいながらそれぞれ別のことをして楽しんでいるが、何となく友達のしていることや使っている物はわかっていて、決してその領域には踏み込まず程よい距離感で過ごしていることが、このメンバーにとっては心地良さそうであった」

　これらの「私の記録」からも、K先生が、子どもたちの心持ちを察しながら子どもと心地よい距離感を保って寄り添っていることがうかがえます。
　またTくんが自分のペースでじわじわと世界を広げていく過程に、もしかしたら、関東から引越し、岐阜で生活を始めたK先生が、じわじわと生活になじんでいく過程と重なり、K先生もTくんに支えられているのかもしれません。Tくんと持ちつ持たれつというごく自然な関係性が、Tくんの扉を開けたように思います。私たちが子どもと対峙するときに何よりも大切にしたい感覚のように思えます。

②新任先生の話から

　新任の先生が、「ままごとらしく遊ばせたくなって、声をいつもかけている自分に気づいた。それらしく遊んでいないと不安になるけど、大事なのは子どもの気持ちですよね」と、話しました。新任の先生ばかりではなく、ともすると私たちは、遊びらしくしようと先を急ぎ入り過ぎてしまう傾向が多分にあり省みたいところです。Tくんが周りに興味が広がっていると捉えられる、今だからこそ、Tくんや周りの声に耳を澄ましじっくりどっしりとともに遊び込んでいきたいです。

③W先生の言葉から

　K先生とともに担任をしているW先生は、「Tくんが気の合う友達と遊ぶようになってきたとともに、自分にも踏ん張る力がついてきたように思う」と、言葉を添えました。あるとき、Tくんと一緒にトンボを見つけたが、捕ることができませんでした。飛び回るトンボを見てTくんは「忙しそうやね～」「（トンボの）ママかなぁ」と呟き、Tくんらしい言葉にほっこりしていると、再び、Tくんが捕まえようと追いかけ始めました。諦めずに向かう姿を初めて見た日であり、Tくんの育ちを実感したそうです。
　自分の内面にも踏み出しているTくんの今を共通理解し、しっかり支えていきたいです。

④紡ぎ合いを通したK先生の思い

　「Tくんの育ちを深く感じとれてうれしい。この思いをお母さんとも分かち合いたい」とK先生。子どもが育つ喜びと、その子が抱える困り感や保護者の不安や思いをも分かち合っていきたいです。
　エピソード記述を描き、保育者間で①～④のように丁寧にいろいろな視点から読み解いていくことで、子ども理解が深まり、保育者としての喜びも湧き、保育がさらに磨き上げられていくと考えています。

4 保護者とのつながり

(1) 連絡ノート

保護者とともに、子育ての喜びや不安、しんどさを分かち合う一つとして、全園児に連絡ノートを配布し、担任と交換日記のように綴っています。

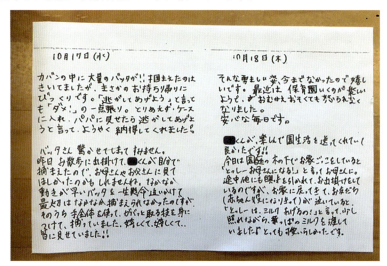

資料②　連絡ノート

(2) 学級通信

エピソード記述で見つめた子どもの育ちや保育者の保育観、子どもさながらの生活の様子を、保護者と共有する一つとして学級通信「ひびき」を、本園では毎週発行しています。

エピソードを紡ぐ中で語られたTくんの様子を伝えた通信を資料③で紹介します。また、Tくんの母親が、通信を読んで寄せてくれた一文を以下に紹介します。

　毎週のお便り　とても楽しみにしています。
　玉入れのエピソード……ウチの子だとは思わずさらりと読み、もう一度読み返したときに、「えっ　ひょっとしてウチの子！　ウチの子やん!!」驚きです。家ではすぐに諦めてしまうのに、できるまで頑張るところもあるんだ！と、お便りを通して新しい発見ばかりです。
　自信を先生がつけて下さるおかげでどんどんたくましくなって！　家では、なかなかできないことも、子ども園では、いろいろ経験させてもらえて、好奇心旺盛な子へ成長できて嬉しいです。

ひきえ子ども園　NO.23
平成30年9月14日

秋を感じながらの散歩。トンボの大群にも出会って、大興奮！
♪トンボのめがねは、水色めがね♪と空を見上げると、田んぼの上をトンボがいっぱい飛び交っていて、「水色トンボや！！」「ピカピカめがねやて！」大興奮。
ひらりと身をひるがえすトンボを追いかけていると
「いそがしそうやねぇ」「お母さんトンボかなぁ」T君の言葉にほっこり。

C君が、用水の水の中にアメンボを見つけて、「捕まえた！」バケツにいれると、「何？」「見たい！」と虫が苦手なDちゃんも、皆を押しのけて、バケツの中を覗き込んでいました（笑）
身近にいるいろいろな生き物との出会い。
ちょっぴり苦手な子もいますが、
心がたくさん動かされています。

手の上にバッタを乗せて
じーっと見つめるE君。
何をお話してるのかな～

草を指に巻いて、「見て！指輪！」とFちゃんが楽しんでいると、「どうやってつくるの？」と尋ねるGちゃん。
子ども同士、お互い教え合いながら、"いいこと"が広まっていくのが、いいですね！

「全然、はいらん…」玉入れって難しい…でも、面白い！

初めて玉入れ遊びをするT君.
「もう！全然、はいらん…」。皆の様子を見て、入ってきたものの投げても投げても網の中に入らず、ちょっぴりイライラ…。
「難しいね…先生も入らんわ…」「お兄ちゃん、どうやって入れとるんかな…」
「ちょっと、遠くから投げてみる？」と挑戦。ダメだ…
「下から上に投げてみる？」と一緒に「せーの！」。
すると自分の頭の上に落ちてきて「いてっ」。
ちょうど、私の頭にも他の子が投げた玉が飛んできて「いてっ」。
二人で顔を見合わせてにっこり。
どこに飛んでいくかわからないことが面白く、
どんどん投げるうちに、
上手になっていくT君。
偶然かごに入った！
「やったー！！」とドヤ顔！

諦めずに、毎日毎日楽しく挑戦していける
T君って、とっても素敵！

資料③　学級通信

10章 エピソード記述を活用した実践〜ひきえ子ども園

3 つながりを深め豊かな生活を紡ぐ

　1歳児Aちゃんが「ただいま」とドアを開け、弾ける笑顔で飛び込んできました。
　お母さんが、「Aちゃん、ここもお家みたいやね」と笑いました。保育者が「おかえり」と抱き止めると、そこに、これから始まることへの期待感、高揚感と緊張感、いつも受け止めてくれる安心感が漂い、一日がスタートします。

　こうした子どもと保護者と保育者が、ともにありのままに生活を創り出せる園の雰囲気が漂う中、保育が営まれていくことが大切であり、その雰囲気を醸し出し豊かな保育の支えとなるのが、記録であると考えています。
　本園では、「私の記録」「エピソード記述」を綴り、子ども理解を深め、弾力的な計画を立てることへつなげています。さらに、子どもと保育者が心を通わせる中で、保育者は子どもの行為の意味を推察し、保育者自身の在りようを省察し、子どもの思いや育ちを理解し、子どもの今に眼差しを注ぎ、関係性を深めながらともに遊び込んで行きます。
「保育を紡ぐ」＝「記録を描く」＝「計画を立てる」＝「環境を整える」＝「保育を紡ぐ」…と、つながりが深まることが豊かな保育を営むことになります。
　そして、子どもさながらの様子や、子どもが育つ過程と、子どもに寄り添う保育者の保育観を、学級通信や連絡ノート・壁面等で保護者に伝えることにより、保護者もまた子どもの内面に触れ、子育ての楽しみが増し、時には不安や惑いが生じ自分自身と対峙する機会ともなります。さらに、保護者がその思いを連絡ノートに綴って下さったり、保育者と話をしたりすることで、保育者や園へのつながりがより深まっていくと実感しています。保育者もまた保護者と対話することで、さらに子どもへの思いが深まり、保育への意欲が掻き立てられます。
　「子ども」＝「保護者」＝「保育者」とつながりが深まることで豊かな生活が営めます。

　最後に、右の絵（写真①）は、エピソードに描かれたTくんが描いた「玉入れ」です。粘り強く玉を投げ続け、カゴに入った瞬間の感動が絵にあふれています。子どもの健やかでしなやかな育ちが楽しみです。

　子どもと保護者と保育者が互いに尊重し合いながら一体感を高め、彩色彩光の生活を紡いでいきたいと願ってやみません。

写真①　入った　Tの玉　入った！

【壁面の活用例】
　壁面にその月のハイライトな子どもの写真を掲示しています。保護者（見る人）の想像力と写真が物語る言葉を大切にしたいと考え、敢えて見出しだけで保育者のコメントは控えていますが、学級通信とリンクするように配慮しています。保護者のメッセージカードが寄せられ、さらに、心和む作品となって、穏やかな雰囲気を醸し出しています。

写真②　秋のひととき

写真③　保護者のメッセージカード

11章 こども園の実践〜文京区立お茶の水女子大学こども園

1 文京区立お茶の水女子大学こども園について

　平成28年4月1日、東京都文京区とお茶の水女子大学は、認可保育所に幼稚園機能を備えた保育所型認定こども園を大学内に開設しました。待機児童の解消とともに、教育・保育の実践及び研究を通して、誕生から死までの生涯発達を見据えた、教育・保育カリキュラムの開発と実践を行うことを目的としています。区と大学が協力して開設した日本初のこども園であり、以下のような使命をもっています。
　○区民への質の高い保育サービス・幼児教育の提供
　○こども園の保育内容についての研究開発と発信
　○実習やインターンシップの場として大学生の受け入れ

❶ つながる保育を求めて

図① 「人・遊び・地球・家庭・地域」の5つのつながり

　乳幼児期の保育は、生涯にわたる人格形成の基礎を培う重要な役割を担っています。本園では、「つながる」保育を基本のコンセプトとし、5つのつながりを大切にしています。
　「人とつながる」「遊びがつながる」「地球とつながる」「家庭とつながる」「地域とつながる」の5つです。これらのつながりを大切にして、子どもたちが豊かに育つ保育をめざしています。

【保育目標】
○食べる、眠る、遊ぶ生活を過ごし、心もからだも健康な子ども
○様々な人との関わりを重ね、自分も友達も大切にする子ども
○「やってみたい」という気持ちをもち、じっくり遊ぶ子ども
○自然や文化との出会いの中で、心を動かし表現する子ども

写真① 地球とつながる・海外のお客様との交流

園の概要（2018年時）

　認定こども園には、長時間を園で過ごす子どもたち（2・3号）と、短時間で家に帰る子どもたち（1号）がいます。保護者が園に子どもを迎えに来る時刻も多様になるため、顔を合わせにくい面があります。ここが、認定こども園の大きな課題になりますが、どの時間帯にも大切な意味がある、と考え、連続性のある保育を構築しています。

認定区分	0歳	1歳	2歳	3歳	4歳	5歳
2・3号認定（保育所）	6	10	11	11	11	11
1号認定（幼稚園）				11	11	11

表① 　園の定員数

認定区分	年齢区分	実施曜日	保育・教育時間
2・3号認定（保育所）	0〜5歳児	月曜日〜土曜日	午前7時15分〜午後6時15分 （延長保育：午後6時15分〜午後7時15分※0歳児を除く）
1号認定（幼稚園）	3歳児	月曜日〜金曜日 （夏季休業等の休園日を除く。）	午前9時〜午後1時 （預かり保育：午後8時〜午後9時、午後1時〜午後6時15分）
	4・5歳児		午前9時〜午後3時 （預かり保育：午後8時〜午後9時、午後3時〜午後6時15分）

表② 　園の教育・保育時間

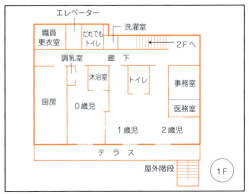
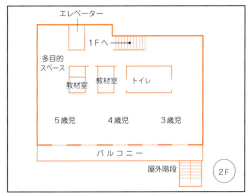

図② 　園の見取り図

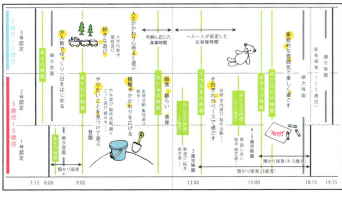

　1、2歳児の保育室と、3、4、5歳児の保育室はワンフロアになっています。棚などで仕切りスペースを保ちつつ、ワンフロアだからこそ異年齢の関わりが拡がる保育が実現しています。

図③ 　一日の保育のデザイン

11章 こども園の実践〜文京区立お茶の水女子大学こども園

2 ポートフォリオ・ドキュメンテーションの取り組み

❶ 0〜2歳児の生活

(1) 遊びや生活の様子

①ゆったりと過ごす

少人数の子どもたちが、ゆったりとした雰囲気の中で過ごしています（写真①）。小さな音が出るおもちゃや手づくりのおもちゃを用意しています。子どもたちの動きに合わせながら、少しずつ遊びの場を変えることを大切にしています。

写真① 0歳児の保育室の様子

②応答的に関わる保育者

子どもたちのやりたい気持ちに応じていく保育者の動きは、穏やかで温かな雰囲気に満ちています。保育室のままごとコーナーに電話のおもちゃが置いてあります。子どもたちは、この電話が大好き。「もしもし」と電話をかけます。2台の電話が並べて置いてあるので、隣り合わせで通話ができます。子ども同士で、子どもと保育者で。笑顔の会話が続きます（写真②）。

写真② 「もしもし」やりとりが楽しい

③キャンパス内での様々な出会い

本園は大学内にあるため、散歩もキャンパス内に出かけます。図書館前にいつも大きな猫がいます。名物猫です。大きくて堂々としているので子どもたちは少し離れたところから見ています（写真③）。キャンパス内を散歩していると、大学生ともよく出会います。手を振ってくれたり、声をかけてくれたり、いろいろなうれしい出会いがあります。

写真③ キャンパス内の散歩でいつも会う

④心地よい生活をめざして

　0〜2歳の子どもたちは、3号認定の子どもたちです。長時間園で過ごすことになりますから家庭的な雰囲気の中で、心地よく過ごせるように心がけています。

　写真④は、給食の様子です。園内の厨房で調理したおいしい給食をみんなで食べています。

　園の生活は、このほかに午睡の時間、おやつの時間、おやつ後の遊びの時間、と続きます。

写真④　1、2歳　給食の様子

(2) 月1枚のポートフォリオが往復書簡に…

　0〜2歳児の子どもたちは、日々成長していきます。子ども自身が言葉で伝えることはまだ十分ではない年齢なので、保護者と保育者が連絡を取り合うことが欠かせません。保護者との密な連絡が重要になります。

　本園でも、日々の連絡は、連絡帳と送迎時における口頭でのやりとりで行ってきました。連絡帳には、食事・睡眠・排泄・機嫌など、家庭での様子を記入してもらいます。一人一人の連絡帳に目を通すことから保育が始まります。保育者は連絡帳に、園での様子を記入していきます。家庭で記入してもらった食事・睡眠・排泄に加えて、園での遊びの様子も記入します。ケガをしたときなどは、伝え忘れが無いようにします。このような日々の連絡に加えて、本園では、月に1回のペースで次のようなポートフォリオを作成し、保護者に渡しています。

作成日：全員一斉に作成するのではなく、その子のことで伝えたいことがあったときに作成し、保護者に渡していきます。（月1回）

「ここがいいな」「育ってきたな」と思う姿を紹介します。保護者に伝わりやすいように、テーマを決めて書きます。

保護者に語り掛けるように書きます。家での様子とつながるようにと願って。

○○組　4月の姿　A児さん　「お掃除ロボ」

以前から「お掃除ロボ」と言って掃除機のようなものを作っては床をお掃除して遊んでいたAちゃん。この日もお掃除をして遊びだしました。その様子見たBちゃんは、Aちゃんと同じものを作りたくて、でもうまく作れなくて困っていました。
「Aちゃん、Bちゃんに作ってあげてくれる？」と保育士が頼むと「いいよー」と快く答えて、作ってくれました。

Bちゃんの「お掃除ロボ」ができあがると、一緒にお掃除を始めました。

担任から・・・
友だちとの関わりの中で「だめ」「Aちゃんのー！」と怒る姿が多かったのですが、最近「いいよ」という言葉が聞かれるようになってきました。○○ぐみになって「お姉さん」と大きくなったことを喜んでいるAちゃん、その喜びが友だちにも作ってあげようという気持ちにも繋がったのかなぁ・・・。
この日、お昼寝のとき
「Aちゃん、お掃除ロボ作ってくれてありがとうね」と話しかけると、「どういたしまして〜」という返事が返ってきました。
友だちとの嬉しい、楽しい関わりを積み重ねていきたいです。

保護者の方からのメッセージ、お家での様子など…

保護者からのコメント欄です。どんなことが書かれてくるか、とても楽しみです。

子どもの様子について、具体的に記述します。観念的・評価的な文章にならないように気をつけます。

月1回のポートフォリオは、ファイルに綴じて園で保管します。3月には1年間分をまとめて、保護者に返します。
ポートフォリオは作成することが目標になりがちですが、大事なのはポートフォリオをきっかけにして保護者と対話することです。

2　3〜5歳児の生活

(1) 遊びや生活の様子

①子どもが遊びをつくり出せるように

子どもたちが環境に働きかけてつくり出す遊びを大切にしています。写真⑤は、自分でつくった車を走らせているところです。車は、ペットボトルのキャップに穴を開けてつくりました。初めは平面で走らせていましたが、もっとスピードを出したいと考え斜面づくりをしたところです。

段ボールを使ってやってみましたが斜面の形を保つことがなかなかできません。どうしようかと考え、イスを使うことにしました。遊びの中に工夫があり学びがあります。

写真⑤　手づくりの車が走るコースをつくる

②異年齢の関わりを大切に

3〜5歳の子どもたちが過ごす2階のスペースは、壁も扉もないワンフロアです。衝立や棚などで区切っていますが、互いの様子を感じとることができる環境の中で、様々な出会いと関わりがあります。写真⑥は1学期末に5歳児クラスの子どもたちが開催した「こどもまつり」に3、4歳の子どもたちが遊びに来ているところです。ゲーム屋、食べ物屋、ショーなど、子どもたちが力を合わせて準備をしました。お客さんが来ると「ここから投げてね」とやり方を説明したり、応援したりしている子どもたちです。

写真⑥　こどもまつりのゲーム屋さん

③キャンパス内の広場を遊び場に

こども園の園舎に隣接している園庭では砂場遊びが楽しめます。スペースは限られているため、キャンパスの中に第二園庭として活用できる場所を持っています。大学の講義室が多くある場所とは離れているため、子どもは思い切り遊ぶことができます。その場所に、保護者の協力を得て小屋をつくりました。拠点となる場所ができて、さらに遊びの楽しさが広がっています。広場では、鬼

写真⑦　広場にお家ができたよ！

ごっこなどの集団遊び、虫探しや花摘みなど自然に関わる遊び、土を掘ったり泥団子をつくったりなど土に触れる遊び、木登りやロープ渡りなど体を動かす遊びなど、多様な遊びを楽しんでいます。

④おやつの時間はカフェテリア方式で

教育標準時間（1号2号、両方の子どもがいる時間帯）の保育と、教育標準時間外の保育（1号の子どもが降園した後の時間帯）は滑らかにつながっていきます。そのつなぎの時間が「おやつの時間」です。給食は全員で一緒に食べますが、おやつはカフェテリア方式です。

担当の保育者と一緒に、おやつ係の子どもが「どうぞ！」と声をかけています。

写真⑧　「おやつはいかが？」当番が呼びかけ

⑤育てる経験を重ねる

広場では畑をつくり、野菜や花を育てています。日の光を受けて、元気に育っている花たちに水をまく子どもたちです。

育てられている子どもたちもまた、何かを育てる体験が得られるように、子どもたちの身近な場所に畑をつくったり、プランターを置いたりしています。

写真⑨　花に水をまく　大好きな仕事

⑥「感じる」を大切にした生活

幼児期に最も経験させたいのが「感じる」ということです。保育室内にも様々な素材を用意していますが、とくに戸外では、土と触れることを大切にしています。

写真⑩は土山でじっくり土に触れている子どもの姿です。掘る場所によって土の色や感触が変わります。しっとりとした土は独特の匂いがします。様々な感覚を駆使して感じながら遊んでいる子どもたちです。

写真⑩　土と出会い土を味わう

写真⑪　土山でアート「感じる」を大切に

その土山を使ってアート体験をしたのが、写真⑪です。山に薄い布をかぶせ、そこにローラーで色をつけていきます。布は薄いので、下にある土や松葉が透けて見えます。まるで土や松葉に色をつけているような気持ちにもなります。

　斜面に沿ってローラーを走らせるおもしろさを味わった保育者が「いつもより斜面を感じた！」と感想を述べていました。子どもとともに保育者も「感じる」体験を重ねていきます。

(2) ドキュメンテーションをつくり続けて…

　3～5歳児では、遊びや生活の中で子どもたちが体験していることを保護者に伝えたいという思いで、一日1枚のドキュメンテーション作成に取り組んでいます。1クラスを2名の保育者で担当していますが、給食後の時間などに「今日はどのエピソードにしようか」と簡単に相談します。カメラをクラスに1台用意していて、写真は随時取っており、その画像と簡単なエピソードの書き込みで紙面を構成します。作成は一人が担当。順番に行うことが基本ですが、「今日は私がつくりたい」と立候補することもあるようです。事務室に戻り、30分位で作成。そのようにして作成したドキュメンテーションをいくつか紹介します。

①発見や体験を伝えるドキュメンテーション

> 冬ならではの体験「霜柱」との出会いをまとめています。霜柱を触っている手を大きく写したことで、見ている人も霜柱を触っているような気持ちになるのではないでしょうか。

もみじ　　　　　　　　　　　　　　　　　2017年　2月13日（月）

> 霜柱は何でできてるのか？
> 答えは・・・

霜柱のふしぎ？
　今日は広場に散歩に行きました。久しぶりに見つけた霜柱を虫めがねで観察！
　みんなの時間に霜柱のことを伝え合いました。
「どんなところで見つけたの？」「日陰の土の所にあったよ！」など話しているうち
「霜柱って、何でできてるんだろう？」と言う話題になりました。

「氷でできてるんだよ！」「雪でできてるんだよ！」そして、なんと「雨でできてるんじゃない？」
3つの意見が出てきました。

多数決でもほぼ同数・・・どうしようかと迷っていたら
「こおり博士に聞いてみよう！」
と、ワクワクデーに参加した子どもたち。
今度、こおり博士に聞いてみることになりました。

今日のおやつはホットケーキ！
　今日のおやつは〇〇先生とホットケーキを作りました。
　3時帰りの子どもたちも一緒に作り、特別サービスのおやつの味見つき！
良かったね！

> 「霜柱って何でできてるんだろう？」という疑問が発せられたことから子どもたちの学びが始まりました。
> いろいろな意見が出ています。丹念に聞き取る保育者がいることで引き出された言葉です。子どもはよく考えているということが伝わってきます。

> おやつづくりをみんなで楽しんでいる様子を紹介しています。楽しい時間をともに過ごしているうれしさが感じられます。

②遊びの中の広がりや深まりを伝えるドキュメンテーション

> いちょう組（5歳児クラス）になり、遊びが継続し深まりが見えるようになってきました。また、友達との関わりも密になり、意見を出し合い探究する姿が見られるようになってきました。
> それを受けてドキュメンテーションも、連続性のあるものになってきています。

いちょう

2017年 5月12日（水）
組み方で変わる。いろんなサイズのボール達

何を見ているでしょうか？

今年度二度目の避難訓練をしました。遊んでいたそれぞれの場所で頭を守りながらしゃがむこと、おしゃべりせずに園庭に避難することなど年長らしくしっかりとした姿がありました。

散歩に出かけた中庭では、高いところからのジャンプ、そしてマラソン大会が開催?!そして沖縄から来た視察の人と交流会。沖縄のことを教えてもらいました。

製作では警察のイメージが広がり、パトカーを作ったり、「デュシマスナップ」の輪が一段と広がってきています。作ったボールでボウリングをしたり、それぞれ自分の作品を作ったりしています。

「家を作るんだ」
「家が出来た。掃除ロボットがいるんだ。」
←デュシマスナップ
想像力と構成力でいろいろなものが出来る。

> 自分で「やりたい」ことを決めて、目的に向かって努力する姿が、いろいろな場面で出てきています。
> 「掃除ロボットをつくりたい」という願いもその一つです。最も親しんでいる遊具「ブロック」を使い工夫して掃除ロボットをつくっている様子を紹介しています。

> デュシマスナップを使った遊びの中にも、たくさんの工夫や伝え合いがあります。
> 熱心に取り組んでいる姿と、子どもたちがつくり上げたものを並べて見せることで、丹念につくっている時間の長さのようなものも感じ取ることができます。

③特別な出来事を伝えるドキュメンテーション

深野山のれきし

「ひろばにやまができるらしいよ」
つちとのであい　2017.12.12

つちが
はこばれてきた！
トラックを
みんなでみまもる。
そして、はしりまわって、
つちをかためるおてつだい
2017.12.17

おやま おいわい
コンサート
○○○○くんと
もぐらになったり、
ともだちのはなのうたにはじめてであったひ
2017.12.21

どろだんごを
ころがしてみる

やまになれてくると、はっけんする。つちのいろから、ちがいにきづく。くだいてみたり、みずにつけたり、けんきゅうがすすむ。

> 数日かけて取り組まれた特別な出来事を知らせるドキュメンテーションです。しっかり作成したことで、掲示や通信、卒園文集など、いろいろに活用できました。

> 園全体の子どもたちや保護者を巻き込んで取り組まれた内容をまとめています。他クラスの保護者にも声をかけ、情報を集めることでさらに記述が詳しいものになっていきました。園の記録としても意味のあるドキュメンテーションです。

11章 こども園の実践〜文京区立お茶の水女子大学こども園

3 ポートフォリオ・ドキュメンテーションの実践を振り返って

　1、2節において、本園の取り組みについて紹介しました。開園からまだ日が浅い園だからこそ、保育者間での子ども理解を共通化するために、そして、保護者との連携を図るために取り組んできた実践です。実践を通して見えてきた可能性と課題について、以下にまとめます。

❶ 伝えたい相手への思いをもって発信することが大切

　0〜2歳児のポートフォリオでは、最初は全員同時に作成し配布していました。しかし、子どもの成長のタイミングは一律ではありません。そこで、全員同時にという方法を見直し、「その子について、伝えたいことがあったときに作成」という方法に切り替えました。月1回という目安は共通にしつつ、作成日は一律にしないことにしたのです。
　これは小さいようで大きな見直しでした。「伝えないではいられない」というその子の成長する姿に保育者が出会ったときに作成し、保護者に伝えていこうという姿勢であり、「発信」の原点に置くべき姿勢だからです。
　「このようにしたい！」と言い出したのは保育者でした。伝えたい思いがしっかりあるからこその提案であり、重要な提案だったと思います。「伝えたい」内容とは、その子の今の姿であり、のびようとしている芽です。「その子の今」が見えているからこそ、「伝えたい」ことが出てきます。ポートフォリオを作成するとは、子どもの今の姿を発達という観点で捉える営みでもあるわけです。保育者の資質向上につながる大事な営みである、と考えました。

❷ ポートフォリオ等の作成はゴールではなく、対話のきっかけ

　ポートフォリオやドキュメンテーションの作成には、時間がかかります。熱心につくればつくるほど長い時間が必要になります。それだけに、作成するとやり遂げた達成感がありそれで終わり、という気分になってしまうということはないでしょうか。でも、それではもったいない。子どもを理解することはもちろんですが、加えて保護者の反応をしっかりつかむことが大切です。そのためには、例えば掲示したドキュメンテーションを読んでいる保護者を見かけたら声をかけてみましょう。長く話す必要はありません。少しだけ話すきっかけと

して活用してみることから、可能性が広がってくると思います。発信と受信は、対の関係にあります。ポートフォリオやドキュメンテーションを通して描き出した子どもの姿を真ん中に置きながら、保護者と対話していくことを大切にしたいと思います。

③ 情報量は多すぎず少なすぎず

　本園では、ポートフォリオもドキュメンテーションも、A4用紙一枚にまとめることにしています。限られた紙面ですが、それでもそこについつい多くのことを盛り込みたくなるのが、保育者です。しかしポートフォリオ等は、伝えたいことを伝えていくために作成しているものです。伝えたいことは何か、ということを明確にもちながら、情報量は多すぎず少なすぎない、ということがポイントだと思います。「伝えたいことは何か」と書きました。それは、前項1でも書きましたが、「発達」の理解を根本に置いたものだと考えます。そのことに加えて、「伝わりやすさ」についても配慮したいと思います。子どもの表情や仕草から伝わるものは大きいはずです。それを見逃さず記録に収めること。保育者の長い文章より、子どものつぶやきの方が、子どもの姿を思い起こさせる力があります。つぶやきを聞きもらさない、ということも重要です。

④ 作成したものを素材として活用する可能性は無限

　本園では、作成したポートフォリオやドキュメンテーションを、園内研究会の資料として活用しています。せっかく作成しても作成者以外はなかなか見ることが少ないという現状を打開したかった、というのが発端ですが、研究会の資料として活用すると、興味をもって見合う姿がありました。研究会では、内容についての学び合いが行われますが、同時に表現の仕方（外側から捉えられるもの、見やすさ等）についても学ぶチャンスになります。

　保育の学び合いの方法として、保育の実際を見合うということがありますが、実現はなかなか厳しいところがあります。しかし、子どもの姿が鮮やかに描かれたポートフォリオやドキュメンテーションを活用すれば、実際の保育を見ることと同じような効果があると思われます。

　ほかにも、様々な活用例があると思います。作成したものを素材として活用し、保育内容の充実につなげていくための可能性を探していきたいと考えています。

12章 乳幼児親子グループ「さくらんぼ」～共立女子大学

1 「さくらんぼ」の活動からみる子ども理解と支援

　共立女子大学では、乳幼児親子グループ「さくらんぼ」の活動を通して地域の親子の支援をするとともに、学生が保育・子育て支援の知識・技術を主体的に学べる取り組みを行っています。本章では様々な取り組みの中から、ICTを活用したエピソード記録の共有、各家庭に送付するお手紙の作成、活動内容のプレゼンテーションといった取り組みを中心に紹介し、親子の理解を深めるという視点から学生が何をどのように学んでいるかを見ていきます。

❶ 活動の概要

　乳幼児親子グループ「さくらんぼ」は、児童学科が開設した翌年の2006年（平成18年）から活動を開始しました。この地域の親子（3歳未満の未就園児と保護者）が登録制で活動に参加する「さくらんぼ」は、初年度は親子3組、年間3回の活動でしたが、地域の児童館や図書館などに募集パンフレットを置くなどの地道な広報活動や、参加した保護者の方の"口コミ"によって年々参加者が増え、2018年（平成30年）現在では、右頁の表①に示したように三つのグループで合計39組の親子、各グループ年間10回ずつの活動を行っています。つまり、活動の特徴として同じ親子が一年間を通して10回継続して参加しており、学生は子どもの発達の変化を身をもって体験することができるのです。

　「さくらんぼ」の基本的な考え方として、子どもたちが自分らしく遊び込むこと、まわりにいる大人（保護者や学生・教員）も子どもたちとともに成長できる活動をめざしています。また、参加する保護者にとって「自分一人の子育て」から「みんなで支え合う子育て」を実感できるようなグループになるようにしたいと考えています。さらに、2017年（平成29年）からは、活動内容のさらなる充実を図るため、正課活動（授業）として活動を

写真①　活動が行われるプレールーム

位置づけ、学生は「保育・子育て支援実践演習Ⅰ・Ⅱ」という科目を履修して活動に参加しています。

　なお、より詳細な活動内容は、拙著『保育・子育て支援実践演習』（2017）に紹介しています。

グループ	プチ	幼児A	幼児B
対象 ＊すべて4月1日時点	0歳6か月〜2歳未満の未就園児と保護者	2歳〜3歳未満の未就園児と保護者	2歳〜3歳未満の未就園児と保護者
年間の回数・時間・費用	10回、10：00〜11：30 1回500円	10回、10：00〜11：30 1回500円	10回、10：00〜11：30 1回500円
親子参加数	親子16組	親子13組	親子10組
スタッフ	教員1名、 助手1名 学生12名 （3年生7名、4年生5名）	教員1名、 助手1名 学生11名 （3年生5名、4年生5名、大学院生1名）	教員1名、 助手1名 学生12名 （3年生6名、4年生5名、大学院生1名）
授業名	3年次：保育・子育て支援実践演習Ⅰ（通年・2単位） 4年次：保育・子育て支援実践演習Ⅱ（通年・2単位）		

表① さくらんぼの概要2018年（平成30年）

2 「さくらんぼ」の活動を展開する授業

　「さくらんぼ」の活動に参加する学生は保育・子育て支援実践演習Ⅰ・Ⅱを履修します。保育・子育て支援実践演習Ⅰ・Ⅱは異なる科目ですが、連続で受講することを求めているため共通する事項が多くあります。紙面の関係もあり、以下の表②に二つの科目に共通する授業概要と目標を示します。授業のおおよその流れは、親子と実際に関わる実践活動の前に「計画・準備」を行い、活動後は「振り返り」を行います。「計画・準備－実践活動－振り返り」という3回（3コマ）を一つのセットとし、それを通年で10回繰り返すという方式をとっています。

授業概要	本授業では、保育者として必要な保育・子育て支援の知識や技術を身につけることができる。内容的には、家庭と地域の生活実態にふれて、子ども・家庭のニーズに対する理解力、判断力を養うとともに、保育・子育てを支援するために必要とされる知識や技術を身につけることができる。さらに、支援の実践では、指導計画を立案し、観察、実践、記録、振り返りを経験する。また、保護者へのお手紙や学内の発表会での報告など、自身の実践をプレゼンテーションする力も身につけることができる。
到達目標	1．保育・子育て支援の役割や機能について理解することができる。 2．観察や親子とのかかわりを通して親子への理解を深めることができる。 3．保育・子育て支援活動の計画を作成し、活動の内容や方法、環境構成や観察・記録等について学ぶことができる。 4．子どもや保護者のニーズに応じた多様な支援の展開を学ぶことができる。 5．保育者（スタッフ）の役割や倫理について具体的に学ぶことができる。

授業計画（授業内容・授業方法等）	
第1回	〈オリエンテーション〉 ・おおよその年間スケジュールの確認、昨年度も授業を履修した4年生から動画や写真による過去の「さくらんぼ」の活動紹介、保護者へのお手紙の書き方の説明、エピソード記録の書き方、提出の仕方、学生の役割に関する説明などを行う。
第2回	〈第1回活動に向けた計画・準備〉 ・話し合いによって指導計画、遊具や素材、空間の使い方といった環境構成を決める。 ・必要に応じて手作りおもちゃなどを作成したり、集団活動のリハーサルを行ったりする。
第3回	〈第1回「さくらんぼ」の実践活動〉 ・プレールームにおいて親子が参加する活動を実施する。 　各回テーマを設けてコーナーを設定し、子どもが好きな遊びを見つけ安心して遊べるように心がける。例えば、感触遊びやペイントのコーナー、音楽や運動遊びのコーナーなどを設定（写真②～④参照） ・活動後、学生はクラウドストレージ（以下、クラウド）にエピソード記録を書き込む。 ・各家庭に送る"お手紙"の下書きを作成し、添削を受けるために担当教員に提出する。
第4回	〈第1回活動の振り返り〉 ・各自のエピソード記録、活動時に撮った写真、動画による振り返りを行う。次回の活動のねらいや内容を決める。 ・各家庭に送る"お手紙"の清書と"写真（2枚）"を選び送付する。
（中略）	・原則として第2回～第4回で示した「計画・準備－実践－振り返り」を繰り返し行っている。
第15回	〈合同での中間の振り返り〉 ・前期の最後の回は、「プチ」「幼児A」「幼児B」のメンバー合同で話し合いを行った後、それぞれのグループが活動内容をプレゼンテーションする（1グループ約20分。質疑応答を含む）。
（中略）	・後期も原則として、「計画・準備－実践－振り返り」を繰り返し行っている。
第30回	〈合同でのまとめの振り返り〉 ・これまでの活動の総まとめとして、「プチ」「幼児A」「幼児B」のメンバー合同で話し合いを行った後、それぞれのグループが活動内容をプレゼンテーションする（1グループ約20分。質疑応答を含む）。

表② 「保育・子育て支援実践演習Ⅰ・Ⅱ」の授業概要と到達目標

写真② 感触遊び

写真③ 音楽活動

写真④ ペイント活動

３ 学生の取り組みについて

　最初の頃は保護者との関わりに緊張する学生も多いのですが、徐々に保護者と自然に話せるようになるといった変化が現れます。このように緊張を和らげる要因として、子どもを介した保護者と学生との関わりが挙げられます。つまり、保護者が子どもと関わっている学生に話しかけたり、学生が保護者に子どものことを聞いたりするなど、"保護者－子ども－学生"という子どもを中心とした三者関係が、保護者と学生の自然な関係づくりに役立っています。

　また、学生は次に示す「さくらんぼ」の活動に関わる役割を順番に経験していきます。①指導計画の案を作成する計画担当、②活動時の受付担当、③活動時の写真・ビデオ撮影担当、④振り返りの会で司会や記録をする振り返り担当、といった役割です。それぞれの役割は一人で担うのではなく、複数の学生で同じ役割を担うため、スタッフ同士が協力して取り組むことが求められます。担う役割が明確になることは、学生が「計画・準備－実践－振り返り」というサイクルに主体的に取り組むことに役立っています。

　さらに、チームによる取り組みという点では、３年生、４年生、大学院生が合同で参加していることも大きな意味をもちます。異学年による取り組みは、対話的な学びを深める機会となっています。うまくいかないことや困難な課題に直面したときでも、下級生がアドバイスをもらうことで課題の解決に向かったり、上級生が教えることを通して新たな気づきを得たりすることがあります。

　実践活動でとくに大切にしていることは、子どもの主体的な遊びを育む環境をいかに構成するかです。そのために学生は、活動での記録や観察を通し、親子のことをよく理解して一人一人に応じた環境をつくり出すことができるよう、「話し合い」や「振り返り」を繰り返し行っています。

４ 親子の理解を深める取り組み

（1）ICTを活用してエピソード記録を効率よく共有する

①ねらい

　活動を行う上で、スタッフ同士で子どもの行動の見方や自分達の関わり方について話し合い共有することはとても大切です。ICTを活用して記録を共有することによって、他者の思いや考えを容易に知ることができたり、話し合いや振り返りの効率化や内容の充実を図ったりすることができます。ここでいうICTを活用した共有とは、クラウド（学内のサーバーを使用）上にエピソード記録を書き込めるファイルを用意し、各自が書き込んだ内容をスタッフ全員が時間や場所を選ばずにアクセスできる取り組みになります。

②記録を共有する手順

　活動から振り返りを通して学生が行う手順は、以下の資料①の通りです。学生は活動後3日以内にクラウド上のファイルに各親子のエピソード記録を書き込みます。記録を書き込むファイルは、学生が親子別に書き込めるように作成します（資料②参照）。このエピソード記録は、各家庭に送るお手紙の下書きを作成する際にも参考にしています（お手紙に関しては次項で詳しく説明します）。

　振り返りの時間では、作成したエピソード記録をプロジェクターで投影して可視化し話し合いを行います。記録を書いた学生がエピソード記録の内容を報告し、振り返り担当の学生が大切だと思った文章を赤字に変えていきます。文字の色を変えるのは見直すときにわかりやすくするための工夫です。あわせて活動時に撮った写真をスクリーンに映します。活動時の写真を見ることで、活動中には気づかなかった子どもや保護者の動きや表情を見ることができます。また、報告の際は、メンバーそれぞれが自分の考えや疑問に思ったことを自由に話せる雰囲気づくりが大切です。

　エピソード記録の振り返りが終わった後、次回の「子どものねらい」や「スタッフのねらい」を話し合います。この次回のねらいがなかなか決まらない場合があります。その理由として、ねらいを決めるためには子どもの状態や親子の関係性をよく理解し、これまでの育ちから次に何を育てるかという見通しをもつ必要があるためです。ねらいが決まらない場合には、過去のエピソード記録やねらいを調べることで見通しが得られることが多くあります。過去の記録に容易にアクセスできることもICT化の効果です。このような「報告・話し合い➡次回のねらいの話し合い➡ねらいの決定」というプロセスをすべての親子を対象として行っています。

- 「さくらんぼ」の活動
  ↓
- クラウド（学校のサーバーを使用）へのエピソード記録の書き込み
  ↓
- 各自がお手紙を作成時に記録を参照
  ↓
- 振り返り時に記録のプロジェクターによる映写。活動時の写真、動画も合わせて映写
  ↓
- 親子についてのエピソード記録の報告・話し合い
  ↓
- 次回の子ども・スタッフのねらいの話し合い・決定

資料①　活動から振り返りを通して学生が行う手順

③実際にスタッフが書き込んだ記録の紹介

　資料②は、実際に学生がクラウド上のファイルに書き込んだエピソード記録の例です。この日のSくんは、エピソード1に記したような様子でした。学生達がクラウド上のファイルに書き込んだ記録を見ると、Sくんの成長を喜ぶ内容を書き込んだものや自分と親子との関わりの様子を書き込んだもの、Sくんと他児との関わりが変化していきている様子を書き込んだものなど、様々な視点からの書き込みがなされていることがわかります。

> **エピソード1　Sくんのさくらんぼでの様子**
>
> 　今日は今年7回目のさくらんぼの活動でした。普段から笑顔でさくらんぼの活動に参加してくれるSくんは、来てすぐにお絵かきコーナーのKくんに近づき、「お絵かきしているの？」と自ら話しかけました。また、「ペイントコーナー」では、おくら、れんこん、えのきといった野菜スタンプ、筆やローラーなどを用意し、普段なかなかできない遊びを体験していました。活動も後半を迎え、Sくんは以前に比べて友達の存在を意識して関わったり、自分から遊びを工夫して行ったりしている様子が見られます。

（子どもの氏名　S君）

（親子の写真を掲載する枠）

　入室すると、真っ先にペイントコーナーに向かったが、お絵描きコーナーでKくんが絵を描いているのを見つけるとすぐに「お絵描きしているの？」と自分からKくんのところまで行き、同じテーブルで向かい合わせに座り、絵を描くことを始めた。友達と一緒の遊びをしたいという思いが見られたことや、自ら友達に話しかける姿が見られて、Sくんの成長を感じた。
　ペイントコーナーでは、オクラを見て「これ、じいじんちにある！」とスタッフに教えてくれた。えのきを「きのこ！」といいながら、ペイントを楽しむ姿が見られた。Sくんに「きのこ好き？」と聞くと、「好き！」と答えてくれた。野菜スタンプの野菜から会話が生まれたことから、これからも遊びと日常生活がリンクできるような声かけができたら良いと感じた。（学生A）

　お絵かきコーナーで椅子に座って、色々な色を使って白い模造紙をカラフルにしていた。水色でたくさん塗っていたので、海関連でマグロを描いてみた。マグロに見える？と言うようにSくんに聞いてみると、「ちょっと違う」と言っていた。そういった会話をしていくうちに、Sくんの方から「りんごとみかん描いて！」と要望を伝えてくれた。そこでスタッフが「お姉さんがりんご描くから、Sくんはみかん描いてくれる？」といったところ、オレンジでみかん型の丸を描いていた。その後はお絵かきだけでなく、積めるクレヨンを全部積んで達成感を味わう場面も見られた。自分の中で順番が決まっているようで、一度積んでみて思っているのと違うと積み直すこともあった。好きな色が下の段に集まっていたのでお母さんが、「もしかして好きな色から積んでるの？」とおっしゃっていた。クレヨンを直す時も自分の並べ方をしていた。この場面で、Sくんがクレヨンを通して学んでいることはたくさんあるんだなと感じた。（学生B）

　ビデオカメラを覗き込んでいたので、「Oくん(お絵描きコーナーにいた)見える？」と聞くと「Oくん!?」と言いながらお絵描きコーナーに近づき車で遊ぶOくんの遊びを見ながら同じように運転手を乗せたり走らせる遊びを始めた。友達の存在を意識して一緒の場で遊ぶことが出来ていると感じた。(学生C)

　おままごとコーナーでKくんが使っていたソーセージを何も言わずに取ってしまう様子があった。「今Kくんが使っているから、聞いてからにしよう」と伝えても、またモノを取ってしまった。今回はKくんが「いいよ」と渡していたため場がおさまっていたが、今後の対応の仕方を考えなければならないなと感じた。（学生D）

資料②　学生が書き込むクラウド上のエピソード記録のファイル（2018年10月の記録）

④エピソード記録を共有することの効果と課題

　学生へのインタビューなどから得られたエピソード記録を共有することの効果を紹介します。ICTを活用して記録を共有することによって話し合いや振り返りの充実が図られたという意見が多く見られました（資料③）。近年、保育現場では、保育記録や指導計画を作成する際の効率化を図るため、ICTの活用が進められています。今後多くの保育現場でICT機器が活用されていくことになり、学生のみなさんには、養成校においてまずはICT機器を操作することに慣れ、日頃の学習の中でICT機器を効果的に使えるようになることが重要です。

> ①自分の記録をまとめたり、他者の記録を読むことが簡単にでき時間短縮になった。
> ②過去のその子の記録をすぐに見ることができ、一人一人の成長を考える上で役立った。
> ③活動の「ねらい」や「内容」をスタッフ間で一緒に考えることができやすくなった。
> ④子どもによってエピソード記録が少ない子、多い子が可視化されたことでわかり、次回の活動時の子どもの見方が変わった。
> ⑤スクリーンに他のスタッフの記録が映し出されることで、自分にはない感じ方、関わり方を知ることができ参考にできた。
> ⑥活動中の写真を見て、活動時には気づかなかった子どもの表情や子ども同士の関わりを知ることができた。
> ⑦連続して撮った写真を見ることで、子どもがどのように遊んでいるか、遊びの流れを知ることができた。

資料③　学生が感じたICTを活用して記録を共有することの効果

　他方、課題としては、とくに情報を正しく管理する、倫理を守るといった情報教育を徹底する必要があります。成りすましや個人情報の漏洩などが起こりうるため、「さくらんぼ」の活動ではIDやパスワードの管理を徹底するように指導しています。また、倫理を守るという視点では、子どもや親の権利を守るといった基本的な考えを常に意識することが大切です。そのため、保護者に「個人情報の利用や管理」を書面で説明し、その趣旨を理解していただいた上で同意書に署名して了承をいただいています。

（2）各家庭に送付するお手紙の作成

①ねらい

　各家庭に送付するお手紙を作成することによって、子どもの様子を丁寧に伝えたり、自分達の行っている活動の意図を説明する力を身につけることができます。また、お手紙に書かれた保護者からのコメントを見ることで、保護者の思いに触れることができ、保護者との相互理解を図るきっかけにもなっています。

②お手紙作成の手順

　「さくらんぼ」の活動後、学生は各家庭に送る"お手紙"の下書きを作成し、担当教員の添

削を受けます。その後、担当教員からの添削結果を見て修正し、お手紙を完成させます。活動の1週間後にはお手紙と一緒に写真（2枚）を各家庭に送付しています（資料④⑤）。保護者にはコメント欄に記入してもらい、次の活動時に持参してもらっています。お手紙の作成には前述した記録の共有化が役立っています。学生が活動中、お手紙を担当する親子とずっと関われない場合もあり、他者の記録を見ることで、自分が関わった前後の文脈や異なる見方や感じ方を知ることができるからです。次の資料をもとに見ていきましょう。

③作成したお手紙の紹介

エピソード2　Kくんのさくらんぼでの様子

　Kくんはこの日特別に設定した音楽コーナーのめずらしい楽器に興味津々でした。特に大太鼓、ウインドチャイムに興味を示していました。大太鼓では最初、音の大きさや振動に驚いた表情を見せましたが、何度も叩くことを繰り返し満足感を得ていました。また、ウインドチャイムという楽器では指の動きで異なる音が出ることを発見し、自分なりに音を表現する喜びを味わっているようでした。

資料④　お手紙1（2018年5月の活動後のおたより・写真：エピソード2）

> **エピソード3** Mちゃんの「さくらんぼ」での様子
>
> Mちゃんはペイント活動のコーナーで、手と足に絵の具をたっぷりつけ、用意した板段ボールの上を歩いてみたり、両手をぺたっと押してみたりするなど全身を使って遊んでいました。
>
> このペイントコーナーでの遊びは2回目で、前期の活動と比べて遊び方に変化が見られたこともうれしい発見でした。以前は一人で遊んでいることもあったMちゃんですが、活動も後期になり友達に興味をもって一緒に遊ぶ姿が多く見られるようになっています。

資料⑤　お手紙2（2018年10月の活動後のおたより・写真：エピソード3）

　お手紙1（資料④）が書かれた日のKくんは、エピソード2に記したような姿が見られました。お手紙を書いた学生の文章からは、楽器遊びを通してKくんが充実感や満足感を味わっていることを具体的に保護者に伝えたいという思いが読み取れます。また、大太鼓やウインドチャイムで遊んでいるKくんの写真も文章の内容に合うものが選ばれています。

　お手紙2（資料⑤）が書かれた日のMちゃんは、エピソード3に記したような姿が見られました。お手紙を書いた学生の文章からは、Mちゃんが以前に比べて全身を使ってペイント活動を楽しんでいたこと、友達同士の関わりを増えたことを保護者に伝えたいという思いが読み取れます。

④お手紙を作成することの効果と課題

　お手紙でのやりとりは、保護者と学生の共同作業であり、学生が保護者との相互理解を図る貴重な取り組みとなっています。保護者にとっても貴重な子育て記録になっていて、家族

はもとより親戚にも見せていますという声や、お手紙が郵送されてくるのを親子で楽しみに待っているという声が聞かれます。

　内容に関していえば、最初の頃の学生の記述には、否定的な表現が見られたり、他児と比べるような表現が見られる場合もあります。しかし、教員の添削や指導を受けたり、4年生が3年生に書き方のポイントを伝えることで、その内容は確実に変化します。お手紙を書くことで何を学べたのか、学生にインタビューした結果をまとめたものが資料⑥です。保護者の立場に立って子どもを肯定的に見られるようになったという意見や、伝えたい内容をしっかり決めて書けるようになったという意見が見られます。実際の保育の場でも、「園だより」「連絡帳」などによる保護者とのやりとりが重視されるようになっていて、養成校でのこのような学びの経験が将来に役立つと考えています。

①お手紙を書くことで、子どもと関わる時も「この子は今、何を考えてこの遊びをしているのか」と考えるようになった。
②保護者の方からのコメントを読んでいくうちに、保護者の気持ちを考えて子どもの成長が感じられるエピソードを見つけたいと思うようになった。
③一見マイナスの行動だと考えられることからも、いろいろな角度から子どもを見ようとする意識が育った。
④「前回はどんな様子だったのか」といったこれまでの様子を考えて子どもの成長を書くようになった。
⑤事実を淡々と並べた形式から、主に保護者に伝えたい子どもの姿を中心に書くように変わった。
⑥活動のねらいと対応させながら子どもの様子を書くよう気をつけるようになった。

資料⑥　家庭へのお手紙を書くことで学べたこと

12章 乳幼児親子グループ「さくらんぼ」〜共立女子大学

2 活動内容のプレゼンテーション

❶ プレゼンテーションのねらい

　自分達が行っている活動の意図や取り組みについて他者にわかりやすく説明するためには、プレゼンテーションの機会をもつことが重要です。実際のプレゼンテーションでは、発表の準備、実践、質疑応答といったプロセスをスタッフ間で協働して行います。このような経験を通して自分自身の振り返りを行うとともに、発表時の質疑や他者からの意見によって多様な振り返りの視点を得ることができます。

写真①　学生のプレゼンテーションの様子

❷ プレゼンテーションの手順

　「さくらんぼ」では、学生が行った活動をプレゼンテーションする機会として、前期の最後に行う中間の振り返りの回と後期の最後のまとめの振り返りの回の2回を設けています。「プチ」「幼児A」「幼児B」のグループがそれぞれ発表資料（スライド）を作成し、1グループ約20分（質疑応答を含む）の発表を行っています。グループごとに発表するテーマを話し合い、メンバーが協働して資料を作成しています。

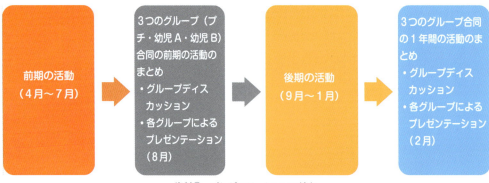

資料①　プレゼンテーションの流れ

実際に作成したプレゼンテーション資料の紹介

　「さくらんぼ」は同じ親子が継続して参加しているため、子どもや環境の変化を連続した事象として捉えることができます。資料①②は、このような活動の連続性を考慮して実践をまとめた内容となっています。資料②は、一人の子ども（Aちゃん）に焦点を当て、初回から5回までの活動で経験していることを丹念にまとめたスライドです。スライドに示されているように当初Aちゃんは、好きな牛乳パック電車をめぐって他児とのトラブルが多く見られていました。スライドを作成し発表した学生達に話を聞くと、Aちゃんの事例をまとめることで、自分達がAちゃんの思いをどのように理解しようとしていたか、また、トラブルを解決するためにどのような働きかけをしていたか振り返ることができたと話していました。そして、Aちゃんがトラブルを引き起こした背景には、他者に興味を持ち始めた他者意識の芽生えがあるのではないかと気づくことができたと話していました。

資料②　学生が作成したスライド1（テーマ：初回からの子どもとの関わりについて）

　次頁の資料③は、「保育室（プレールーム）の環境構成」をテーマとしたスライドです。スライドを作成し発表した学生達に聞くと、自分達がこだわって出し続けた板段ボールのハウスが保育環境としてどのような意味があったかをまとめたかったと話していました。スライドの赤で囲っている部分がハウスを設置した場所で、第5回から第10回までの大きさや配置の変化を示しています。紙面の関係で内容は詳しく述べられませんが、実際の発表では「一人一人の子どもの行動」「子ども同士の関わり」「親子の関わり」「スタッフの関わり」といった視点から内容をまとめていました。

資料③　学生が作成したスライド2（テーマ：保育室（プレールーム）の環境構成の変化について）

4 プレゼンテーションを行う効果と課題

　まず、プレゼンテーションにおいては、テーマを設けて行うことが重要だと考えられます。例えば、資料②③に示したスライドは、「子どもとの関わり」や「保育室（プレイルーム）の環境構成」をテーマとして作成されたものです。テーマを設けることで、自分達が伝えたい課題が明確になるとともに、他者にもわかりやすく整理された内容となります。

　また、「さくらんぼ」では、とくにスタッフと親子との関係性や環境構成の変化といった

活動の連続性を意識して資料をまとめ、プレゼンテーションを行うことを大切にしています。なぜ連続性を意識するかというと、実際の保育場面においても、子どもに対する理解を深めるためには、過去や現在の子どもの実態を踏まえた保育の過程を丁寧に捉えることが重要と考えられているからです。すなわち、どのような意図で環境を構成したのか、子ども達の遊びが展開するためにどのような働きかけをしていたかなど、自分達の活動の過程を振り返ることで、子どもの育ちの連続性を踏まえた理解が促されます。このことは、5章や14章で触れた「ラーニングストーリー（Learning Story）」の考え方に通じるものがあります。

　さらに、プレゼンテーションの効果から少し離れるかもしれませんが、スライドを見ると学生が試行錯誤して環境を構成していることがわかります。「さくらんぼ」の活動では、失敗を恐れず「まずはやってみること」を大切にしています。これは学内の活動だからこそできる強みです。自分達で考え、間違っていたら改善するという取り組みは、学生の深い学びにつながっているといえます。

　課題としては、発表準備の話し合いや資料作成などの作業はどうしても授業時間外に多く行われ、負担が大きくなることがあげられます。また、親子の個人情報を扱うため情報教育を徹底する必要があります。先に述べましたが、「さくらんぼ」では発表会等での個人情報の利用に関して、書面で説明し了承をいただいています。

（小原敏郎）

13章 「よつばのクローバー」活動と子ども理解〜相愛大学

1 子どもや親をより理解する学び

　相愛大学人間発達学部子ども発達学科では、「よつばのクローバー」（地域の0〜3歳の未就園子育て家庭との交流活動の場：あそびの広場）の活動を、①将来の保育者をめざした学生の発達、②子どもの発達、③親としての発達、の三つの発達支援を目的に実施しています。いずれの発達支援も「子ども理解」が基盤となります。学生は、保育及び子育てを支援する力を総合的に身につけるために、子どもや親をより理解する学びを充実させる取り組みを各種行っています。本章では、「振り返り学習シート」のエピソード記録の共有、写真を用いたフォトレターの作成、ICTを活用したデジタルストーリーの制作と発表などの取り組みを取り上げます。学生が子どもや保護者と直接関わる体験を通して、子どもをよりよく理解し、その後の発達につなげる（育てる）視点について見ていきます。

❶ 活動の概要

　「よつばのクローバー」は、子育て支援力育成プログラムとして地域の0〜3歳の未就園児とその保護者との交流活動の場として開設しています。2008年度（平成20年度）から、学生らが計画する遊びを中心に展開するあそびの広場として実施しています。実施当初は事前申し込み制も定員制もあえて導入しませんでしたので、参加親子数が30〜40組となりました。2014年度（平成26年度）より準備の充実や、同じ親子との継続した関わりが子どもの発達への理解をより深めることにつながることから、定員15組の事前申し込み制を採用しています。開催を楽しみにしてくれるリピーターの親子の存在や彼らの口コミ、さらに大阪市住之江区広報誌への掲載などの協力により活動を継続し、10年目になります。

　「よつばのクローバー」の活動は、「世代間交流演習」という前期15回の授業の中で4回実施しています。授業のねらいは、①学生自身の（将来の保育者・親）としての発達、②子どもの発達、③親としての発達、の三つの発達支援の目的をもって、子育て（保育）及び子育てを支援するために必要な力を総合的に養うことと、交流を主体とした活動（事業）を将来的に適切に計画し、実施していくことのできる力を培うこととしています。活動を通して、子どもも親も学生も、みながともに成長する場づくりをめざしています。学生にとっても子どもや保護者にとっても、直接交流するという単なる経験に終わるのではなく、大人（学生が中心ですが親も含みます）が子どもの行動や思いに気づく力・読み取る力を高める経験を積み、真に子ども理解が深められる場となるよう心がけています。

写真①　活動の様子１：風船と新聞紙

写真②　活動の様子２：大型絵本

❷ 「よつばのクローバー」の活動を展開する授業

　「よつばのクローバー」の活動に参加する学生は、３年生次開講の保育士資格選択必修科目、幼小免許独自科目である「世代間交流演習」の授業を履修しています。

　授業の流れとしては、原則、交流による実践活動を中心にして、「①計画・準備・リハーサル→②実践活動→③振り返り」の繰り返しです。詳細な「世代間交流演習」の授業計画や授業内容、到達目標を次の表①に示しました。

　授業内で実施するため、年度によって時間割や学生の履修登録者数が変わるという性質があります。よって、例年の活動学生スタッフ数は概ね15～20名の範囲です。

〔授業概要〕
　本学の施設を活用して子育て家庭と交流する場を設け、実践的・経験的な学習環境での"関わりの質"（コミュニケーション力）にポイントをおいた活動を通して、①将来の保育者をめざした学生の発達、②子どもの発達、③親としての発達、の三つの発達支援をめざす。具体的には、「よつばのクローバー」（地域の０〜３歳の未就園子育て家庭との交流活動）の活動計画を立案し、実践、記録、振り返りを通して、参画した子どもや親への理解を深め、発達支援や人と人をつなぐ（ファシリテーター的）実践力の育成をめざす。そして、交流を主体とした活動（事業）を将来的に適切に計画し、実施していける力を培う。

〔授業終了時の達成課題（到達目標）〕
　○親子との関わりを通して親子への理解を深めることができる。
　○子どもや保護者との適切なコミュニケーションや支援の実際を学ぶことができる。
　○保育・子育て支援活動の計画の立案、実施、自己評価を適切に行い、次の活動に向けた改善ができる。
　○準備や立案、実施にあたり協働して取り組むことができる。

回数	授業計画	授業内容・方法等
1	オリエンテーション	・実践例等から実施目的や方法等について学習。 ・過去の活動の場面の動画・静止画の視聴と参加親子へのフォトレターの観覧。
2	実施計画作成と実践準備	・班ごとで４回分の活動テーマとおおまかな計画を策定。 ・１回目の具体的な活動計画を立案。
3	第１回活動の準備とリハーサル	・第１回よつばのクローバーの準備とリハーサル。 ・SA[1]（４年生・３名）が授業に参画し活動の助言と共に、次週の写真撮影のために活動計画（流れや内容）について把握。

4	第1回「よつばのクローバー」の実践活動	・実施計画に従って活動。メインの遊び担当班としての活動時以外は担当制を採用。担当の子どもを中心に活動。 ・各SAはi-Padで活動を撮影し、次回授業までに3台分で撮影した全静止画と動画を参加親子別と全体とに分類し保存。学生数分のUSBへの保存は教員が担当。 ・学生は振り返り学習シート（子どもと保護者それぞれに関する気づき等）を作成し期日までに提出。
5	第1回活動の振り返り	・振り返り学習シート記載内容を投影しながら順に発表し、全員で振り返りを実施。気づきや課題等の共有。 ・振り返りをふまえ、各自1台のパソコンとUSB（データ分類保存）内の記録を活用して参加親子へのフォトレターを作成。
6～13	※3～5回で示した「準備とリハーサル⇒実践活動⇒活動の振り返り」の授業計画を繰り返し実施している。	
14	第4回活動の振り返りとデジタルストーリーの制作準備	第4回活動の振り返り ・次回のデジタルストーリーの制作準備。使用する写真データをファイルに集約。 ・4回分の実践活動の静止画データと各回の振り返りとフォトレター作成でピックアップした静止画は、各自のUSBに保存し、教員が保管。
15	デジタルストーリーの制作と発表による総合的な振り返り	・各学生の4回分の振り返り学習シートの内容やUSBに保存された各回の静止画・フォトレターから、全体の振り返りを実施。動画編集ソフトを利用してデジタルストーリー（一人写真12～16枚使用）を制作し、発表する。

表① 「よつばのクローバー」の活動を展開する授業「世代間交流演習」の授業計画等

３ 実践活動での取り組み

　学生の実践活動への取り組み方としては、3年前までは4種類の役割（①遊び担当：当日の主な遊びの計画・準備・進行を担当、②受付担当班、③取材担当、④準備等担当）を設定していました。全員がすべての役割を経験できるよう、履修学生を4つの班に分け、各回持ち回りで担当する方法です。この方法を見直し、2年前から担当制を導入しました。子育（保育）及び子育てを支援するのに必要な力として、全体を見渡しながら、必要に応じタイミングよく柔軟に対応し、子どもや保護者に関わる力の養成のため、これまでは各回での4つの役割の経験を優先し取り組んでいました。しかし、とにかく活動すること、役割を果たすことが一義的な目的となってしまったり、全体を漠然と観察したりと、子どもの行動や思いに気づく力・読み取る力を高める経験に至らないケースが出てきました。そこで、子どもを中心としたエピソードから子どもを知ることをより深めることをめざして、担当する親子を決めて活動する方法に変更しました。

注釈

1）SA（スチューデントアシスタント）：本学において全学的に導入されている制度で、学部学生による授業補助スタッフである。教員から推薦された学生が有償であたる。

①の遊び担当の役割はそのまま継続しています。この役割は全員が交代で担当します。子どもたちが自分からしようと思えるような「意欲が出る」環境づくりをめざし、振り返り等で得られた子ども理解を活用しながら、計画を見直し、準備しています。

　また、実践活動には４年生のスチューデントアシスタント（以下、SAという）が参画します。SAは３年生次に「よつばのクローバー」の活動を経験しています。SAは、『①計画・準備・リハーサル→②実践活動→③活動の振り返り』の３セットに参画します。活動経験者の上級生がモデルとなり、親子の理解を深める気づきや読み取りを引き出し、関わり方に生かす援助がさりげなく展開しています。

写真③　活動の様子３：新聞紙ジャングル

写真④　活動の様子４：玉入れ

写真⑤　活動の様子５：
　　　　０歳児の遊びコーナー

写真⑥　活動の様子６：布遊び

写真⑦　活動の様子７：
　　　　新聞紙のお風呂

13章 「よつばのクローバー」活動と子ども理解〜相愛大学

2 実践活動から振り返る親子の理解を深める取り組み

❶ 「振り返り学習シート」のエピソード記録の共有

(1) ねらいと内容（担当制をふまえて）

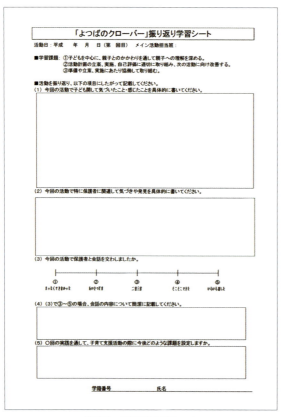

資料① 振り返り学習シート

活動終了後に「『よつばのクローバー』振り返り学習シート」を作成します（資料①）。子どもの行動や思いへの気づきや読み取りについては、できるだけ具体的にエピソードを記述します。加えて、より深く子どもを理解するために、大学ポータルから提出した電子データ、もしくはPDF化した「振り返り学習シート」を投影しながら発表し、受講学生や教員が対話することに取り組んでいます。

さらに、各学生が担当した親子と子どもの年齢が記載されたリストを見ながら、自分の担当した子どもの年齢や個性などと比較し、気づきや質問などの発言を通して情報交換をします。担当学生でない学生やSAからのコメントが、子どもの言動から読み解く力や子どもの主体性を育む視点を身につけることにつながります。担当制での関わりであるからこそ、活動の回を重ねるに従い、同じ子どもを担当した学生のエピソードにとくに関心が高まります。自分が関わったときの経験（気づきや読み取り）が、次に担当している学生がより深く子どもを理解することにつながることから、記録し、内容を共有することの大切さがわかります。

（2）エピソードからみる「振り返り学習シート」の効果

> **エピソード 1**　Yちゃん（2歳児）が「やってみたい」を見つけるまで
>
> 　私は2歳のYちゃんを担当しました。今回遊び担当班が準備してくれていた遊び（段ボール等で大きなウサギとカエルを作り、ウサギの口にオレンジのボール、カエルの口に緑のボールを入れて遊ぶ）に、最初興味を示さなかったので遊びへ誘いたかったのですが、普通に誘ってもそちらに移動することもなく、なかなか誘い方を考えつくことができませんでした。どうしようと焦ると余計ダメでした。最終的には、先生がウサギとカエルの的を動かすことで（子どもが的を追いかける遊び方にすることで）、興味をもち遊び始めました。

　この報告に対し、前々回にYちゃんを担当した学生が、「Yちゃんは私のときも最初はずっと緊張していました。その気持ちがYちゃんには伝わっていたように思います。子どもにはそうした気持ちを感じとる能力があるのだと気づきました。だから、すぐに予定した活動に入らなくても、焦らず寄り添っていることが大切だと思います。Yちゃんは、後半、色のついたボールが違う動物に入っていたら取り出すことに熱中していましたよ。Yちゃんが、『やってみたい』を見つけたと思いました。」とコメントしました。このように、Yちゃんは玉入れ遊びに興味がなかったわけではなく、実は気になっていて、この遊びの仕組みなどを理解し、自ら新しい遊び方を発見することにおもしろさや喜びを見いだしている様子を捉えている学生がいました。みなが2歳児の発達について改めて考える機会となりました。

> **エピソード 2**　一人一人「違っていい」
>
> 　一つの遊びに対して、私たちは1・2通りでみんなが同じ遊び方をしていますが、子どもたちはそれぞれの遊び方をしていました。興味をもった遊びをずっとしている子がいたり、まわりの遊び場所を転々と移動している子がいたりと、一人一人遊んでいる姿が違いました。みんなの話を聞くと、それぞれの子どもに特徴があることがわかり、おもしろいし愛らしいと感じました。

　学生は、同じ月齢や年齢の子どもであっても、環境の受け止め方や環境への関わり方、興味や関心の対象が異なることを理論では理解しています。ここで、子ども自身の興味や関心が触発され、好奇心をもって自ら関わり出すと子ども自らが遊び方をつくり変えていく具体的な様子について担当の子どものエピソードを聞き、改めて子どもの発達の姿として共感しています。そして、一人一人「違っていい」という理解を深めています。

> **エピソード 3**　一人一人に寄り添うとは
>
> 　今回の活動では、子ども一人一人がまったく異なる性格であることを実感しました。とくに、私が担当した1歳児のKくんは、遊び担当班が用意したアンパンマンの体操より一人遊び

> に夢中になっていました。アンパンマン体操に誘えなくて気になっていたところ、SAの先輩が「みんな一斉の活動に興味を示さないからといって無理に興味をもたせるのではなく、Kくんの遊びに付き合う」ようにアドバイスをいただきました。0・1歳児と関わるときは、まずは今集中している遊びに寄り添うことが大切だと理解しました。

4年生のSAから「まずは、子どもの遊びに付き合おう」との助言を受けて、一人一人の人格を尊重し、その子の楽しさを子どもと共有することによって、子どもの主体的な遊びや活動がさらに豊かな広がりをもつようになるという、授業で学んだ子どもの育ちの過程を思い出しました。一人一人の違いを大切にしながら、子どもが主体的に活動できるようにするため、まずは子どもに寄り添うことの大切さが理解できました。

❷ 写真を用いたフォトレターの作成

(1) ねらいと内容

この取り組みについては、次の表①のような教材の準備を行っています。実際の保育の場において、同じように行うことは難しいかもしれませんが、子どもの理解を深めるための方法として参考にしてください。

手順	教材と準備の方法
写真撮影について	・3年生次に「よつばのクローバー」活動経験のある4年生3名をスチューデント・アシスタント（SA）として撮影の担当を指示する。 ・3名のSAが各1台iPadを使用して撮影する。 ・リハーサル時に全体の活動の流れを把握し、どこで子どもたちの動きが活発になるか等あらかじめ予測ができている。タイミングの良い撮影を逃さないよう、かつ参加者の活動を妨げないよう、できるだけ活き活きとした姿を捉える。全参加者について、被撮影者の表情や動きをできるだけ収めるように撮影する。 ・できるだけ多くの写真データを取得する。子ども（親子）一人に対し、30枚〜50枚の写真を撮影する。
写真データの処理について	・3台のiPadの静止画・動画データすべてを、各SAが活動終了後にiPad上で参加親子別にファイルに分類する。 ※iPadで撮影し、iPad内で写真データを分類すると比較的効率よく作業ができる。 ・親子別に分類した静止画・動画データを、振り返り用のUSBメモリーにすべて保存する。この作業は担当教員が次週の振り返り実施までに行う。 ※振り返りは1コマしか取れないため、親子別ファイル作りまで教材準備をしておくことにより、振り返り作業にすぐに取りかかることができる。 ・全ファイルを保存したUSBを、履修学生一人に一つずつ準備する。

表① 「よつばのクローバー」の振り返り時のフォトレター作成のための教材準備

ここでは、子どもの表情や動きができるだけ読み取れるような活き活きとした姿を捉えた写真が、一人につき30～50枚、教材として準備されています。「振り返り学習シート」のエピソード記述だけでなく、担当した子どもの写真を見返すことで、活動時の様子をより鮮明に思い起こすことができます。エピソード記録からの振り返りだけでは見落としていたことに気づくこともできます。それは、多くの写真の中から、子どもの主体的な活動場面を選択する活動において、写真を通した観察の視点❶～❺（以下の通り）を意識することで子どもの育ちへの気づきがさらに促されるからです。客観的・俯瞰的な見方から、子どもやその行為への捉え方が広がっていきます。

　❶何かに興味をもっている場面
　❷夢中になっている場面
　❸チャレンジしている場面
　❹気持ちを表現している場面
　❺活動の最中では見えていなかった子どもへの気づきの場面

　また、写真という記録を通して、これまで捉え切れていなかった子どもの一面に気づいたり、他者の捉え方にも耳を傾け、自分自身の捉え方を比較し、子ども自身や子どもの育ちに対する読み取りを広げたり、深めたりすることができます。

　さらに、とくに乳児・低年齢児対象の場合、気になる行動を点で捉えることができても、連続性まで考えることは難しかったのが、ある程度連続して、先を予測する力も子どもに育ってきている姿にも気づくことができます。同じ親子と繰り返し関わることができる活動からの子どもの理解を、写真を用いたドキュメンテーションによって、いっそう強化、充実させることができると考えます。

(2) エピソードからみるフォトレターの効果

エピソード 4　Aちゃん（2歳児）の「よつばのクローバー」での様子

　Aちゃんは昨年度から「よつばのクローバー」に参加してくれています。昨年の様子は、ずっとお母さんから離れられない姿が印象的でした。遊び担当班が準備したみんなでの遊びにも入ろうとせず、お母さんと別のコーナーで過ごす時間がほとんどでした。お母さんとお話すると、Aちゃんにもっと活溌に遊んでほしいと思っておられました。私たちもAちゃんの自分からしようと思えるような環境づくりを考えてきました。

　そんなAちゃんに、今年最初の「よつばのクローバー」では今まで見たことのないような活溌な姿が見られました。この回準備された活動は、うちわ、風船、紙皿と洗濯バサミなどを使って、あおいだり的を倒したりの遊びでした。とにかく、「やってみたい」という意欲にあふれていて、「できた」という喜びを味わっていました。もちろん、私もしっかりと子どもの目線に立って話すこと、どんな小さなことでもほめること、好きなことを見つけたら一緒に遊ぶことを心がけ、そうすることでAちゃんが夢中になり、さらに喜んで遊んでいると感じました。

資料②　Aちゃんのフォトレター

　また、このときに作成したフォトレターが上の資料②Aちゃんのフォトレターです。

　Aちゃんは、「よつばのクローバー」に昨年度から参加し、今年は2年目の参加で2歳です。学生は、昨年度のAちゃんの様子を昨年度の振り返りの際に活用した動画や先輩が作成したフォトレターによる記録[1]から、そして昨年度の本活動を履修していたSAの話から情報を共有しています。決して悪しき先入観にならないように、それまでの育ちに関する情報共有を図っています。

　フォトレターは、それまでのAちゃんも受け止め、そして今日のAちゃんのありのままを伝えたいという思いにあふれています。この日のAちゃんは、母親もびっくりするくらいの積極性でした。子ども理解において、必ずしも段階を追ってみなが同じスピードで発達するわけではないことは理論ではわかりますが、驚きのうれしい大変化に遭遇した学生自身の喜びも記録からうかがえます。

　一方、フォトレター作成のねらいとしては、学生の子どもへの理解を深める目的とともに、保護者と子どもの育ちに関する情報を共有し、子育て支援の牽引の手段とする目的があります。家庭に発送したフォトレターは、多くの場合保護者は必ず見ており、そのほかにも祖父母や子どものきょうだいといった家族と一緒に見ていました。フォトレターを通して、保護者も子どもの成長を知り、さらに家族のコミュニケーションが豊かに展開している様子をうかがい知ることができました。また、「よつばのクローバー」に参加し、学生たちの子どもへの関わりなどを間近に見ることで、「子どもの知らない一面や特性がわかる」「家でできない遊びができる」「子どもの活発に遊ぶ姿が見られる」「学生たちの作った手作りおもちゃが

注釈
1）作成したフォトレター等については、発送にあたり教員によって内容の確認と個人情報等の管理を行っています。

親にとって勉強になった」など、保護者の気づきが引き出されていました。子どもといつも一緒にいる保護者が一番子どもを理解していると思いがちですが、実は、保護者も子どもとともに親として発達する過程を歩みます。このような活動を通して、保護者についても知り、親としての発達を支援する効果もあります。親としての発達を支援することが、ひいては子どもへの理解を高めることにもなります。

> **エピソード 5** Tくん（1歳児）の「よつばのクローバー」での様子
>
> 　1歳のTくんはとにかく電車や乗り物が大好きで、電車を見つけたらすぐにそちらに行ってずっとそこで遊んでいました。アンパンマンのダンスも、曲が聞こえるとそちらを見ていったん踊ろうとしましたが、すぐに元のおもちゃのところに戻り遊んでいました。段ボールで作ったウサギやカエルの口を的にして、にんじんボールを入れる遊びでも、1回入れに行っただけで電車のところに戻りずっと遊んでいました。
>
> 　お母さんは電車以外にも興味をもってほしいと思っておられ、みんなが一緒に遊んでいる方へ誘っていましたが、動きません。Tくんが電車で遊ぶ様子をじっと観察していたのですが、すばらしい集中力だなと思いました。Tくんの頭の中に何かストーリーがあるのかなと思いました。電車をゆっくり走らせたり早く走らせたり、方向転換もわかっているようです。最後の方でトンネルを作って走らせたのですが、バックさせるなどして、いろいろな走らせ方をしていたのも感心しました。今は電車での遊びを十分に経験できることがTくんの育ちにつながると思います。

次の資料③はTくんへのフォトレターです。

資料③　Tくんへのフォトレター

　Tくんの母親は、Tくんがほかの遊び、とくに各回で準備されているメインの遊びにも興味をもってほしいと思っています。学生は授業等で1歳児の発達を学んでいます。1歳児の

発達の姿として「個性的な存在として歩み始める」時期であり、電車に夢中のＴくんの姿に「それでいいよ」と伝えたい思いがうかがえます。学生は、Ｔくんの様子を丁寧に観察し、同じように電車で遊んでいるのではなく、Ｔくんがいろいろ考えて遊んでいる様子に気づいています。母親もＴくんの電車大好きを決して否定しているのではなく、ここまで夢中で取り組めることを評価しています。しかし、母親の願いとしてもっとほかにも興味をもってほしいと思うことも理解できます。母親の思いを受容した上で、子ども理解を深める気づきを、保護者にも伝えようとしています。

❸ ICTを活用したデジタルストーリーの制作と発表

　最後に、全4回の「よつばのクローバー」の活動全体を振り返り、学生がデジタルストーリー（Digital Story）を制作し発表する取り組みを行います。

　デジタルストーリーの制作にあたっては、「よつばのクローバー」での経験を振り返り、それを2分以内の短いストーリーにまとめるようにすること、そしてその際、視聴する人に楽しんでもらう作品を制作することとだけ指示を出します。今まで、子ども理解を深めることをテーマに様々な課題に取り組んできましたが、ここでは自由です。USB内の写真を自由に使い、動画編集ソフトを利用して編集します。音楽を載せたり、テロップを使ったりして、楽しく視聴できるよう工夫しています。

　学生らの編集内容として多く見られるのは、改めてすべての回を振り返り、子どもの発達や関わり、保護者の子どもへの関わり、自分と親子との関わり等に関する気づきや感動、困難等からポイントをまとめたものでした。Ｔさんが制作した1分58秒のデジタルストーリー（動画）から、いくつかピックアップした画面を紹介します。各回で様々な活動を実践してきましたが、とにかく準備した環境への親子の関わり方、遊び方が様々であること、つまり子どもだけでなく、一緒にいる母親の発想も豊かであること（写真①）に驚きをもって理解を深めました。同じ活動でも、予想した活動にのめり込んで遊ぶ子ども（写真②）、うちわにのりで貼ることに関心をもちこだわって貼り続ける子ども（写真③）、うちわで相手をあおいだ反応を何度も楽しむ子ども（写真④）、と様々に楽しむ姿がありました。さらに、そこに大人がタイミングよく応答することが大切であることも納得しました。子ども一人一人が関心をもち、楽しいと感じることがいかに多様であるかということが真に理解できました。

　そのほか、「子どもたちと目線を合わせて遊ぶことを心がけました」というテロップのもと、ひたすら子どもの目線に合わせて遊ぼうとしている場面を捉えた写真を並べ、子ども理解において目線を合わせることが基盤にあることを発信したり、親子が到着する前の写真を挙げ、準備の大切さを発信したりしていました。「自分を語る」ことで、デジタルストーリー制作の過程での「振り返り」が行われていました。ここで行った取り組み、方法は、確実に知識として定着し、次の子どもとの関わりに生かせると考えます。

　「よつばのクローバー」の実施計画に基づく実践や、そこで担当した子どもを中心に一人

一人の子どもに対する関わり方（援助）が適切であったかどうかを振り返り、浮かび上がってきた改善すべき点を次の計画立案と実践に反映させていくという繰り返しにより、子どもの育ちが意識化されます。そして、保育の実践における見通しや方向性をより具体化することができます。こうした過程を通して、一人一人の子どもに対する理解を深めることは、保育の質を向上させていく基盤となります。

写真①　デジタルストーリーから切り出した画面1

写真②　デジタルストーリーから切り出した画面2

写真③　デジタルストーリーから切り出した画面3

写真④　デジタルストーリーから切り出した画面4

（中西理恵）

14章 子育て支援ルーム「かとうGENKi」〜兵庫教育大学

1 子育て支援ルーム「GENKi」の活動

❶ 子育て支援ルーム「GENKi」から「かとうGENKi」へ

(1)「子育て支援ルーム」の誕生

　兵庫教育大学では、2014年に幼稚園・保育士・保育教諭のさらなる教員・保育士の資質向上として必要なスキルはどのようなものなのかという観点から、0〜5歳児の就学前の子どもと保護者への支援の充実を考えました。そこで、文部科学省に「高度な専門職業人の養成や専門教育機能の充実」事業に申請し、「大学機能強化としての就学前教育専門職養成の高度化と幼小連携を含めた総合的カリキュラム開発」として、採択されました。

　したがって、本学の子育て支援ルーム「GENKi」は、保育者養成の高度化として、学部段階で開発した保育教諭スタンダードや大学院での子育て支援コーディネーターの養成の研究実践の場として生み出されたものであり、これまでの地域主体の設置とは異なるスタートといえます。しかし、実際には、0〜2歳児を中心とした幼稚園や保育所等に行く前の親子が集う場所として、年間に約6700人が訪れています。利用される方の満足度の調査でも9割以上の方から賛意をいただいています。2017年度からは地域子育て拠点事業として継続され、それに伴い加東市にある子育て支援ルームとして「かとうGENKi」という名称に変わりました（以降、本ルームと表記）。GENKiとは、Generation Education Nursery Kidsの頭文字からで、名前と「元気」を重複して使用しています。ここでは、名前に込められた意味として多世代の交流をめざし、地域の交流の場となるように、子どもを中心とした人々である親子、祖父母、学生、中学生、小学生との連携をめざしています。現在もその交流の輪が子ども中心として広げられ、とくに幼い子どもと保護者（主には母親の参加）、そして、祖父母が集まっています。加えて、大学の授業やボランティアで学生が来たり、隣接している附属中学校の家庭科同好会の生徒の手作り玩具や、「キャリア総合選択授業」での子どもの発達や子育てに関するテーマを通じて交流をしたりしています。さらに、夏休みには、同じ施設内の2階のアフタースクール（学童保育）から小学生が、お仕事体験としてスタッフとして参加してくれています。

写真①　入り口の看板

このように、幼い子どもと親子を真ん中にして、できることから、連携を実施しています。これは、入り口の看板にあるような（写真①）、子ども達が手をつないでいる様子に象徴的に現れています。ちなみに、この子どもたちは、本ルームの創設時の幼年教育コースの先生方の子どものころをスタッフがイメージして描いたものです。

（2）子育て支援ルームの環境

さて、子どもの成長・発達は、ふさわしい環境によって育まれます。そこで、ルームの設置に関しては、とくに子どもの遊びの「環境構成」について重点的に考えました。

まず、何よりも親子にとって居心地のよい空間を設置することです。次に空間の中で自らがやってみようとする挑戦する気持ちをもてること、そして、安全に実践できることです。全体としては、図①にあるようにスペースのテーマが感じられるような区域を考えたことです。幸い、3か所の部屋がありましたので、大きくは、子どもがしっかり動いて活動できる「げんきルーム」と落ち着いて親子で絵本を読むことのできる「ほっとルーム」、そして、お昼を食べることのできる、子ども用のテーブルとイスのある「ランチルーム」を設けました。

図① 「かとうGENKi」図面

メインのげんきルームでは、上下の運動ができるようなハイハイランド、ままごとコーナー、楽器コーナー、ボールプールを設置しています。段差、スロープも配置し、学生手作りの玩具も置いています。ハイハイできる畳のほふくコーナーでは、鏡を横に置いて、赤ちゃんの好奇心をそそります。その結果、もっと前に向かってハイハイをして行きます。

基本的にスタッフは、親子の関わりを大切に考えて、その様子を見守っています。必要であれば、すぐに保護者をサポートするように近くに行きます。また、保護者同士の出会いも促すため、初めていらした方をさりげなく紹介するときもありますが、お互いに自然な関わりをもてるように、子どもを介してお話しできるように一緒に会話の中に入るようにしています。一人でいる保護者には、とくにスタッフの方から声をかけるように気をつけています。

さらに、部屋の用意のみに限らず、入り口にはガーデニング用の柵を配置し、エントランスの先には、大中小のぬいぐるみのクマが迎えてくれるような温かな空間づくりの工夫をしています。

また、室内につながるように「ウッドデッキと砂場と水場」を外に配置しました。砂場と水場にもつながるこのちょっとしたテラスは、自然を感じるとても大切なスペースになっています。

　トイレは、2歳ごろの子どもにとってもっとも重要なトレーニングの機会となるように、便座を温かくしました。ゾウさんのトイレットペーパー置き、キリンの入り口、ハチの電灯、様々な国からきた動物のぬいぐるみ…とたくさんのぬいぐるみが置かれています。

　設備以外の本ルームの特徴としては、子どものエピソードを記録していることです。「げんきプレイストーリー」と名づけています。次に説明しましょう。

2　子育て支援ルームでの記録「げんきプレイストーリー」

(1)「プレイストーリー」とは

　子どもが遊んでいる姿を見ていると、「今から何が始まるのかな？」と、子どもの次の行動に心を動かされる瞬間に出会ったことはありませんか。そのような場面に出会うと、子どもが自分なりに遊びを工夫したり、大人の思いもしない発想を展開したりして、思わず「おもしろい」「こんなこともできるようになったんだ」と、保育者はあらためて子どもの成長に感動することがあります。このような瞬間をエピソードとして書き綴っていくことで、子どもの成長がみえてくるのです。

　そこで、本ルームでは、スタッフや保護者が、子どもの日々繰り広げる遊びの中でのエピソードを記録し、つなぎ合わせて、その子の成長記録としてファイルに綴っています。この独自の記録方法を施設の名称をつけて、「げんきプレイストーリー」と名づけました。これは、ニュージーランドで採用されている、子どもの豊かな可能性を発見するための方法「ラーニングストーリー（Learning Story）」をモデルとしています。その中でも、子どもが「肯定的にみえるようになるための視点」を援用しています。

写真②　げんきプレイストーリーの表紙

　記録を共有したり、後で振り返ったりするときのために、写真を添付しておくと、より一層効果的です。

(2) スタッフの記録方法と振り返りの実践

　スタッフの記録用紙は、フォーマットを決め、スタッフ間で共有しやすいものとしています。まず、記録の取り方として、子どもが何かに挑戦し始めた瞬間や遊びに集中している場

面を撮影します。その瞬間を逃さないために、スタッフは常時カメラを携帯しています。そして、ルーム終了後に、撮影した写真を見ながら、パソコンにて子どものエピソードを記録します。その際、子どもの動きがわかるよう写真を挿入する位置も工夫します。

　記録用紙には、①日付・天候、②タイトル、③子どもの名前、④年齢、⑤記録者名を記入する欄を設け、エピソード欄には、感動したことや心を動かされた瞬間のありのままの子どもの姿を記録します。振り返りには、なぜこの瞬間を記録したのか、子どもの思いをどのように受け止めたのか等、書きとめておくことで子どもの学びがみえてきます。その事例を紹介します。

エピソード1　「お母さんの声、心地いいな」（2か月）

　母親に抱っこされている時はスヤスヤ心地よさそうに眠っているAくん。しかし、ベッドに寝かそうとすると、目を覚まして泣き叫ぶので、また抱っこ。「おむつが濡れているのかな？」と、おむつを替えたり、「お腹が空いているのかな？」と、授乳したりしても機嫌が直らないAくん。そんなとき、母親自身が好きな絵本を持ってきて、ソファで読み始めた。

　最初は、普通に読んでいた母親が、ページが進むにつれてリズムをつけて読みだした。すると、泣いていたAくんが、まだ、しっかりと開いていない目をシパシパさせて、声のする方に顔を向けた。じーっと母親の声を聞いていたかと思うと、おっぱいを吸っているかのように、口を動かし始めた。そして、リズムに合わせるように握っている手をニギニギし始めたかと思うと、スヤスヤ寝てしまった。「絵本を読み終わるとAが眉をしかめるので、3冊も読んじゃった。こんな小さい子でも絵本を聞いているんですね」と語る母親の表情も明るくなっていた。

－振り返り－

　初めての子育てに悪戦苦闘しながらも、持ち得る限りの愛情を注いでいる母親の姿が垣間見られる瞬間だった。Aくんの反応は、そんな母親へのメッセージなのだろう。一喜一憂する母親の心のまま、素直に感情表現をしているのがわかった。

エピソード2　「野菜が採れたよ」（1歳1か月）

　ペットボトルを加工・装飾して作られた「野菜畑の土」の出来栄えに、母親が感動しながら、野菜を抜いたり植えたりしていると、Bちゃんも母親を真似て野菜に触ってみようと手を出し始めた。最初は、さつまいもを土から抜いて、次に、白い大根を引っ張り土から抜く。そして、スタッフに「抜けたよ！」とでも言いたげに見せてくれる。

　そこへ、母親が別の"土"を持ってきてくれるが、そこには葉っぱしか見えない。「あれっ？」何か前と違うな…と思いながらも、引っ張ってみると、人参が出てきた。だんだんおもしろくなってきたBちゃんは、かわいい舌を出して喜びを表した。引っ張るのが楽しくなってきたBちゃんは、周りの野菜を全部抜いてしまった。次は、どうするのかな？と思って見ていると、母親が手にした大根をもらって、土に入れようとした。しかし、大根は太くてなかなか土に入らない。母親との共同作業でやっと入ったかと思ったら、また、「すぽーん」と、勢いよく抜いて、大満足のBちゃんでした。

－振り返り－

　大学生が作った「野菜畑の土」の出来栄えに母親が感動し、楽しんでいる姿を見て、Bちゃんも興味をもったのだろう。母親を真似て、触ってみようと手を出し始めたBちゃん。その心の動きをうまくキャッチした母親の遊びの提供が、Bちゃんの感情を揺さぶり、遊びに満足したのだろう。

写真③　やさいがとれたよ

> **エピソード3**　「ふたりの世界」（2歳2か月・2歳4か月）
>
> 　CちゃんとDくんがままごと遊びを楽しんでいた。最初は、「仲良く遊んでいるな」くらいにしか思っていなかったが、10分、15分と遊びが続いていき、目が離せなくなった。
> 　「ご飯も終わったし、そろそろ片づけないとね」と、Cちゃんが言うと、隣にいたDくんは、レンジにあったお鍋を片づけ始めた。その時、隣で洗い物をしていたCちゃんがDくんに、「まだ洗ってないのよ、出しておいて」と、振り向いて話しかけた。すると、Dくんは、「あーあーごめん」と、片づけていたお鍋やお茶碗をもう一度元の所に戻した。そして、Cちゃんの洗い物が減ってくると、横からお皿やコップを差し出して手伝っていた。その差し出すタイミングと、洗い終わったものを置くタイミングがちょうどよく、2歳の子どもながらに、お互いの間合いを考えながら遊んでいる姿に驚いた。また、Dくんが洗い物を差し出すたびに、Cちゃんが、「ありがとう」と声をかけていることにも驚いた。手は休まず動かしながら、声をかける姿は、お母さんになったつもりではなく、お母さんそのものだった。

－振り返り－

　スポンジに洗剤をつけてクシュクシュ泡立て、お皿を1枚1枚丁寧に洗っている姿は、お母さんそのもので、二人の姿を見られていた母親たちは、「私、あんなことをしているのかな？」「子どもって、よく見ているね」「口やかましく教えなくても"子どもは親の背中を見て育つ"ですね」と、つぶやかれた言葉が印象的だった。

写真④　ふたりの世界

（3）保護者の記録

　本活動では、保護者も子どもの姿を見て感じたり気づいたりしたことを記録に残すようにしています。そのため、スタッフの記録用紙はフォーマットを決め、スタッフ間で共有しやすいものとしていますが、保護者にとっては、子どもが遊んでいるかたわらで無理なく書け、

書く意欲が高まるように見た目も楽しめるものを意識し、次の三つをポイントとしています。

①施設側の用意

1．季節に応じたイラスト付きのメッセージカード（ハガキ大）

　最初は、写真⑤左はしにあるAのようなメッセージカードよりも、B・Cのようにイラストの中に、気軽に2～3行のメッセージが書けるものを用意すると保護者も気楽になり、カードを選ぶ楽しみも増えます。保護者の感性も大切な要素ですので、季節に応じた内容のカードを準備するとよいでしょう。

2．ルームに共有カメラを置く

　いつでも自由に撮影できるよう、ルーム入口の鞄置きの棚の上に、カゴに入れたカメラを2台置いています。また、カゴには、カメラの使い方、写真の保存の仕方をイラスト入りで説明したメモを貼り、初めて使用する保護者にもわかりやすくしています。

　心を動かされた瞬間を記憶に残すだけでなく、映像としての記録に残すことで、エピソードを共有するときに効果的です。また、後年、子ども本人と記録を共有するときにも役立ちます。

3．「共有」カメラのデータは、出力して保護者に渡す

　共有カメラで撮影した写真は、スタッフが責任をもって個々の保護者に渡せる形に出力します。施設管理のカメラを置き、スタッフが管理することで、写真の複製などの肖像権や個人情報も守られるため、利用者は安心して活用できます。

　このように最初は、親が負担なく書きたくなるような環境を整えました。すると、「新しいイラストのカードがあるから、娘と遊んだことを書いてみようかな」「今日、初めて階段を上ったのを見て、親の方がびっくりしちゃった。階段デビュー記念を書きたい」と、記録者も増えてきました。また、母親の記録方法にも変化があり、子どもをみる視点の変化が、文章や写真に現れてきました。

写真⑤　メッセージカード（左からA、B、C）

②保護者の記録の取り方

1．スタッフの記録を真似て書いてみる

　最初は、スタッフが記録しているフォーマットを使って写真を挿入し、コメントはパソコンで入力する人、手書きの人など（写真⑥⑦）、スタッフも手伝いながら、それぞれ無理なく書ける環境を用意しました。

2．メッセージを書き綴る

　保護者が工夫し、台紙の上に子どもが描いた絵を貼ったり、写真にメッセージをつけたりするなど、オリジナルの記録を作成し始めました（写真⑧～⑩）。

写真⑥　パソコンで入力して作成した記録

写真⑦　手書きを取り込んで作成した記録

写真⑧　メッセージのみ

写真⑨　子どもの絵を貼る

写真⑩　写真とのコラボ

（4）記録の効果

　スタッフや保護者の記録した3年分のエピソードを分析したところ、1年ごとに次の変化がみられました（資料①）。

　1年目は、スタッフ間で記録を共有することで、「情報を共有することで、子どもの成長を時系列でみることができる」「子どもの遊びを通した学びの本質がみえ、子ども理解が深

> **1年目（スタッフ間での記録の共有）**
> ①情報を共有することで、子どもの成長を時系列でみることができる。
> ②子どもの「遊びを通した学び」の本質がみえ、子ども理解が深まる。
> ③子どもの学びに必要な環境への配慮や援助の工夫ができる。

> **2年目（スタッフ＋保護者との記録の共有）**
> ①情報を共有することで、子どもの成長を時系列でみることができる。
> 　＋保護者の記録もつなぐことで、より細かな心の育ちをみることができる。
> ②子どもの「遊びを通した学び」の本質がみえ、子ども理解が深まる。
> 　＋目に見える成長だけでなく、心の動きが感じ取られる
> ③子どもの学びに必要な環境への配慮や援助の工夫ができる。

> **3年目（スタッフ＋保護者、保護者同士の記録の共有）**
> ①情報を共有することで、子どもの成長を時系列でみることができる。
> 　保護者の記録もつなぐことで、より細かな心の育ちをみることができる。
> ②子どもの「遊びを通した学び」の本質がみえ、子ども理解が深まる。
> 　目に見える成長だけでなく、心の動きが感じ取られる。
> 　＋保護者自身の自己肯定感が子育てを楽しむ意識へと変化する。
> ③子どもの学びに必要な環境への配慮や援助の工夫ができる。

資料①　エピソードの分析

まる」「子どもの学びに必要な環境への配慮や援助の工夫ができる」、以上の三つの変化がありました。また、2年目は、保護者も記録を書き始めたことで、スタッフと保護者の記録を共有することができ、新たに、「保護者の記録もつなぐことで、より細かな子どもの心の育ちをみることができる」「子どもの目に見える成長（立てるようになった、言葉を話すようになった等）だけでなく、心の動きが感じ取られる」という二つの変化がありました。そして、3年目には、保護者同士も記録を共有する姿がみられ、「保護者自身の自己肯定感が子育てを楽しむ意識へと変化する」という子育てにおける効果がみられました。

③ 子育て支援ルームで記録することの意味

　これまで、本ルームで開発した「げんきプレイストーリー」の実際と効果について述べました。ここでは、記録することの意味について、考えていきます。

(1) 記録の目的

　記録することは、目的によってその方法、内容ともに変化させていくものだといえます。
　本ルームでは、まず、子どもにとって成長を促すための環境、そして親子の関わりの良好な関係になり、養育する者が心地よく「子育ては楽しい！」と思える時間・空間をつくるこ

とを目的としています。そのためには、環境構成は重要なものですが、その環境の中で子どもがどのような活動して、それを親がどのように関わっているのか、という観点で、記録することとしています。記録する上で大切なことは、問題点、課題を明確にすることではなく、むしろ、環境と関わることで子どもにどのようなよい点がみられるのか、という「よいところ探し」や感心したこと、感動したことを記録しています。幼い子どもは目に見えて成長するので、つい、「これができるようになった」「次はこれもできるようになった」ということに目が向きがちです。しかし、そのことよりもスタッフが心からに感動したこと、ぜひ記録にとどめておきたい、ということをエピソードとして、書くように気をつけています。つまり、単なる「記録」ではなく、心に残ったあるいは残しておきたいことについて、写真をつけて記録します。したがって、記録の最後には「なぜこの記録をしたのか」あるいは「この記録を通して伝えたいこと」を明確にするように【振り返り】の項目も入れます。

(2) 記録の意味

　このように、記録をするということで、子どもの何気ない行動へも省察の目を向けると同時に、子育て支援ルームの環境を見直すことにつなげています。そのためにも、その瞬間を捉えている写真があると大変わかりやすくなります。とくに、子どもの遊びの変化についても、具体的な事例に沿って述べることは、乳幼児が遊びを通して学ぶ環境の在り方全般にも関連してきます。

　ここで大事なことは、記録の量としてあまり長く書かないことです。それは、長く書くことで、焦点がはっきりしなくなり、書き続けることも難しくなるからです。たくさん書くことよりも、継続して書くことの方が大切です。前述したように、記録することで、遊ぶ子どもの姿をどのようにみるのかという観点の共有と、その視点の変化が子どもや環境の在り方に影響を与えています。

　また、図②のように、エピソード記録を継続することで、ストーリーになります。これにより、同時に援助・環境といった要因が明確になり、それらをふさわしく変化させていくことで、適切な感情も育っていくことにもなります。

図②　記録によるスパイラル的効果

　次節に、これらの記録をさらに詳細に分析した結果、明らかになったことを紹介します。